Heike Liebsch, Eva Flemming, Carsten Spitzer (Hg.)
Wochenkrippen und Säuglingsheime

AF125575

Forum Psychosozial

Heike Liebsch, Eva Flemming,
Carsten Spitzer (Hg.)

Wochenkrippen und Säuglingsheime

Institutionalisierte Fremdbetreuung im frühen Kindesalter

Psychosozial-Verlag

Gedruckt mit freundlicher Unterstützung
der Landeszentrale für politische Bildung Mecklenburg-Vorpommern

Bibliografische Information der Deutschen Nationalbibliothek
Die Deutsche Nationalbibliothek verzeichnet diese Publikation
in der Deutschen Nationalbibliografie; detaillierte bibliografische Daten
sind im Internet über http://dnb.d-nb.de abrufbar.

Originalausgabe
© 2024 Psychosozial-Verlag GmbH & Co. KG, Gießen
E-Mail: info@psychosozial-verlag.de
www.psychosozial-verlag.de
Umschlagabbildung: Kinderkrippe, Berlin, 1986 © Deutsche Fotothek/Norbert Vogel
Umschlaggestaltung & Innenlayout nach Entwürfen von Hanspeter Ludwig, Wetzlar
Satz: metiTec-Software, www.me-ti.de
ISBN 978-3-8379-3333-8 (Print)
ISBN 978-3-8379-6229-1 (E-Book-PDF)

Inhalt

Vorwort

Abb. 1: Hinweistafel auf die Ausstellung »abgegeben« vor der Kunsthalle Rostock im Frühjahr 2023 (Foto: Ines Tänzer)

Mit einer großen Tafel wies die Kunsthalle Rostock im Frühjahr 2023 auf eine neue Ausstellung hin: »abgegeben« war deren Titel und befasste sich inhaltlich mit dem Thema der Wochenkrippen in der DDR. Das Ziel der Ausstellung war es, den nun erwachsenen Kindern, die in einer wochenweisen Fremdbetreuung aufgewachsen sind, eine Stimme zu geben und ihre Erfahrungen sicht- und hörbar zu machen.

Neun von ihnen hatten sich mit der Ausstellungsinitiatorin Sophie Linz auf die Reise in ihre Wochenkrippe begeben: räumlich, zeitlich und künstlerisch. In berührenden Erinnerungsberichten, Fotos und Collagen setzten sie sich mit ihren Gefühlen und Erfahrungen auseinander, die sie lebenslang begleitet haben.

In der DDR waren ab 1949 bis zu 40.000 Wochenkrippenplätze für Kinder im Alter zwischen sechs Wochen und drei Jahren eingerichtet worden. Die wochenweise Versorgung unterschied sich deutlich von einer Tagesbetreuung, da die Kinder auch über Nacht in der Einrichtung verblieben und nur am Wochenende Kontakt zu den Eltern hatten. In der Regel war die Entscheidung für diese Betreuungsform nicht durch eine innerfamiliäre Gefährdung der Kinder bedingt, sondern die Wochenkrippen galten als gesellschaftlich akzeptierte Form der Kinderbetreuung und wurden gezielt von staatlicher Seite beworben. Damit sollte zum einen die Arbeitskraft der Frauen dem Aufbau der DDR uneingeschränkt zur Verfügung stehen. Zum anderen passte es zum ideologischen Hintergrund, bereits die Jüngsten durch eine umfassende kollektive Erziehung mit dem Ziel der »sozialistischen Persönlichkeit« zu formen.

Die Kunsthalle Rostock öffnete sich mit der Ausstellung und einem umfangreichen Rahmenprogramm für einen breiten Diskurs zu einem hochaktuellen und umstrittenen Thema: der frühen Fremdbetreuung von Säuglingen und Kleinkindern, wie sie nach 1945 üblich war. Zentraler Bestandteil des Begleitprogramms war das Symposium »Wochenweise Fremdbetreuung im frühen Kindesalter – Erfahrungen aus der DDR und internationale Perspektiven«. Dabei kamen Forschende zu Wort, die sich unter verschiedenen Blickwinkeln mit den Folgen einer umfangreichen institutionalisierten Betreuung im Säuglings- und Kleinkindalter beschäftigen. Durch die Betrachtung vergleichbarer Betreuungsformen in der Schweiz und der ehemaligen Tschechoslowakei wurden die DDR-Wochenkrippen in einem größeren zeithistorischen Kontext eingeordnet. Darüber hinaus bot das Symposium im Rahmen von moderierten Gesprächskreisen und einer Podiumsdiskussion ehemaligen Wochenkrippenkindern eine Plattform für den öffentlichen Austausch.

Die Ausstellung und das Symposium stießen auf viel Resonanz. Einige ehemalige Wochenkrippenkinder meldeten zurück, sich durch die Arbeiten (manchmal erstmalig) mit ihrer Lebensgeschichte gesehen und gehört gefühlt zu haben. Andere gaben an, dass der Besuch der Ausstellung sie tief betroffen gemacht habe, da sie sich seit Langem wieder mit diesem frühen Teil ihrer Biografie beschäftigt hätten. In einigen Fällen gab die Ausstellung auch den Anstoß, das Gespräch mit den eigenen Eltern oder anderen Familienangehörigen zu suchen.

Jedoch stieß die Ausstellung auch auf heftige Kritik: Bereits der Titel »abgegeben« und die großflächige Werbung im Außenbereich erhitzte die Gemüter nicht nur in Rostock. Die regionale Ostseezeitung titelte dazu: »Warum die Ausstellung zu Wochenkrippen in der DDR so spaltet« und zitierte die Besucherin einer Podiumsveranstaltung: »Der Titel ›abgegeben‹ ist eine Herabwürdigung der Mütter.« Und ein weiterer Besucher sah dadurch »seine Lebensleistung beleidigt«.[1] Häufiger wurde die Sorge geäußert, dass durch die künstlerische und wissenschaftliche Auseinandersetzung mit den Wochenkrippen eine weitere Diskreditierung der DDR erfolge. In einer solchen Perspektive fanden die ehemaligen Wochenkinder und ihre Erfahrungen kaum Platz.

Die starke Resonanz und die »gespaltenen« Reaktionen auf die Ausstellung machen deutlich, dass das Thema vielfältigste Facetten berührt, sowohl aus wissenschaftlicher Perspektive als auch aus der eigenen Persönlichkeit, dem eigenen Lebensraum. Es geht letztendlich um die Fragen: Was brauchen unsere Kinder? Was haben wir vielleicht als Kinder gebraucht? In welcher Form von Gesellschaft wollen wir leben? Und wie geht die Gesellschaft mit den Kindern am Lebensbeginn als den »Schwächsten« um?

Der vorliegende Band soll ein Beitrag zu diesem fortlaufenden Diskurs sein. Ebenso wie in der Gestaltung des Symposiums spiegeln sich in den Beiträgen dieses Buches verschiedene wissenschaftliche und künstlerische Perspektiven wider und ergänzen einander:

Einleitend stellen Antje Schunke als wissenschaftliche Mitarbeiterin der Kunsthalle Rostock und Sophie Linz als Initiatorin sowie Projekt- und künstlerische Leiterin das Konzept und die Erfahrungen mit der Ausstellung »abgegeben« vor, die den Rahmen für das Symposium bildete. In einem zweiten Teil werden die historischen Rahmenbedingungen der Säuglings- und Kleinkinderbetreuung in verschiedenen Ländern beleuchtet. Der tschechische Kinderpsychologe Dr. Jaroslav Šturma schlägt einen Bogen vom 18. Jahrhundert bis in die Gegenwart und erläutert die konkrete Entwicklung in der ČSSR. Dr. Felix Berth befasst sich mit dem lange vernachlässigten Thema der Säuglingsheime in West- und Ostdeutschland. Dr. Heike Liebsch erläutert im Rahmen der Präsentation ihres Buches *Wochenkinder in der DDR* das System der Wochenkrippen in der DDR. Prof. Dr. Florian von Rosenberg berichtet über seine Forschung zu den Einrich-

---

1   Meyer, Michael (2023). Podiumsdiskussion in der Kunsthalle. Rostock: Warum die Ausstellung zu Wochenkrippen in der DDR so spaltet. *Ostseezeitung*, 20.04.2023. https://www.ostsee-zeitung.de/lokales/rostock/kunsthalle-rostock-ausstellung-zu-wochenkrippen-in-der-ddr-spaltet-QSRQCTMNFJFULLQXAGPM2I5GBA.html (28.08.2023).

tungen und Schädigungen durch das DDR-Krippensystem. Daran anschließend stellt Dr. Karsten Laudien seine Studienergebnisse zu den biografischen Folgen von Heimaufenthalten vor.

Seit einigen Jahren suchen ehemalige Wochenkrippenkinder zunehmend psychologische Hilfe. Dadurch entwickelte sich ein wachsendes fachliches und wissenschaftliches Interesse an diesem Thema. Die Psychoanalytikerin Dr. Agathe Israel betrachtet in ihrem Beitrag die Folgen (zu) früher Trennung für die Gestaltung der späteren Beziehungen und beschreibt die psychotherapeutische Behandlung eines ehemaligen Wochenkrippenkindes. Dr. Patricia Lannen aus Zürich richtet den Blick auf Kinder, die in der Schweiz in Säuglingsheimen platziert wurden. Nach nunmehr 60 Jahren wird ihre Entwicklung mittels einer Langzeitstudie wissenschaftlich aufgearbeitet. Anschließend werden aktuelle Initiativen und Entwicklungen in der Aufarbeitung der DDR-Wochenkrippen dargestellt: Ein Forschungsprojekt zu Bindung und seelischer Gesundheit ehemaliger Wochenkrippenkinder und vorläufige Ergebnisse dieser Studie werden von der Arbeitsgruppe der Universitätsmedizin Rostock vorgestellt (Eva Flemming, Stefanie Knorr, Laura Lübke und Prof. Carsten Spitzer). Prof. Dr. Birgit Wagner und Dr. Maya Böhm berichten über ihre Erfahrungen mit ehemaligen Wochenkindern, die an einem Schreibprojekt innerhalb des Forschungsverbundes »TESTIMONY – Erfahrungen in DDR-Kinderheimen. Bewältigung und Aufarbeitung« teilgenommen hatten. Die Entwicklung von unterstützenden Angeboten für ehemalige Wochenkinder ist auch das Anliegen der Psychotherapeutin Susanne Vogel, die in ihrem Beitrag über ihre Erfahrungen aus einem Gesprächskreis während des Symposiums zu den Hilfsangeboten berichtet. Aktuelle Entwicklungen und Erfahrungen aus kürzlich entstandenen Selbsthilfeinitiativen stellt Christian Jakubaszek im abschließenden Beitrag vor und liefert damit einen Ausblick auf die wichtige Selbstermächtigung ehemaliger Wochenkinder.

Wir Herausgeber:innen danken den Autor:innen dafür, dass sie mit ihren differenzierten und vielschichtigen Beiträgen dieses Buch ermöglicht haben, das wir nicht nur als Beitrag zu dem zuvor erwähnten gesellschaftlichen Diskurs verstanden wissen möchten, sondern auch und in erster Linie als Würdigung und Anerkennung der Erfahrungen der ehemaligen Wochenkrippenkinder.

Heike Liebsch, Eva Flemming & Carsten Spitzer

Aus den Erfahrungen der Kunsthalle Rostock im Ausstellungsprojekt »abgegeben – Wochenkrippen in der DDR« im Jahr 2023

Antje Schunke

Die Idee einer Ausstellung zum Thema Wochenkrippen hatte Sophie Linz. Selbst ein ehemaliges Wochenkrippenkind suchte sie nach einer speziellen Form der Auseinandersetzung, sowohl mit ihren Erfahrungen und Erinnerungen, als auch mit denen anderer ehemaliger Wochenkrippenkinder. Sie fand eine neuartige Herangehensweise und entwickelte das Konzept der sogenannten Forschungsreise mit künstlerischen Mitteln. Damit ging sie über das rein Dokumentarische hinaus. Als passenden Ort, um zum einen dieses ungewöhnliche Format angemessen zu präsentieren und zum anderen eine große Öffentlichkeit zu erreichen, wählte sie die Kunsthalle Rostock aus. Erste Gespräche mit Dr. Jörg-Uwe Neumann verliefen äußerst positiv. Der Leiter der Kunsthalle war dem Anliegen gegenüber sehr aufgeschlossen und sah seine Relevanz. Die Kunsthalle Rostock hatte sich bereits in den vergangenen Jahren verschiedensten interdisziplinären Themen aus der DDR-Geschichte gewidmet. So kam man überein, dieses Ausstellungsprojekt zu den Wochenkrippen in der DDR in Rostock zu unterstützen und es im Schaudepot, das während der Sanierung der denkmalgeschützten Kunsthalle für Ausstellung zu Verfügung stand, zu verwirklichen.

Im September 2022 erfolgten die ersten Treffen und Gespräche zwischen der Projektleiterin und Initiatorin Sophie Linz, der beteiligten Künstlerin Karla Sachse und der gleichfalls beteiligten Wissenschaftlerin Heike Liebsch sowie dem Team der Kunsthalle Rostock. Vor Ort wurde geklärt, wie die Ausstellung umgesetzt werden sollte und welche Aspekte und Inhalte speziell auf Rostock ausgerichtet werden könnten. Am naheliegendsten erschien es, in den Archiven der Hansestadt zu recherchieren. Welche Wochenkrippen gab es wann und wo? Wer betrieb diese Einrichtungen? Auf wie viele Plätze waren sie ausgelegt und wie wurden sie von wem und wann genutzt? Darüber hinaus galt es, visuelle Zeugnisse wie Fotografien, statistische Grafiken oder Filmmaterial ausfindig zu machen. Das Rechercheteam der Kunsthalle Rostock, die wissenschaftlichen Mitarbeiterinnen Melanie Ohst und Antje Schunke, entwickelten zudem die Idee, die Homepage des Museums und die lokale Presse, konkret die *Ostseezeitung*, mittels Aufrufe einzubeziehen. Damit sollte die lokale Öffentlichkeit eingeladen werden, ihr Wissen und ihre Erfahrungen zum Thema Wochenkrippen zu teilen, diese mit in die Ausstellung einfließen zu lassen und damit sichtbar zu machen, ganz im Sinne der Citizen-Science-Methode.

Um eine weitere inhaltliche Nähe mit dem Thema Wochenkrippen herzustellen, das auf den ersten Blick kaum Berührungspunkte mit bildender Kunst aufzuweisen schien, wurde überlegt, die Sammlung der Kunsthalle einzubeziehen. Das Spektrum und der Zeitraum der im Museum befindlichen Kunstwerke umfasst vor allem Themen und die Zeit der DDR. Unter dem Aspekt der Ausweitung der Betrachtung des Bestandes hinsichtlich der Wochenkrippen wurde dies als eine Bereicherung und Inspiration gesehen. In der Auswahl waren Werke aus den Bereichen Malerei, Grafik und Bildhauerei vorgesehen. Kunstwerke sollten ausfindig gemacht werden, die in irgendeiner Weise einen Beitrag zum Phänomen der Wochenkrippen darstellen könnten. So wurden Fragestellungen nach dem Familienbild in der DDR und seine Darstellung in der bildenden Kunst aufgeworfen. Welche Rollen nahmen die Frau und Mutter als auch der Mann als Vater ein? Das erschien aufschlussreich gerade vor dem Hintergrund der viel besagten Emanzipation der Frau in der DDR. Aus diesen Betrachtungen erhofften wir uns gleichfalls Aufschluss über den Stellenwert des Kindes in der sozialistischen Gesellschaft. Ein weiterer Fokus lag auf der Frage: Mit welchen künstlerischen Mitteln wurde dies von den jeweiligen Künstlerinnen und Künstlern dargestellt? Gab es eine zustimmende oder ablehnende Haltung gegenüber dem offiziellen Familienbild in der DDR? Um all diesen Aspekten nachzugehen, sollte die seit vielen Jahren in der Kunsthalle tätige Museologin und Restauratorin Heike Heilmann in die Recherche miteinbezogen werden. Keine Mitarbeiterin kannte die Sammlung so lange und so gut wie sie. In der Auseinandersetzung mit den Fragestellungen erlebte das gesamte Kunsthallenteam eine Überraschung. Frau Heilmann bekundete, dass sie selbst in den 1960er Jahren in eine Wochenkrippe gegeben wurde. Diese Information veränderte nachhaltig den ortsspezifischen Teil der Ausstellung. Gemeinsam entschied man sich, ihre Selbstreflektion in angemessener Form sichtbar zu machen.

Zunächst ergaben Recherchen, dass es sich bei der Wochenkrippe von Frau Heilmann um eine Einrichtung der VEB Warnowwerft in Warnemünde handelte. Die Werft war der größte Werftbetrieb der DDR mit einer entsprechend umfangreichen Arbeiterschaft. Tatsächlich konnte das Rechercheteam um Frau Ohst und Frau Schunke im Stadtarchiv Unterlagen zu dieser konkreten Wochenkrippe finden. Es gab in Rostock in den 1960er und 1970er Jahren mehr als 20 solcher Institutionen für die Betreuung von Kleinstkindern ab dem zweiten Lebensmonat. Unterschieden wurde zwischen staatlich und betrieblich geführten Einrichtungen. Fast immer waren es gemischte Einrichtungen, die sowohl von Tageskrippenkindern als auch von Wochenkrippenkindern genutzt wurden.[1] Rostock entwickelte sich ab den 1950er Jahren zu einem Vorzeigeprojekt hinsichtlich der Stadtentwicklung im Norden der sozialistischen Republik. Über Jahrzehnte entstanden zahlreiche Neubauviertel wie Lichtenhagen, Lütten Klein und Reutershagen.[2] Neben dem Wiederaufbauprogramm der Nachkriegsjahre spielte die Entwicklung der industriellen Landschaft eine große Rolle. Der Bedarf an Arbeitskräften in den bestehenden und neu geschaffenen Betrieben war enorm. Diese neuen Arbeitskräfte benötigten entsprechende Wohnungs- und Kinderbetreuungsangebote. Und so wurden in Rostock, wie auch im übrigen Teil der DDR, zahlreiche Wochenkrippen eingerichtet. Heike Heilmann war somit eines von schätzungsweise mehr als 1.000 Kindern, die in einer solchen Einrichtung in Rostock zeitweilig untergebracht waren. Die Recherchen im Stadtarchiv Rostock brachten nicht nur solche Erkenntnisse zutage. In der Durchsicht des dortigen Fotomaterials wurde deutlich, dass es einer stärkeren Forschungsnachfrage in den Archiven bedarf, um die Verschlagwortung innerhalb der Akten zu schärfen. Denn im Fotobestand des Rostocker Stadtarchivs wurde nicht zwischen den Tages- und den Wochenkrippen unterschieden. Deshalb konnte für die Ausstellung bedauerlicherweise kein inhaltlich gesichertes Material verwendet werden. Die Zuordnung war zu ungenau und hätte einer intensiveren Recherche bedurft, die aufgrund der zeitlichen und personellen Struktur innerhalb des Wochenkrippen-Projektes der Kunsthalle nicht möglich war.

Dass eine Mitarbeiterin der Kunsthalle Rostock selbst ein ehemaliges Wochenkrippenkind war, führte dazu, dass das Konzept hinsichtlich der Sammlungsintervention neu überdacht wurde. Von einer allgemeinen Betrachtung nahm man nun Abstand zugunsten einer persönlichen Sichtweise. In der folgenden Zeit durchsuchte sie das Gemälde-, Grafik- und Plastikdepot nach geeigneten Kunstwerken, um das Wochenkrippe-Thema aus ihrer Sicht zu visualisieren. Im Ergebnis entstand eine Auswahl, die einen sehr intimen, noch nie dagewesenen Zugang zur Sammlung der Kunsthalle Rostock darstellte. Um die 20 Objekte versammelte die

---

1   Akte Krippen und Heime 2.1.1.-11136, Stadtarchiv Rostock.

2   Vgl. P. Writschan (2014). Die Bauten der Nachkriegsmoderne in Rostock. Eine Aufgabe für den Denkmalschutz. In: M. Escherich (Hrsg.), *Denkmal Ost-Moderne II. Denkmalpflegerische Praxis der Nachkriegsmoderne* (S. 233f.), Berlin 2014.

Museologin. Ihre Auswahl gestaltete sich sehr vielseitig. Alle Gattungen der Kunsthallen-Sammlung waren vertreten. So wählte sie Gemälde ab den 1950er Jahren, Plastiken und Skulpturen aus den 1960er und 1970er Jahren sowie Grafiken aus den 1980er Jahren aus. Zum Teil kamen Werke zum Vorschein, die bisher noch nie in einer Ausstellung gezeigt wurden. Auf den Kunstwerken zu sehen sind Familien mit Kindern, Mütter mit Kindern, eine Großmutter mit ihrem Enkel, Väter mit Kindern. Die Dargestellten schauen oft verträumt oder wirken in sich versunken.

Ihrer beeindruckenden Auswahl wurde im Rahmen der Gesamtausstellung ein eigener Raum gewidmet. In der Mitte der insgesamt fünf Räume umfassenden Ausstellung konnten die Besucherinnen und Besucher so eine Intervention mit Kunstwerken aus dem eigenen Bestand des Hauses mit dem Thema der Wochenkrippen in Verbindung bringen. Der Umstand, dass Heike Heilmann zur Auswahl einen Text verfasste, in dem sie diese besondere Intervention erklärte und ihre Auswahl erläuterte, trug mit zum Verständnis der Idee bei.

Heike Heilmann: Aus der Sammlung

Als langjährige, ehemalige Mitarbeiterin der Kunsthalle Rostock und Wochenkrippe-Kind nehme ich mit intuitiv ausgewählten Werken aus dem Bestand der Kunsthalle Rostock Bezug zum Thema der Ausstellung »abgegeben – Wochenkrippen in der DDR«.

1962 in Rostock geboren, war ich über ein Jahr von montags bis freitags in der Wochenkrippe der Warnowwerft Warnemünde untergebracht. Zum Wochenende wurde ich von meiner Mutter geholt. Mein Vater war Seemann, meine Mutter arbeitete in drei Schichten.

Ich habe keine Erinnerungen an das erste Lebensjahr und verbinde mit meinem Aufenthalt in der Wochenkrippe keine negativen Erfahrungen. Meine Erinnerungen an die Kindheit sind positiv. Ich wuchs wohlbehütet und umsorgt auf.

Für die Entscheidung meiner Eltern, mich unter den damaligen gesellschaftlichen Voraussetzungen und persönlichen Umständen in einer Wochenkrippe unterzubringen, habe ich Verständnis. Ich mache ihnen keinerlei Vorwürfe.

Bei meiner Auswahl der Sammlungswerke setzte ich den Fokus auf Kinderbilder aus dem Zeitraum der 1950er bis 1980er Jahre. Zudem war es mir wichtig, einige Arbeiten zu zeigen, die bisher noch nie oder selten ausgestellt wurden.

Als ehemalige Betreuerin der Grafiksammlung war es mir ein Anliegen, nicht nur Gemälde, Skulpturen und Plastiken auszuwählen, sondern auch Handzeichnungen und Druckgrafiken. So spüre ich beispielsweise in dem Blatt *Mutter mit Neugeborenem* in Grafit und Sepia der in Zwickau geborenen Zeichnerin Regina Franke vertraute Empfindungen. Liebe, Zuneigung und Behutsamkeit werden in ihrem Mutter-Kind-Bildnis deutlich. Mit dem Werk *träumender Blondschopf* der 2001 in Barth, Mecklenburg-Vorpommern, verstorbenen Grafikerin Elisabeth Sittig assoziiere ich Sensibilität und Rückzug aus dem sozialen Umfeld. Mithilfe des Aquarells erfasst die Künstlerin das Wesen und die Stimmung des Kindes – empathisch nimmt sie Träume, Ängste oder Sehnsüchte wahr. Ebenso kann ich mich mit der Schwermütigkeit und Verschlossenheit identifizieren, die sich in der Sandsteinskulptur *Hockender Knabe* der in Frankreich geborenen Bildhauerin Marguerite Blume-Cárdenas widerspiegelt. Aber auch das unbeschwerte Spiel der Kinder im Gemälde *Laternengehen* des Rostocker Malers Karlheinz Kuhn lässt positive Erinnerungen an meine Kindheit wachwerden.

Den Bildern an die Seite gestellt, konnte der sehr persönliche Text die Gründe der Präsentation von Kunstwerken in einer Ausstellung zum Thema Wochenkrippen den Besucherinnen und Besuchern der Ausstellung näherbringen. Bei Führungen und Veranstaltungen äußerten sich zahlreiche Gäste sehr positiv über diese Herangehensweise. Mit dem Beitrag von Heike Heilmann konnte für alle Seiten – den Gästen, den Projektpartnerinnen und dem Kunsthallen-Team – ein bereichernder Aspekt zu den Wochenkrippen eröffnet werden. Im Vorbereitungsprozess der Ausstellung entstand ein ganz eigener Zugang, der nicht nur ortspezifisch, sondern auch personenspezifisch war. Für das Kunsthallen-Team stellte dies eine aufschlussreiche Erfahrung im Arbeitsablauf dar. Es zeigte sich, wie ein Projekt, das sich mit einem Phänomen aus der näheren Vergangenheit beschäftigt, an Relevanz und Zeitgenossenschaft gewinnen konnte. Somit entstand ein sehr besonderer Beitrag zur Aufarbeitung des Themas Wochenkrippen. Die Kunsthalle Rostock dankt an dieser Stelle noch einmal ausdrücklich seiner Mitarbeiterin Heike Heilmann für ihre Offenheit, Bereitschaft und den erweiterten sowie sehr persönlichen Blick auf unsere Sammlung.

Reaktionen

Die Präsentation des Themas »Wochenkrippen in der DDR« als Ausstellung mit künstlerischen Mitteln rief vielseitige Reaktionen hervor. Etwa 4.000 Besucherinnen und Besucher strömten in das Haus und bekundeten damit ein großes Interesse. Dabei wurde sowohl die Kombination von harten Fakten und persönlichen Schicksalen als auch die rostockspezifische Komponente extrem positiv angenommen. Große Aufmerksamkeit bekam das Herzstück der Ausstellung, die Bild-Ton-Text-Collage von Sophie Linz. Zehn Betroffene, neun Frauen und ein Mann, erzählten darin ihre individuellen Lebenserfahrungen in Verbindung mit den Wochenkrippen. Je ein großformatiges Porträt der Protagonistinnen und des Protagonisten, eine Fotografie vom Standort der ehemaligen Wochenkrippe und eine sogenannte Spur vor Ort brachten den Besucherinnen und Besuchern den jeweiligen Lebensabschnitt näher. Um dem eigenen Gefühl Ausdruck zu verleihen, fertigte alle je eine Collage an, die dem Ensemble beigesellt wurde. Zu Wort kamen die ehemaligen Wochenkrippenkinder mittels eines Interviews, das Sophie Linz mit ihnen führte und die durch Kopfhörer hörbar waren. Im Verlauf des Projektes wurden alle Bild-Ton-Text-Collagen auf der Homepage wochenkrippe.de hör- und sichtbar gemacht.

Eine inhaltliche Klammer zu diesem Herzstück der Ausstellung bildete neben dem Einführungstext auch der Auftakt mit einer dokumentarischen Bildstrecke zu verschiedenen Wochenkrippen. Sie schilderte den Alltag in diesen Einrichtungen. Darauf folgte ein Raum, der sich wissenschaftlichen Aspekten zuwandte. Eine kritische Stimme kam durch den tschechoslowakischen Film *Kinder ohne Liebe* von Marie Damborska und Zdeněk Matějček aus dem Jahr 1963 zum Ausdruck. Dem gegenüber gestellt wurden propagandistische Berichte aus Zeitungen und Ausstellungen, die die Idee der Wochenkrippen positiv darstellten. Ergänzend dazu zeigten wissenschaftliche Grafiken, Publikationen und Texte die reflektorische Auseinandersetzung zu diesem Thema. Dem darauffolgenden Herzstück schloss sich eine künstlerische Arbeit von Karla Sachse an. Ein Gitterbettchen wurde von zahlreichen scheinbar schwebenden Zettelchen umringt. Diese zeigten Kommentare von Müttern, die ihre Kinder in Wochenkrippen gegeben hatten, und von Wochenkrippenkindern als auch von ehemaligen Betreuerinnen in den Einrichtungen. Den Abschluss der Ausstellung bildete eine Wand, die mit der Frage »Was macht dich glücklich?« versehen war. Dort waren Ausstellungsbesucherinnen und -besucher eingeladen, ihre Antworten zu hinterlassen. Diese Interaktion wurde sehr gut angenommen.

Eine weitere Möglichkeit, sich zur Ausstellung und zum Thema zu äußern, bot das analoge Gästebuch, das in der Ausstellung auslag. Mit 27 A4-Seiten und 40 Einträgen zeigte dieses Projekt eine sehr umfangreiche Beteiligung der Besucherinnen und Besucher. Die Beiträge spiegelten teilweise sehr kontrovers das Thema der Ausstellung wider: Sie reichten von absoluter Ablehnung der Wochenkrippen bis hin zum Gutheißen dieser Einrichtungen. Aufschlussreich waren Einträge von Kinderbetreuerinnen sowie Partnern ehemaliger Wochenkrippenkinder, Müttern. Sie berichteten über psychische Schwierigkeiten. So etwa die 64-jährige Christina: »Auch ich wurde im Säuglingsheim Güstrow für fast anderthalb Jahre abgegeben. [...] Diese ganzen frühkindlichen Erfahrungen sitzen noch heute in meinem Kopf.« Einige Mütter bewerteten die Möglichkeit, ihre Kinder die Woche über abzugeben, als positiv. So schreibt eine Frau am 5.3.2023: »Nach dieser Ausstellung bin ich froh, dass es diese Möglichkeit der Wochenkrippen und Tageskrippen gab, denn ich weiß nicht, ob so manche Kinder ihre ersten 3 Lebensjahre so fürsorglich durchlebt hätten.« Dagmar L. schildert am 29.3.2023 ihre Auseinandersetzung als Mutter eines Wochenkrippenkindes folgendermaßen:

> »Großen Dank für diese Ausstellung, ein Baustein für meine Tochter und mich auf dem Weg des gegenseitigen Verstehens. Die Anreise aus Berlin war wichtig, habe mir die Ausstellung heute als ›betroffene‹ Mutter allein angeschaut. Bin tief gerührt, insbesondere von den Interviews der ehemaligen Wochenkrippenkinder. Hat mir den Blick geweitet, denn zum damaligen Zeitpunkt (1972) und noch Jahre später fand ich es richtig und die einzig mögliche Lösung. Was ich meiner Tochter genommen habe, kann ich nun besser verstehen und auch erleben an meinen Enkelkindern. Wir sind alle auf einem guten Weg des Verstehens, Vertrauen und Verzeihen.«

Wiederum andere ordneten das Phänomen Wochenkrippe in die soziale DDR-Landschaft als eine Möglichkeit und keinen Zwang ein. Dabei wurde der Begriff Diktatur in Zusammenhang mit der DDR abgelehnt. Auch wurden Stimmen für das Wohl generell von Kindern erhoben und eine Psychoanalytikerin erwähnte ihre Begegnung mit ehemaligen Wochenkrippenkindern innerhalb ihres Berufes. Gleichzeitig wünschten sich Gäste mehr Informationen zu Wochenkrippen in Mecklenburg-Vorpommern. Über die verschiedenen Gründe, warum Eltern ihre Kinder in solche Einrichtungen gaben, wurde teilweise heftig diskutiert. Am 8.4.2023 schrieb jemand:

> »Die Bilder an den Wänden sprechen doch eine eindeutige Sprache! Lachende Kinder, sauber gekleidete Krippenerzieherinnen und Kinderpflegerinnen, alle Kinder bekommen ausreichend zu Essen, am Morgen, Mittag, Abend! Heute gibt es leider in diesem ›reichen‹ Land Kinderarmut. [...] Alle Kinder hatten dort in einer Wochenkrippe einen strukturierten Tagesablauf, welcher heute leider in vielen Familien nicht zu erkennen ist.«

Hier wurde sehr stark auf den pragmatischen Nutzen solcher Einrichtungen geschaut. Eine ganz andere Situation beschrieb hingegen Judith H.-W. am 8.4.2023:

>»Danke für die schöne Ausstellung. Auch ich war ein Wochenkind und wurde mit 8 Wochen für mindestens 2 Jahre lang in eine Wochenkrippe gegeben. Es ist gut, sich mit der Vergangenheit auseinanderzusetzen, um in der Zukunft glücklich sein zu können und sich selbst auch besser zu verstehen. Gerade in den Filmsequenzen, habe ich Vieles von mir wiedererkannt. Wochenkrippen sind alles andere als gut. Das muss man verstehen und anerkennen. Es handelt sich eindeutig um eine Form der emotionalen Vernachlässigung.«

Immer wieder kam zum Ausdruck, dass sich Betroffene gehört und verstanden fühlten. Anja schreibt am 18.3.2023: »Danke für diese Ausstellung! endlich verstehe ich, warum ich mich fühle, wie ich mich fühle – und dass ich damit nicht allein bin.« Ehemalige Wochenkrippenkinder wertschätzten besonders, dass Betroffene zu Wort kamen: Folgender Eintrag vom 26.3.2023 verdeutlicht dies:

>»Als Betroffene bin ich berührt und freue mich, daß das Thema endlich etwas Aufmerksamkeit bekommt! Anhand Feedback kann ich verstehen, daß man die Eltern, die ihre Kinder abgegeben haben in Schutz nehmen will. Es geht hier nicht um einen Vorwurf an die Eltern, sondern darum, was es mit den Kindern gemacht hat, wenn sie jede Woche von Montag bis Freitag nicht zuhause bei ihrer Familie waren. Danke dafür!!!«

In diesem Zusammenhang ist besonders auch dieser Eintrag eindrucksvoll:

>»Hallo! Vielen Dank das ich eure Ausstellung besuchen durfte. Es war sehr spannend und gleichzeitig auch traurig die Bilder von den Kindern in der Wochenkrippe zu sehen. Ich bin selber noch sehr jung weshalb ich mir diese Situation schwer vorstellen kann. Besonders gut hat mir der ~~Film~~ (russische) Film gefallen, weil er so gut diese Zeit beschreibt. Ich war sehr gerührt als ich gesehen habe wie die Erzieherin mit den kleinen Kindern gespielt hat. Diese Ausstellung hat meine Augen noch ein Stück mehr geöffnet darüber wie es in der früheren Zeit war. Also vielen Dank für die Ausstellung! ☺ 15.04.2023/Hermine AT/11 Jahre«

Wie kontrovers und unterschiedlich die Sichtweisen waren, zeigt der Eintrag von Konstanze Z., 70 Jahre, aus Rostock:

»Ich finde diese Ausstellung katastrophal! Wenn die Kinder vernachlässigt wurden, lag es nicht an der Krippe, sondern an den Eltern. Die Kinder haben viel in der Krippe gelernt. Meine Tochter hat sich gefreut, wenn sie in die Krippe gehen sollte, weil dort viele Kinder waren, mit denen sie wie mit Geschwistern spielen konnte, zu Hause war sie alleine.

! Meine Tochter ist normal und hat keinen Schaden davon getragen.«

Wenige Tage später reagiert ein Besucher auf genau diesen Kommentar wie folgt:

»Meine Frau war die ersten beiden Lebensjahre in einem Säuglingsheim. Bis heute fast 60 Jahre später, hat sie oft das Gefühl, zu kurz gekommen zu sein [...]. Es ging damals vielleicht nicht anders, man hatte auch eine andere Überzeugung als heute, aber zu sagen, es hat nicht geschadet ›meine Tochter ist normal‹, verschließt den Blick vor der Wirklichkeit. Diese Erfahrungen gehen nicht spurlos vorbei. Aber Spuren können auch schön und interessant sein ...«

Auch Joachim brachte in seinem Eintrag vom 8.4.2023 Kritik hervor. Ihm ging es um den Begriff »Betroffene«, den er als nicht objektiv empfand. Tatsächlich führten Bemerkungen wie diese auch im Team der Kunsthalle zu einer Schärfung von Begrifflichkeit. In Führungen beispielsweise wurde darauf geachtet, von Betreffenden statt Betroffenen zu sprechen, um eine gewisse Neutralität zu wahren.

Zuweilen bemängelte man im Gästebuch, dass das Bild der DDR durch die Wochenkrippen negativ dargestellt würde.

Zusammenfassend kann man feststellen, dass das Gästebuch reichlich für die Meinungsäußerung und auch den Meinungsaustausch genutzt wurde. Die generationsübergreifenden Beiträge spiegeln die Vielfalt der Erfahrungen und Empfindungen wider.

Im Rahmen der Ausstellung fanden verschiedene Veranstaltungen statt. Neben Führungen, Gesprächsrunden und Diskussionen stellte das Symposium in Kooperation mit der Universitätsmedizin Rostock und der Landeszentrale für politische Bildung Mecklenburg-Vorpommern einen Höhepunkt dar. Alle Formate zogen ein großes Publikum an. Auch hier trafen ehemalige Wochenkrippenkinder, Erzieherinnen und Mütter aufeinander und stets wurde sehr kontrovers in ähnlicher Weise mit vergleichbaren Argumenten diskutiert, wie es ausführlich anhand des Gästebuchs geschildert wurde.

Von Anbeginn der Ausstellung zeigte die Presse großes Interesse an dem Thema. In den Leitmedien wurde darüber ebenso berichtet wie in den lokalen Medien. Von den überregionalen Zeitungen wie dem *Spiegel*, dem *Tagesspiegel* aus

Berlin oder den *Dresdner Neuesten Nachrichten* bis hin zum *heute journal* im ZDF oder dem Deutschlandradio Kultur wurden die Wochenkrippen thematisiert.

Als Fazit für die Ausstellung »abgegeben – Wochenkrippen in der DDR« kann man ein außerordentliches Interesse vonseiten der Gäste, der Medien und der Wissenschaft konstatieren. Auch noch mehrere Monate nach Ende der Ausstellung erreichten uns zahlreiche Mails mit Fragen, Geschichten und Hinweisen zum Thema Wochenkrippen. Eine nicht unerhebliche Anzahl der Zuschriften erkundigte sich nach weiteren Ausstellungsstationen. Das bedeutet, der Bedarf ist in jedem Fall gegeben. Man kann der Ausstellung nur wünschen, weithin gesehen zu werden.

Auszüge aus dem Besucherbuch

[handschriftlicher Eintrag:]
Nach dieser Themenstellung bin ich froh, dass es diese Möglichkeit der Wochenkrippen und Tageskrippen gab, denn ich weiß nicht, ob so manche Kinder ihre ersten 3 Lebensjahre so furchtbar[?] durchlebt hätten.

5.3.2023

[handschriftlicher Eintrag:]
Sehr gespannt habe ich die Ausstellung „abgegeben" besucht. Es ist wohltuend, dass nicht nur voreingenommen über einen Teil unserer DDR-Geschichte berichtet wird. Allerdings bin ich der Meinung, dass nicht angesprochen wurde, wie unterschiedlich die Gründe für eine Unterbringung waren. Ich habe keine negativen Erfahrungen aus einer Zeit (1964) in der mein Kind ein paar Wochen in einer Wochenkrippe war. Ich konnte ihn täglich besuchen. 14.3.23

[handschriftlicher Eintrag:]
Danke für die Ausstellung! endlich verstehe ich, warum ich mich fühle, wie ich mich fühle - und dass ich damit nicht allein bin. Besonders beeindruckt hat mich die Interviews. Sie haben mir gezeigt, dass man durch die Beschäftigung mit diesem Thema, zu dem ich kaum Erinnerungen habe, einen Weg in die Zukunft finden kann. Danke allen Beteiligten und denen, die das Projekt ernst genug genommen haben, um uns diesen Raum zu geben. Ich wünsche allen von uns, die die Ausstellung noch sehen werden und eine Umarmung bedürfen. 18.3.2023

Abgegeben: Vielen Dank an die Organisatorinnen für das Engagement und die Ausstellung zu einem schwierigen Thema. Als Betroffene bin ich berührt und froh und daß das Thema endlich etwas Aufmerksamkeit bekommt! Anhand [...] kann ich verstehen, daß man die Eltern die die Kinder abgeben haben u. Schuld nehmen soll. Es geht hier aber um einen [...] auf die Eltern sondern darum, was es mit den Kindern gemacht hat, wenn sie jede Woche von Montag bis Freitag nicht zuhause bei ihrer Familie waren. Danke dafür !!!

2[...]/03/23

Ausstellung „abgegeben"
Großer Dank für diese Ausstellung, ein Baustein für meine Tochter und mich auf dem Weg des gegenseitigen Verstehens. Die Anreise aus Berlin war wichtig, liebe habe [...] die Ausstellung heute als „Betroffene" Mutter allein angeschaut. Bin tief gerührt, insbesondere von den Interviews der ehemaligen Wochenkrippenkinder. Hat mir den Blick geweitet, dem zum damaligen Zeitpunkt (1972) und noch Jahre später fand ich es richtig und die einzig mögliche Lösung. Was ich meiner Tochter genommen habe, kann ich nur [...] verstehen und am Leben an meinen Enkelkindern. Wir alle sind auf einem guten Weg des Verstehens, Vertrauen und Verzeihen.

29. März 2023

21

Ich finde diese Ausstellung katastrophal!
Wenn die Kinder vernachlässigt wurden, lag es nicht an der
Krippe, sondern an den Eltern.
Die Kinder haben viel in der Krippe gelernt.
Meine Tochter hat sich gefreut wenn sie in die Krippe gehen sollte,
weil dort viele Kinder waren, mit denen sie sich mit Gleichaltrigen
spielen konnte, zu Hause war sie alleine.

! Meine Tochter ist normal und hat
keinen Schaden davon getragen.

19. 4. 2023 Rostock
[unleserlich] 70 J.

Es gibt keinen Vorwurf an meine Mutter. Sie war
in einer Notlage. Die Zeit war nicht lang, aber
prägend. Nach der sechsten Lebenswoche der
Mutterwärme, der Mutterliebe, der Muttermilch
entzogen, der eigenen Kleidung entkleidet, nackt
übergeben in ein anderes Leben, in ein fremdes
Leben - 1957/58. Die Parallelen zu den
Schicksalen, Gefühlen der anderen Betroffenen
sind erstaunlich - Verlustängste, Suche nach
Liebe auf allen Ebenen - bis heute. Nie hätte
ich meine eigenen Kinder weggeben können.
Die Erzieherinnen haben bestimmt ihr Bestes
gegeben nach derzeitigem Wissen, aber warum
muss man dieses System bis heute verteidigen?
Aus schwerwiegenden Fehlern muss man lernen!
22 April 23   P. H.

25.04.2023
Danke für diese Ausstellung Sie hat mir die
Augen geöffnet - über mich - über mein Leben. Ich
bin nicht allein. Viele der Aussagen zu den Interviews könnten von mir sein. Das Bettchen... ich
erinnere mich daran. Alles in allem erschütternd!
                        Wochenkrippe 1968-71
                        Niederschönhausen

Bilder aus der Ausstellung³

Installation Kinderbett in der Ausstellung »abgegeben« von Karla Sachse (Foto: Karla Sachse) © VG Bild-Kunst, Bonn 2024

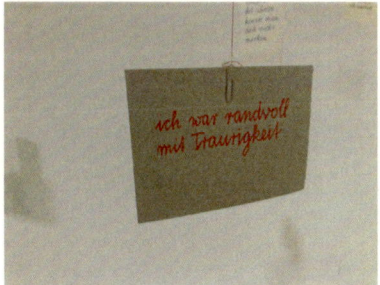

Details aus der Installation Kinderbett in der Ausstellung »abgegeben« von Karla Sachse (Foto: Karla Sachse) © VG Bild-Kunst, Bonn 2024

---

3 Trotz eingehender Prüfung und Recherche konnten nicht alle Rechteinhaber der in diesem Abschnitt wiedergegebenen Kunstwerke ermittelt werden. Berechtigte Ansprüche bitten wir Sie dem Verlag mitzuteilen.

Regina Franke, *Mutter mit Neugeborenem*, 1982, Graphit, Sepia, 52,3 x 39,0 cm

Mechthild Mannewitz, *Mädchen mit Blumenkranz*, 1967, Öl auf Leinwand, 75,0 x 60,0 cm

Erich Gerlach, *Sonniger Vormittag (Mütterberatung)*, 1959, Mischtechnik/Hartfaser, 60,0 x 80,0 cm © VG Bild-Kunst, Bonn 2024

Fritz Røed, *Bildnis Morten II*, 1963, Bronze, 17,0 x 16,0 x 14,0 Holzsockel, 8,0 x 9,0 x 9,0 cm

Volker Beier, *Babuschka (mit Enkel)*, 1970, Serpentinstein, 41,0 x 30,0 x 25,0 cm

Marguerite Blume-Cárdenas, *Hockender Knabe*, 1974, Sandstein, 28,0 x 25,0 x 34,0 cm

Heinz Wodzicka, *Genesender Knabe*,
1965, Öl auf Leinwand, 80,0 x 60,0 cm
© VG Bild-Kunst, Bonn 2024

Elisabeth Sittig, *Träumender Blondschopf*, o. J., Aquarell, 50,0 x 37,0 cm

Werner Juza, *Meine Enkeltochter Bettina*, 1973, Öl auf Holz, 35,0 x 40,5 cm

Karlheinz Kuhn, *Laternengehen*, ohne Jahr, Öl auf Hartfaser, 105,0 x 88,5 cm © VG Bild-Kunst, Bonn 2024

Vera Schwelgin, *Kinderspiel*, 1984, Mischtechnik auf Leinwand, 120,0 x 99,5 (100) cm © VG Bild-Kunst, Bonn 2024

Biografische Notiz

Antje Schunke, 1975 in Halle/Saale geboren, Studium der Kunstgeschichte an der Martin-Luther-Universität Halle-Wittenberg und an der Freien Universität Berlin, ab 1998 Bildarchiv Preußischer Kulturbesitz Berlin, 2002 bis 2003 Centre allemand d'histoire de l'art Paris, 2003 bis 2004 Kunsthalle Bielefeld, 2006 bis 2007 Atelier Jochen Gerz, Paris, 2007 bis 2010 Wissenschaftliches Volontariat an der Berlinischen Galerie – Landesmuseum für Moderne Kunst, Fotografie und Architektur, 2013 bis 2016 Geschäftsführung Künstlerbund Mecklenburg und Vorpommern e. V. im BBK, 2016 bis 2022 Leiterin Kulturforum Schleswig-Holstein-Haus der Landeshauptstadt Schwerin, seit 2022 Wissenschaftliche Mitarbeiterin und Ausstellungskuratorin Kunsthalle Rostock.

abgegeben

Ich liege in einem kleinen Bett.
Links und rechts neben mir sind Gitter.
Überall sind Gitter.
Die Zimmerdecke ist sehr weit weg.
Der Raum ist hell. Weiß.
Alle schreien - alle, alle schreien.
Nur ich bin ganz ruhig.
Niemand kommt.

Sophie Linz, geboren 1974
WK Berlin-Buch von 1975-1976/77
Die Mutter wurde wegen versuchter Republikflucht
in der Jugendstrafanstalt Dessau inhaftiert,
der Vater nach West-Berlin ausgewiesen.

Erinnerungen - können sein: Bilder, (Klang)Farben,
Geräusche, Gerüche, Gefühle.
Was davon erinnern wir aus vorsprachlicher Zeit. Wenn
niemand bei uns war, der davon erzählen kann, was war.

Wir - sind zehn ehemalige Wochenkrippe-Kinder. Den
wenigsten von uns standen Dokumente, Fotos oder andere
Informationen zur Verfügung, die konkrete Auskunft über
unsere prägendste Zeit geben könnten. Wir haben uns auf
die Suche begeben, den roten Faden aufzunehmen, der uns
alle verbindet: abgegeben worden zu sein. Eine gemeinsame
Suche nach dem Beginn, der bis in die Gegenwart reicht.
Wann war ich in welcher Wochenkrippe und, vor allem, wie
lange. Das war der Ausgangspunkt. Mit jeder einzelnen der
acht Frauen sowie einem Mann reiste ich zu der einstigen
Wochenkrippe. Dort führte ich Interviews mit ihnen -
in der Situation der zumeist ersten Wiederbegegnung
mit dem Ort. Es waren mitgebrachte Fragen, die ich
stellte*, und wurden so viele mehr, die sich aus unseren
Gesprächen daraus ergaben. Diese Orte habe ich nochmals
aufgesucht. Die Gebäude selbst und dort gefundene Spuren
fotografiert.

Anja Lehmann, auch sie eine Betroffene, fuhr zu den gegenwärtigen Wohnorten, um alle - in ihnen heute vertrauter Umgebung - zu porträtieren.

Wesentliches Element der gemeinsamen Spurensuche war die individuelle Entwicklung von Collagen, die mit künstlerisch-pädagogischer Unterstützung von Karla Sachse entstanden. Sie verbinden Fundstücke unserer Leben und übersetzen die Erinnerung visuell.

Die Interviews habe ich während der Entstehung der Collagen fort- und mit den Interviews an den Orten zusammengeführt.

Wir stehen für alle, die nicht mehr gezählt werden können.

Sophie Linz

*) Die Fragen

Wann hast du erfahren, dass du in einer Wochenkrippe warst - durch wen oder wodurch?

Was ist deine erste Erinnerung - ein Bild, ein Gefühl, Geruch, Geräusch, eine Situation?

Wann wurde dir das erste Mal bewusst, dass diese Zeit mit dir heute zu tun hat?

Was denkst du, wie deine Zeit in der Wochenkrippe deine Beziehung zu deinem Kind beeinflusst hat?

Welche Frage würdest du gern deinen Eltern stellen, wenn du wüsstest, du bekommst eine Antwort?

Welche Wörter assoziierst du mit dem Begriff Wochenkrippe?

Ziel von "abgegeben" ist, künstlerische mit
wissenschaftlicher Aufarbeitung zu verschränken sowie die
Erfahrungen und biografischen Auswirkungen ehemaliger
Wochenkrippe-Kinder erstmals einer breiten Öffentlichkeit
zugänglich zu machen.

Projekt und begleitende Website wochenkrippe.de
wurden ermöglicht durch die freundliche Unterstützung
der Bundesstiftung zur Aufarbeitung der SED-Diktatur.
Kooperationspartner des Projekts ist die Kunsthalle
Rostock.

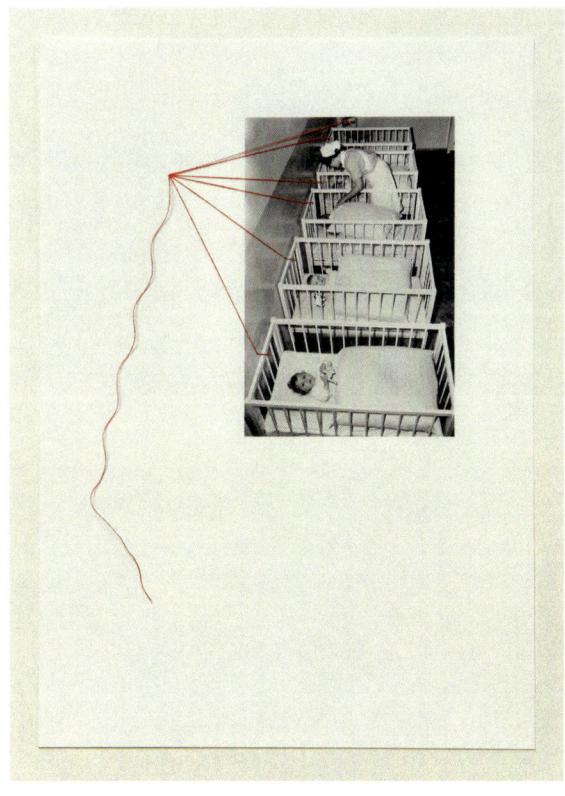

Collage:
© Sophie
Linz, "Roter
Faden auf
Papier mit
Foto", unter
Verwendung
eines Fotos
von Erich
Höhne &
Erich Pohl
(1962/1965)
© SLUB
Dresden/Deutsche
Fotothek

Biografische Notiz

Sophie Linz, Ausbildungen in Fotografie *(Lette Verein Berlin)* und Journalismus *(Financial Times Deutschland)*, seither freie Bildredakteurin und Bildchefin in Redaktionen und Agenturen; Initiatorin, Projekt- & künstlerische Leitung der Ausstellung »abgegeben – Wochenkrippen in der DDR«.

Familien- oder Krippenerziehung?[1]

Jaroslav Šturma

Der Autor untersucht im Folgenden die über 150-jährige Geschichte der Kinderkrippen und analysiert auch die Erfahrungen aus der früheren kollektiven Erziehung (Krippenerziehung) in der ehemaligen sozialistischen Tschechoslowakei. Aufbauend auf dem heutigen Wissen über die Entwicklung in der frühen Kindheit sowie den frühkindlichen Bedürfnissen und den Folgen ihrer Nicht-Erfüllung (psychologische Deprivation und Subdeprivation, frühe Bindung usw.) sieht er deutliche Vorteile in der Familienerziehung gegenüber den Krippen. Die Kinderkrippe ist für ihn eine sozialpädiatrische Einrichtung, die unter besonderen Umständen (wenn die Mutter aus wirtschaftlichen oder anderen Gründen nicht zu Hause sein kann) die Folgen der Trennung mildert. Sie ist weder eine optimale noch eine allgemein empfehlenswerte Lösung.

Anfänge der Kinderbetreuung in kollektiven Einrichtungen

Der evangelische Pfarrer Oberlin (1740–1826) gründete in dem elsässischen Ort Waldbach im Steinthal die ersten fünf »Kleinkinderbewahranstalten« für Kinder unter drei Jahren. Er hatte festgestellt, dass einige Eltern immer häufiger wegen Arbeit das Haus verlassen und ihre Kinder ohne Aufsicht zu Hause lassen mussten, sodass die Kinder seinen Worten zufolge »psychisch und auch physisch litten«. Um dies zu verhindern, mietete er 1779 große Räumlichkeiten, wo Betreuerinnen unter seiner Aufsicht die Kinder angemessen pflegten und beschäftigten. Die Bewahranstalten verbreiteten sich bald in ganz Europa.

---

1 Eine frühere Fassung des Textes wurde 2011 durch Prof. Theodor Hellbrügge veröffentlicht: Jaroslav Šturma (2001). Erfahrungen aus der Kollektiverziehung. *Pediatrics and Related Topics, 40*, 481–487.

Marquise Pastoret brachte die Idee dieser Kinderbetreuungsform nach Paris, indem sie mehrere Jahre im Faubourg St. Honoré eine Anzahl kleiner Kinder im Alter von vier bis sechs Jahren von Krankenschwestern betreuen ließ. Diese 1826 in Paris gegründete Anstalt hieß »Salle d'asyle pour l'enfance«. Seit 1836 erschien auch die eigene Zeitschrift *L'ami de l'enfance: journal des salles d'asyle*. Im Jahre 1837 gab es in Frankreich bereits 341 solcher Anstalten. Die erste vergleichbare »Kleinkinderbewahranstalt« öffnete 1832 in Prag. Sie wurde von Jan Svoboda (1803–1844) gegründet und geleitet.

Nach Annahmen von Karel Šmídek, Erziehungshistoriker des 19. Jahrhunderts, wirkten die Bewahranstalten genauso wie die Krippen negativ. Dagegen sollten die Kindergärten positive Auswirkungen haben, und zwar auf die Erziehung und Bildung der Kinder.

Den ersten Kindergarten hatte Friedrich Fröbel (1782–1852) 1840 in Blankenburg unweit von Rudolstadt gegründet. Im Fall von ungünstigen familiären Umständen wurden die Kindergärten in Österreich sogar seit 1872 durch ein Dekret des Ministeriums empfohlen. Als einer der bedeutenden Unterschiede zwischen den Kindergärten und den Kleinkinderbewahranstalten wird die Tatsache genannt, dass die Zahl der Kinder in einem Kindergarten nicht über 40 hinausgehen sollte, während die Zahl der Kinder in einer Bewahranstalt unbegrenzt war. Aus erzieherischer Sicht gab es in den Kindergärten also günstigere Bedingungen für die Kinder (Kleinkinderbewahr-Anstalt am Hradek, Erster Jahresbericht, 1832).

Inzwischen war jedoch die Industrialisierung rasant vorangeschritten. Es entstanden Fabriken, die immer mehr Arbeitskräfte brauchten. Zunehmend mussten in den Familien beide Eltern Arbeit außerhalb des Hauses suchen. Deren Kinder blieben allein und ohne Aufsicht. Unter diesen Umständen entstanden die Kinderkrippen. Šauer von Augenburg (1898), Šmídek sowie Stöckl (1876) definierten unabhängig voneinander die Krippen (crèches) auf eine ähnliche Weise als »Anstalten, in denen Säuglinge und Kleinkinder des Tags hindurch aufgenommen werden, um dadurch ihren Müttern es möglich zu machen, außerhalb des Hauses ihrem Verdienst nachgehen zu können« (Stöckl, 1876, S. 576f.). »Aus humanen Gründen bieten sie den Kindern unter 3 Jahren eine solche Betreuung, die sie von den Eltern nicht bekommen können« (Šauer von Augenburg, 1898, S. 137). »Die Krippen erleichtern einer armen Mutter die Besorgung der Ernährung« (Šmídek, o. J.).

Nach Stöckl (1876, S. 576ff.) fasste zuerst Herr Firmin Marbeau in Paris die Idee, solche Anstalten zu gründen. Er beobachtete, wie »arme Mütter, die ihr Brot außer Haus suchen mussten, ihre Säuglinge während ihrer Abwesenheit fremden, oft ganz unzuverlässigen Personen anvertrauen mussten, womit noch dazu ein für ihre Verhältnisse nicht unbedeutender Kostenaufwand verbunden war«. Um diesem Missstand abzuhelfen, kam er auf die Idee, eine eigene Anstalt für die Pflege solcher Säuglinge zu errichten. Der Gedanke fand allseitigen Anklang. Mehrere wohltätige Frauen sowie der Pfarrer des Bezirkes Chaillet nahmen sich der Sache an. In kurzer Zeit (14.11.1844, also bald wird diese Institution 180 Jahre alt) wurde die Idee der Anstalt ins Leben gerufen und begann ihre Wirksamkeit. Man nannte sie »Krippe« (crèche), um anzudeuten, dass diese armen Säuglinge die liebsten Geschwister des armen Heilandes seien, der selbst in der Krippe lag. Frankreich wurde das »Land der Krippen« genannt. 1851 gab es dort bereits an die 400 Krippen. Allein in Paris gab es 18 Krippen für 600 Kinder. 1867 wurde auf der Weltausstellung in Paris sogar eine Musterkrippe vorgeführt.

Hier sieht man klar, wie die Idee der Krippenbetreuung aus der Not der Familien heraus entstand. Das heißt, auch primär als Antwort auf die Bedürfnisse der Erwachsenen und nicht die der Kinder. Von Anfang an waren die Krippen eine im Grunde genommen sozialpädiatrische Einrichtung, die den Müttern ermöglichen sollte, zu arbeiten und damit die materielle Lage der Familie zu verbessern. Gleichzeitig sollten sie die Folgen der Trennung der Kinder lindern und ihre Gefährdung und Schädigung verhindern (vgl. Helm, 1851). Damals hatten die Eltern keine andere Wahl. Auch wenn die Lage heute in vielerlei Hinsicht anders aussieht, gibt es nach wie vor Eltern, vor allem alleinerziehende Mütter und Väter und sozial schwache Familien, die auch heute keine andere Wahl haben. Nach Findruck des Autors gibt es aber immer mehr Eltern und vor allem Mütter – und dies ist eine neue Erscheinung –, die das Kind aus ihrem inneren Bedarf in eine Kinderkrippe geben. Also nicht unter dem Druck der äußeren Umstände. Sie fühlen sich in ihren Erwartungen an die Selbstverwirklichung in der Arbeit und in der Gesellschaft, im Bedarf an Entwicklung der eigenen Persönlichkeit und Interessen unerfüllt. Aus ihrer Sicht argumentieren sie berechtigt damit, dass sie ihrem Kind nicht das Beste geben können und als Mütter weniger kompetent seien, wenn sie ihr Recht auf berufliche und gesellschaftliche Entwicklung nicht wahrnehmen würden.

Der hier vorgelegte Beitrag aus der Sicht eines Kinderpsychologen betrachtet die Lage, die zweifelsohne viele Ebenen und Aspekte enthält, aus der Perspektive des schwächsten Mitglieds der Familiengemeinschaft – der des kleinen Kindes. Zunächst blicken wir aber noch einmal in die Geschichte – nach Europa Mitte des 19. Jahrhunderts – zurück.

Der Erfolg des Krippenunternehmens von Herrn Marbeau war ungemein günstig: »Die vornehmsten Damen beteiligten sich an der Leitung und Beaufsichtigung der Anstalt. Bald konnten neue errichtet werden« (Stöckl, 1876).

Ein eigener Verein (Société générale des crèches) bildete sich, der sich die mögliche Verbreitung jener Anstalten zur Aufgabe machte. Die Krippen fanden ihren Weg seit 1847 nach Belgien und bis 1851 auch nach England, Österreich und Deutschland. Papst Gregor XVI. bewilligte den Mitgliedern des Krippenvereins in Paris mehrere Ablässe, und Pius IX. dehnte diese Ablässe auf alle Krippenvereine weltweit, die unter Genehmigung der Bischöfe gegründet wurden, aus.

Stöckl mahnte in diesem Zusammenhang (1878, S. 578): »Es lässt sich wohl nicht leugnen, dass solche Bewahranstalten ebenso wie die Krippen ein Bedürfnis der Zeit sind. Grundsätzlich allerdings sollten die Kinder ihre erste Erziehung in der Familie erhalten.«

Die erste Kinderkrippe in deutschsprachigen Ländern entstand 1849 in Wien unter der Leitung des Arztes Dr. Carl Heim (vgl. Reyer & Kleine, 1997). Er gründete auch den »Verein zur Beaufsichtigung der Kostkinder«. Ein Kostkind zu sein bedeutete damals, zu einer besonderen Risikogruppe von Kindern zu gehören. Zu ihnen gehörten insbesondere Pflegekinder. Ihre Sterblichkeit war viel höher als die Sterblichkeit der Kinder in den eigenen Familien. Die Krippen sollten für sie eine neue, bessere Alternative darstellen. 1851 gab es in Wien bereits acht Krippen. Schnell entstanden weitere Krippen in ganz Deutschland und Österreich-Ungarn.

Die Mehrheit der Krippen wurde von Vereinen gegründet. In München entstand beispielsweise 1854 der »Krippenverein links der Isar«. »Aufsichtsdamen« sorgten in Zusammenarbeit mit Ärzten für die Aufsicht und den Betrieb. Die Kinder wurden unmittelbar von den damals sogenannten Kindswärterinnen und Kindsmägden, später von Säuglingsschwestern, gepflegt.

Die Krippen hatten von Anfang an auch Gegner. Zu ihnen gehörte vor allem der preußische Kammergerichts-Referendar Carl von Salviati (1852). Er war ein Mann, der mit seiner ersten Schrift zur Verbreitung der Krippen bedeutend beitrug, später jedoch einräumte (1852):

> »Wer wollte es leugnen, dass es besser wäre, wenn es gar keiner Krippe bedürfte, wenn das Kind zu Hause wohl bewahrt und verpflegt werden könnte, wenn es die Mütter nicht nötig hätten, auswärts auf Arbeit zu gehen. Aber dem ist einmal nicht so und das Mutterherz ist zwar das Meisterstück der Natur, aber auch das Meisterstück selbst ist nicht gegen den Pesthauch des Elends geschützt, – man muss ihm zu Hilfe kommen« (zit. n. Reyer & Kleine, 1997, S. 31 f.).

Die Alternative, den Vätern »so viel Einkommen zu sichern, dass die Mütter nicht mit auf Erwerb ausgehen müssten« (Fellner, 1884, zit. n. Reyer & Kleine, 1997, S. 32), wurde zwar angesprochen, aber als eine »soziale Unmöglichkeit«

nicht ernsthaft diskutiert. Damals war das weitere Motiv für die Unterbringung des Kindes in der Krippe noch nicht aktuell, nämlich das Bedürfnis der Selbstentwicklung der Mutter. Wenn Salviati 1852 schrieb, dass viele Mütter nach der Errichtung der Krippen ihre Kinder aus den Findelhäusern nach Hause nahmen, dann haben wir eine der ständig gültigen Indikationen für die Unterbringung eines Kindes in eine Tageskrippe. In diesen indizierten Fällen können Krippen auch als eine Einrichtung fungieren, die durch den täglichen Kontakt mit den Müttern diesen hilft, zur Mutterrolle heranzuwachsen.

1919 schreibt Lili Droescher vom Pestalozzi-Fröbel-Haus, dass es doch

»furchtbar unnatürlich sei, dass kleine Kinder, Säuglinge, aus dem engen Lebenszusammenhang mit der Mutter herausgerissen und in eine Anstalt, und sei es die gemütlichste, gegeben werden müssen [...] Es ist auch so unnatürlich, dass all die kleinen Lebensdienste, die zum Wachsen und Gedeihen des Kindes nötig sind, nicht von der Mutter getan werden« (zit. n. Reyer & Kleine, 1997, S. 32).

In der Zeit vor dem Zweiten Weltkrieg befanden sich zwei Drittel von den mehreren 100 Krippen in Deutschland auf dem Gebiet Preußens. Etwa acht bis 13% der Kinder im entsprechenden Alter waren dort in Krippen untergebracht. Während des Krieges und nach dem Krieg hat sich die Zahl der Krippen bis auf das Doppelte erhöht. Die Erfahrung zeigt, dass die kommunistischen Regime, wie unter anderem in der ehemaligen Tschechoslowakei und in der DDR, die Tendenz hatten, die Bedeutung der Familie zu schwächen und die Beschäftigung der Frauen zu erhöhen. Dadurch stieg die Zahl der Krippen und der darin untergebrachten Kinder bedeutend an.

Erfahrungen mit der Krippenerziehung in den sozialistischen Ländern

Während es 1950 in der DDR 194 Krippen für knapp 5.000 Kinder (6%) gab, existierten 1985 schon 7.315 Krippen für fast 340.000 Kinder (über 60% der Kinder im Alter von 1–3 Jahren). In den alten Bundesländern gab es 1950 lediglich 170 Krippen für 7.500 Kinder (0,4%), 1985 1.028 Krippen für ca. 28.000 Kinder (1,6%) (vgl. Zwiener et al., 1994, S. 15).

In der DDR führte die Medizinerin Eva Schmidt-Kolmer mehrere Studien zum Entwicklungs- und Gesundheitszustand der Krippenkinder durch. Ihre Forschungen zeigten beispielsweise für das Jahr 1985, dass die Krippenkinder 2,5-

mal öfter krank waren als Kinder, die zu Hause erzogen wurden. Kinder unter drei Jahren, die in der Familie erzogen wurden, waren im Durchschnitt ca. 56 Tage im Jahr krank, die Krippenkinder ca. 163 Tage (Schmidt-Kolmer, 1987).

1966 fand in Prag das erste internationale Symposium der sozialistischen Länder über Krippen statt. Ein weiteres wurde 1977 in Budapest organisiert. Inzwischen gab es ein Projekt, in dessen Rahmen die Entwicklung der Kinder in den Krippen erforscht wurde (Entwicklungsbogen von Eva Schmidt-Kolmer). In der DDR und auch in der ehemaligen Tschechoslowakei wurden neue Methodiken für Erziehungsarbeit in den Krippen für die einzelnen Entwicklungsbereiche ausgearbeitet. Die Methoden wurden jedoch nicht eingeführt, da es von ideologischer Seite Kritik daran gab: So könne es beispielsweise nicht als positiver Entwicklungsfortschritt gelten, wenn ein Kind von einer Sache sagt: »Das ist mein«, weil dies den sozialistischen Erziehungszielen nicht entspräche. In diesen Jahren wurde jedoch immer häufiger darauf verwiesen, dass die Krippenkinder insbesondere in der Sprachentwicklung verspätet seien. Allmählich musste zugegeben werden, dass die Familie in der Kindererziehung unersetzlich ist und dass die Eltern meist natürliche Kompetenzen zur Erziehung haben. Die Eltern selbst wurden damals nämlich für inkompetent gehalten.

In der Zeit des Krippenbooms in der Tschechoslowakei tauchten trotzdem objektive und kritische Arbeiten auf, obwohl diese Studien unerwünscht waren (nach Matějček, 1989).

Abb. 1: Zdeněk Matějček (Foto: Jaroslav Šturma)

In einer Studie (Habiňáková & Bálková, 1972) zeigte sich, dass die emotionale Stimulation der Krippenkinder, im Vergleich zu Kindern, die nur in Familien lebten, ungenügend war. Dies ließ sich nicht durch Zeitmangel und organisatorische

Schwierigkeiten erklären, sondern hing vorwiegend von der Persönlichkeit und Einstellung der Erzieherinnen ab.

In der Studie von Ždanska-Bricken (1972) in Polen wurden 32 Kinder, die nur in Familien lebten, und 32 Kinder, die Tageskrippen besuchten, sorgfältig paarweise ausgewählt (unter Berücksichtigung von Bildung und Beruf der Eltern). Die Unterschiede waren nicht besonders dramatisch, jedoch zeigte sich wiederum eine Reifeverspätung in sozialer und emotionaler Hinsicht auf der Seite der Krippenkinder.

Nováková (1957) beobachtete das Verhalten von 1.030 Kindern aus 43 Tageskrippen in Mittelböhmen. Sie fand bei einer Mehrzahl der Kinder länger anhaltende, ausgeprägte Verhaltensstörungen, zumeist verursacht durch Anpassungsschwierigkeiten des Kindes. Sie zitierte Fälle, in denen Kinder noch nach einjährigem Aufenthalt in der Krippe erkennbar gestört waren.

Kunzová et al. (1974) beobachteten systematisch 126 Kinder in Prager Tageskrippen. Bei fast allen waren Adaptionsschwierigkeiten zu beobachten. Diese dauerten jedoch üblicherweise nicht länger als sechs Wochen.

Gesundheitszustand der Krippenkinder

Eine Voraussetzung für die Lebensqualität im psychischen und sozialen Bereich ist selbstverständlich auch ein guter Gesundheitszustand. In den Krippen ist und war ein Bestandteil der Pflege auch die Beobachtung des Gesundheitszustands. Kubát und Syrovátka (1966) stellten bei einer Gruppe von 609 Kindern aus Prager Tageskrippen eine zwei- bis dreimal höhere Krankheitsanfälligkeit als bei einer gleichgroßen Vergleichsgruppe von Familienkindern fest. Auch Klinikaufnahmen kamen bei Kindern aus Krippen dreimal häufiger vor. Dennoch war ihre körperliche Entwicklung nicht ernsthaft beeinträchtigt – sie entsprach im Durchschnitt durchaus derjenigen von Familienkindern.

Die Autoren – berühmte tschechische somatisch orientierte Pädiater ihrer Zeit – empfahlen dennoch nachdrücklich, weder die üblichen Krankheiten noch die bei Kindern in Krippen häufiger auftretende spastische Bronchitis zu unterschätzen. Als erschwerender Zustand muss auch die psychologische Bedeutung der Krankheit des Kindes für die Eltern und für das Familienleben in Betracht gezogen werden, und zwar besonders dort, wo wegen der Berufstätigkeit der Mutter für das Kind »nicht genug Zeit« überblieb.

Šamánková (1968) stellte bei einer Gruppe von 100 Kindern aus drei Prager Krippen (über einen Zeitraum von 3 Jahren hinweg) fest, dass jedes Kind durchschnittlich fünfmal im Jahr erkrankte, und jede Krankheit durchschnittlich zehn Tage dauerte. Bei den neu in Krippen aufgenommenen Kindern konstatierte sie das Vorkommen von Antikörpern gegen Adenoviren bei 6% der Kinder – während es bei dem weiteren Krippenbesuch auf 93% stieg.

Es stimmt, dass bei diesen Krippenkindern, bei denen die üblichen Infektionserkrankungen früher vorkommen, die Erkrankungsrate im Kindergarten im Vergleich mit deren Altersgenossen, die keine Krippe besuchten, niedriger ist. Es ist jedoch die Frage, ob die früher durchgemachten Erkrankungen den Organismus nicht eher belasten als stärken. Jedenfalls gilt eine höhere Krankheitsanfälligkeit der Krippenkinder auch weiterhin als zwangsläufige Begleiterscheinung der Erziehung von Kindern in Kinderkrippen. Man muss damit rechnen.

Beitrag der Wissenschaft zum Erkennen der frühen Beziehungen zwischen Kind und Mutter (beziehungsweise Eltern) und deren Störungen

1 Psychische Deprivation

In den klassischen Untersuchungen über die Deprivation von Kindern (Spitz, Goldfarb, Bowlby u. a., hier nach Matějček, 1974) wird größtenteils darauf hingewiesen, dass Kinder, die in einem an wichtigsten Umweltreizen – besonders Gefühlsreizen – armen Anstaltsmilieu aufwachsen, spezifische Abweichungen ihrer Persönlichkeitsentwicklung zeigen. Die Deprivationsfolgen sind jedoch nicht so einheitlich, wie es früher behauptet wurde.

Im Verlauf der Deprivationsforschung musste man erkennen, dass sich die Kinder auch unter einheitlichen Deprivationsbedingungen sehr verschieden entwickeln. So ließ sich nachweisen, dass einige Kinder durch das ungünstige Heimmilieu doch ohne auffällige Abweichungen entwickelt haben. Auch Kinder, die solche Abweichungen zeigten, verhielten sich in neuen Lebenssituationen, z. B. nach einer Adoption, sehr verschieden und reagierten ebenfalls unterschiedlich auf eine Therapie. Langmeier und Matějček (1977) versuchten einzelne durch Deprivation bedingte »Verhaltenstypen« zu unterscheiden, die auf ein Zusammenwirken von spezifischen Persönlichkeitszügen des Kindes mit speziellen Besonderheiten seiner Umwelt zurückzuführen sind. Diese Differenziertheit der Reaktionen der Kinder auf eine (emotional) deprivierende Umgebung wurden überzeugend von Langmeier und Matějček gezeigt und von ihnen wurden auch die psychologischen Persönlichkeitstypen der deprivierten Kinder definiert (1977).

Diese Erkenntnis betrifft auch die Reaktion des Kindes auf die Trennung von der Mutter im frühen Alter, denn auch hier fällt diese individuell unterschiedlich aus. Das gilt zweifelsohne ebenfalls für die Adaptation des Kindes an das Krippenmilieu und an die damit verbundene Trennung von seiner Mutter.

2 Psychische Subdeprivation

In etwas schwächerer und weniger dramatischer Form findet man Teilmerkmale und Anzeichen psychischer Deprivation auch bei Kindern, die zwar in Familien leben, aber daran leiden, dass ihre lebenswichtigen psychischen Bedürfnisse teilweise nicht befriedigt werden. Bei Forschungen, die Kinder aus unerwünschten Schwangerschaften, aus Alkoholikerfamilien und aus unvollständigen Familien betrafen, verzeichnete Matějček (1988) dieses Kontinuum der Äußerungen und Anzeichen psychischer Deprivation von sehr diskreten bis zu deutlichen Anzeichen. Mäßige und angedeutete Formen der psychischen Deprivation nannte er psychische Subdeprivation.

3 Bindung

In den letzten zwei Jahrzehnten gab es dank Bowlby und seiner Schülerin Mary Ainsworth und auch dank der bahnbrechenden Forschung des Ehepaars Grossmann grundsätzlich neue Erkenntnisse über die Bildung der frühen Bindung zwischen einem Säugling und seinen wichtigsten Bezugspersonen. Es wurden die verschiedenen Typen dieser Bindung identifiziert, die bereits in der zweiten Hälfte des ersten Lebensjahrs konstituiert werden und die Entwicklung der Persönlichkeit des Kindes und dessen Sozialbeziehungen weitgehend beeinflussen. Es geht vor allem darum, ob sich das Kind einer sicheren Bindung erfreut oder ob die Bindung unsicher ist.

Frühe Mutter-Kind-Interaktion und intuitive Elternschaft

Die frühe Bindung entwickelt sich aufgrund der intensiven Interaktion zwischen dem Kind und der pflegenden Hauptbezugsperson. Diese Interaktion findet in einer subtilen Form bereits vor der Geburt des Kindes statt. Nach der Geburt gewinnt sie an Intensität und umfasst alle Formen der Sinneswahrnehmung und der psychischen Tätigkeit in Form von unzähligen Einheiten des gegenseitigen

Austausches von Anregungen. Diese schaffen ein sensibel reagierendes Rückkopplungssystem, in dem die gegenseitige Freude über den Kontakt gestärkt wird und die Bezugsperson gleichzeitig auf die Müdigkeit und eine nachlassende Aufmerksamkeit des Schwächeren in der Interaktion – des Kindes – reagiert.

Der Bindungsvorgang beginnt in den ersten Lebensmonaten und seine kritische, entscheidende Periode liegt zwischen dem sechsten und 12. Lebensmonat. Seine Bildung und Festigung erfordert eine ungestörte Beziehung zwischen dem Kind und seiner Hauptbezugsperson. Dieser Bindungsvorgang ist in der Regel nach den ersten Lebensjahren so weit abgeschlossen, dass die Bindung zu einer sicheren Basis für die künftige psychische Entwicklung des Kindes wird. So eine Bindung und das damit einhergehende Urvertrauen gehören zu den Grundbedingungen dafür, dass sich ein Baby gesund und störungslos entwickeln kann. Die Bildung einer solchen Beziehung fordert jedoch das Milieu der Geborgenheit (Hassenstein, 2001). Das Krippenmilieu erfüllt diese Bedingungen nicht immer und nicht für jedes Kind.

Verhaltensbiologie des Kindes

Der Verhaltensbiologe Bernhard Hassenstein (2001) dachte über das Problem nach, welchem Lebensformtypus der menschliche Säugling zuzuordnen ist. Unter Tieren unterscheidet er dabei zwischen drei Jungenformen: Zu der Gruppe der Nesthocker gehören Kitze und Welpen. Sie kommen wehrlos zur Welt und sind anfangs unfähig, sich zu bewegen. Als ganz kleine Geschöpfe halten sie sich an einem Ort auf und sind auf die Hilfe der Eltern angewiesen. Bei den sogenannten Nestflüchtern hingegen kann schon das neugeborene Junge stehen, laufen und der Mutter selbstständig folgen, etwa wenn die Mutter flüchten muss.

Die dritte beschriebene Kategorie sind die Traglinge. Diese Jungen sind unfertig, kommen aber in kein Nest, sondern bleiben am Körper der Mutter und werden herumgetragen, wie wir das beispielsweise bei Menschenaffen beobachten können. In diese Gruppe gehören auch Menschenkinder, wie es der angeborene Greifreflex des Neugeborenen zeigt. Jedoch galt das »Tragen« von Säuglingen insbesondere in den westlich geprägten Kulturen lange Zeit als »unzivilisiert« und hat erst in den letzten Jahren teilweise wieder an Popularität gewonnen. Man kann sagen, dass wir aus einem zu früh in das Krippenmilieu (ins Nest) versetzten Kind einen Nesthocker machen.

All diese Erkenntnisse ergeben neue Fragen, inwieweit die Platzierung des Kindes in einer Krippe passend ist. Es stellt sich insbesondere die Frage, ob die

Krippenbetreuung eine funktionierende Familie, das heißt eine auf Bindung gestützte Beziehung, ersetzen kann.

In diesem Zusammenhang nimmt Hassenstein eine zurückhaltende bis kritische Stellung zu den Krippen ein. Er nimmt vor allem an, dass in einer Krippe, wie wir sie kennen, das optimale Verhältnis der Zahl der Kinder pro Erzieherin nicht erreicht werden kann. Hassenstein zufolge sollten idealerweise ungefähr zwei Erzieherinnen für vier Kinder zuständig sein. In der Praxis betreuen jedoch häufig zwei Erzieherinnen acht bis 15 Kinder, wobei darüber hinaus durch Schichtdienst bedingte Personalwechsel auftreten können. Hassenstein nimmt an, dass in diesen Einrichtungen oft vor allem lediglich die grundlegende Betreuung und Verpflegung gewährleistet werden kann. Karin Grossmann (1998) nennt Kriterien, an denen man sich orientieren kann, ob sich das Kind in der Krippe wohlfühlt und sich an die neue Umgebung angepasst hat. Anzeichen dafür sind:

➢ Es weint nach der Eingewöhnungszeit (ca. ein Monat) nicht mehr beim und nach dem Abschied von der Mutter,

➢ es klammert sich nicht weinend an die Betreuerin an, sondern lässt sich sofort trösten,

➢ es geht gern und freiwillig in die Krippe, zur Tagesmutter etc.

➢ es zeigt wenig »Abseitsverhalten«, d.h. es steht selten unbeschäftigt herum, wandert selten ziellos umher,

➢ es lutscht wenig am Daumen, am Schnuller oder an einer Flasche und zeigt wenig rhythmische freudlose Bewegungen, Zupfen an Haaren oder Kleidungsstücken (Stereotypien),

➢ es spielt konzentriert,

➢ es spielt parallel zu Kindern oder kooperiert mit ihnen und zeigt weniger Aggression als anderes Sozialverhalten,

➢ es lässt sich, falls es in eine streitige Auseinandersetzung mit Kindern geraten ist, von der Betreuerin leicht und schnell beruhigen und wieder friedlich stimmen,

➢ es spricht spontan die Betreuerin in Erwartung einer Antwort oder einer freundlichen Interaktion an,

➢ es sucht Trost bei der Betreuerin,

➢ es freut sich und lacht oft und weint selten,

➢ es besitzt eine altersgemäße Frustrationstoleranz und kann warten.

Sollte das Kind nach der anfänglichen Eingewöhnungsphase einige dieser Kriterien nicht erfüllen, so bedeutet dies, dass es sich nicht wohlfühlt. Dies ist ein

Warnzeichen, nicht nur für Eltern, sondern auch für die Erzieherinnen. Es fordert dazu auf, das Kind allein von seinen Eltern weiterbetreuen zu lassen, damit es die entstandenen Folgen der erlebten Belastung überwinden kann (Hassenstein, 2001).

Beurteilung der Krippen unter Berücksichtigung der neuen Erkenntnisse und unserer Erfahrungen

Man kann also eindeutig sagen, dass Einrichtungen für ständige Kollektiverziehung (Heimeinrichtungen) für kleine Kinder gefährlich sind. Was kann man über die kollektiven Tageseinrichtungen für Kleinkinder – über die Kinderkrippen sagen? Aufgrund unserer Erfahrungen aus den Krippen in der ehemaligen Tschechoslowakei sowie nach dem Studium der Literatur kann man feststellen, dass die Einrichtungen der Tageskollektiverziehung für das Kind anspruchsvoll oder sogar gefährdend sind (Matějček, 1990). Bereits aus den genannten Kriterien des Ehepaars Grossmann, die von Hassenstein modifiziert wurden, erkannten wir, wie viele Bedingungen ein Kind erfüllen muss, um sagen zu können, dass ihm der Aufenthalt in einer Kinderkrippe nicht schadet. Es gibt eine ganze Reihe von Artikeln und Büchern, die sich mit der Eingewöhnungsphase der Kinder in der Krippe beschäftigen (z. B. Ahnert & Rickert, 2000; Andres & Laewen, 1995; Fein, 1996; Laewen et al., 1989; Ziegenhain & Wolff, 2000). Sie zeigen die Kompliziertheit dieses Prozesses, der vielleicht in einigen Fällen aus der Sicht der Eltern geeignet oder notwendig ist, aber wahrscheinlich gegen die natürlichen Bedürfnisse des Kindes gerichtet ist.

Abgeleitet beispielsweise von Beobachtungen von James Robertson, der heftige Trennungsreaktionen bei Kindern nach dem Krankenhausaufenthalt oder im Kinderheim in den 1950er Jahren beobachtet hatte, wurde in den 1980er Jahren auch für die alltägliche »kleine« Trennungssituation von Kindern unter drei Jahre festgestellt, dass mit psychologischen Schäden für die Mutter-Kind-Beziehung und die weitere sozial-emotionale Entwicklung von Krippenkindern gerechnet werden muss (Bensel, 1994). Befunde in verschiedenen Studien sind jedoch nicht eindeutig. Die Größe dieses Risikos hängt von verschiedenen Faktoren, insbesondere von der familiären Situation, als auch von der Qualität der Krippenbetreuung ab (Ziegenhain & Wolff, 2000).

Es ist offensichtlich, dass Kinder mit einer sicheren Bindung eine größere Frustrationstoleranz bei der Trennung von ihrer Mutter haben und bereitwilliger sind, zusammenzuarbeiten. Es bleibt jedoch die Frage, inwieweit die allzu frühe Trennung von der Mutter, auch wenn nur für einige Stunden, die Bildung dieser sicheren Bindung negativ beeinflussen kann. Es scheint, dass eine unsichere Bindung bei den Krippenkindern vor allem in den Fällen auftaucht, wo ihre Eingewöhnung in der Krippe abrupt und zu kurz ist, im Vergleich mit Kindern, die eine sanfte, individuell modifizierte Eingewöhnung erlebt haben. Eine bereits entstandene unsichere Bindung ist dagegen ein Risikofaktor, der sowohl den Ablauf der Eingewöhnung erschweren kann, als auch den weiteren Krippenaufenthalt. In der Berliner Studie von Ziegenhain und Wolff (2000) zeigt sich, dass die unsicher vermeidenden Kinder mit der Länge ihres Aufenthalts in der Krippe zunehmend erschöpfter werden. Eben diese Kinder machen bei der Aufnahme in die Krippe scheinbar keine Probleme, denn sie wirken nach außen oft zufrieden und unabhängig. Eine mangelnde emotionale Verfügbarkeit der Bezugsperson kann die Fähigkeit des Kindes negativ beeinflussen, anspruchsvolle Situationen, wie es z.B. die Aufnahme in eine Krippe ist, zu bewältigen. Die Situation der außerfamiliären Betreuung von Kindern unter drei Jahren muss aus der Sicht der Bindungstheorie als ein mögliches Risiko gesehen werden, denn ein kleines Kind erlebt auch einen vorübergehenden Verlust eines sicheren Umfelds als Stress. Es ist kognitiv noch nicht in der Lage, den Grund und die Dauer der Trennung zu erfassen. Eben deswegen stellt der Prozess der Eingewöhnung des Kindes in der Krippe einen sehr komplizierten und zeitlich anspruchsvollen Prozess dar, bei dem sich das Kind in Anwesenheit der Bezugsperson (der Mutter) auf eine neue, die bisherigen Beziehungen ergänzende und teilweise übernehmende Kontaktperson allmählich orientiert. Es kommt natürlich auch darauf an, wie gut es den Erzieherinnen gelingt, auf die individuellen Bedürfnisse des Kindes einzugehen und das Kind zu gemeinsamen Aktivitäten anzuregen.

Clarke-Stewart (1989) fasste die Ergebnisse vieler Untersuchungen (über insgesamt 1.247 Kleinstkinder) zusammen und ermittelte unter Hinweis auf die Bindungstheorie von J. Bowlby und M. Ainsworth, dass 36% der fremd betreuten Säuglinge eine unsichere Bindung an ihre Mutter ausbildeten, im Gegensatz zu 29% der Kinder, die zu Hause von den Eltern versorgt wurden. Diese Kinder würden später öfters als »schwierig«, ungehorsam, verhaltensauffällig oder aggressiv beschrieben. Diese Studien wurden jedoch dafür kritisiert, dass sie klassische Testsituationen nutzten, in der das Kind in einem fremden Milieu untersucht wird.

Die Vorstellung, dass das Kind mit seiner Aufnahme in eine Krippe automatisch selbstständiger wird, entspricht oft nicht der Wirklichkeit. Wenn es zur Trennung allzu früh kommt und das Kind weder reif genug noch darauf vorbereitet ist – und die individuelle Variabilität der Kinder ist da enorm groß –, dann kommt es bei einem Kleinkind anstelle der anwachsenden Autonomie zum Stressanstieg. Auch wenn das Kind bei der Übergabe in die Krippe nicht (mehr) protestiert, bedeutet dies unter Umständen nicht, dass das Kind in dieser Situation keinen Stress mehr erlebt. Es kann auch ein Zeichen einer gewissen Resignation sein. Seine Bedrängnis kommt durch eine erhöhte Anzahl von Automanipulationen zum Ausdruck, das heißt an den sich selbst beruhigenden Berührungen und Bewegungen des eigenen Körpers (Weis et al., 1999, zit. n. Bensel, 1994). Im Notfall ist es bei der Aufnahme des Kindes in die Krippe notwendig, in der Eingewöhnungsphase kleine Trennungen auszutesten, um auszuprobieren, wie weit Trennungsangst und Schmerz erträglich und zu bewältigen sind und ob die neue Bezugsperson in der Lage ist, als vorübergehende Sicherheitsbasis zu funktionieren.

Eine bedeutende Rolle spielt bei der Eingewöhnung des Kindes sein Temperament, welches das Ertragen schwieriger Situationen und die Trennung von der Mutter erschwert oder erleichtert. Kinder mit einem sogenannten »leichten« Temperament sind aktiv, offen, anpassungsfähig und haben eine ausgeglichene Stimmung. Die Erfahrung zeigt, dass die Erzieherinnen diese Kinder in den Kollektiveinrichtungen bevorzugen, dass ihnen mehr Aufmerksamkeit geschenkt wird. Schlimmer ist es mit den »schwierigen« Kindern, die im Ausdruck aktiv und expressiv sind und oft heftig gegen die Trennung protestieren. Mit ihren heftigen Reaktionen lenken sie schließlich die Aufmerksamkeit der Erwachsenen auf sich. In der schwersten subjektiven Lage befinden sich schüchterne, zurückgezogene, verhaltensgehemmte, unbeteiligte Kinder, die in ihrer inneren Not übersehen werden. Wir sehen hier eine gewisse Ähnlichkeit mit den Persönlichkeitstypen deprivierter und subdeprivierter Kinder, wie es von Langmeier und Matějček beschrieben wurde (1977). Hier bieten sich Parallelen an mit dem sozial-hyperaktiven Typus, der sich aktiv den Kontakt erzwingt, und dem apathisch-gedämpften Typus, der sich aus dem Kontakt zu Erwachsenen zurückzieht. Letzterem Typus entspricht am ehesten das Verhalten der Kinder mit einer unsicher-vermeidenden Bindung.

Wichtige Faktoren bei der komplizierten Anpassung des Kindes an das neue Milieu der Krippe sind die Persönlichkeit und das Verhalten der Mutter (beziehungsweise der Eltern) und der Erzieherin (oder betreuenden Krankenschwester). Eine wesentliche Eigenschaft stellt deren Fähigkeit zur Einfühlung in das Kind dar und die Sensitivität für die kindlichen Bedürfnisse und für eine mögliche kindliche Überlastung. Wenn die Trennung schon notwendig ist, dann kommt es auch darauf an, ob die Mutter darauf vorbereitet ist, sich vom Kind ohne Schuldgefühle und Ambivalenz zu trennen. Schuldgefühle können erschweren, dass die

Mutter sich nach dem Wiedersehen wieder emotional verfügbar ihrem Kind zuwenden kann.

Aus diesen Darlegungen geht hervor, dass man bei der Mehrheit der (Tages-)Krippenkinder bedeutendere Störungen in der psychischen Entwicklung nicht nachweisen kann. Wodurch ist also der Aufenthalt des Kindes in der Tageseinrichtung gefährdend? Bei einer zeitlich begrenzten Trennung des Kindes von seiner Familie muss das Kind seine Adaptationsmechanismen mobilisieren, die unter üblichen Umständen, wenn alles andere im Milieu des Kindes in Ordnung ist, jedoch üblicherweise ausreichen, um die Situationen ohne deutliche Zeichen von Erschöpfung zu meistern. Wenn aber weitere Ansprüche hinzukommen oder irgendetwas, was seine Lebenssituation erschwert, verschlechtert oder kompliziert, so können die Adaptationskräfte nicht mehr ausreichen, und das Kind leidet unter einer mangelnden Befriedigung seiner emotionalen und sozialen Bedürfnisse. In diesem Moment verwandelt sich die »anspruchsvolle« Situation in eine »gefährliche«. Die Übergänge sind oft fließend und nicht deutlich erkennbar (Matějček, 1990). Die Summe dieser Erlebnisse trägt dann zu einer größeren Vulnerabilität des Kindes bei.

Wie bereits beschrieben, kommt es noch auf weitere Lebensumstände des Kindes an: auf seine Konstitution, sein Temperament, seine Eigenschaften. Es kommt auf das Krippenmilieu und die Eigenschaften der pflegenden Personen an. Wichtig sind vor allem das häusliche Milieu des Kindes, die Familienbeziehungen und die Grunde, die zur Unterbringung in der Krippe geführt haben. Es reicht nicht zu konstatieren, dass die Mutter berufstätig ist. Wenn nämlich der Beruf der Mutter ihren emotionalen Zustand verbessert, ist es sehr wahrscheinlich, dass sich dieser Zustand in der ganzen häuslichen Atmosphäre widerspiegelt. Falls jedoch der Beruf der Mutter ihren emotionalen Zustand verschlechtert, wird sich das wahrscheinlich auch auf die Kinder zusätzlich negativ auswirken. Es ist aber nicht einfach, alle diese unterschiedlichen Faktoren zu kontrollieren und zu erforschen, denn sie kommen in einer einzigartigen Kombination und gegenseitigen Interaktion vor.

Aus meinen eigenen Beobachtungen der Kinder in den Krippen weiß ich, dass sich diese oft noch in der Phase des individuellen, parallelen Spiels befinden, bei dem ihr bester Partner eine erwachsene Person ist. Im Sandkasten der Krippen sieht man oft Kinder, wie sie eines über das andere kriechen und sich gegenseitig beim Spiel stören. Erst im Vorschulalter gewinnt die Gruppe von Altersgenossen an Bedeutung, die zu Partnern im gemeinsamen Spiel mit gegenseitiger Zusammenarbeit und Rollenverteilung werden. Eben der Kindergarten kommt diesem natürlichen Bedürfnis der Kinder entgegen, und der Besuch eines Kindergartens, wo das Kind regelmäßig anderen Kindern begegnet, kann für das Kind ab einem Alter von drei Jahren eine Bereicherung darstellen. Kinder unter drei Jahren mögen die Gesellschaft anderer Kinder, ja, sie suchen sie meistens auch aktiv. Aber sie spielen nach eigenen Ideen und wehren sich gegen jede Störung von außen. Und genau das tun auch die anderen Kinder in diesem zarten Alter auf der gleichen mentalen Entwicklungsstufe. Es ist nicht zu erwarten, dass ein Säugling die Bedürfnisse eines anderen Säuglings versteht. Dagegen können kleine Kinder recht gut mit älteren Kindern im Schulalter spielen. Erst im Alter zwischen sieben bis 12 Jahren werden die sogenannten elterlichen Einstellungen geformt (Matějček, 1990). Solange Kinder nur unter sich bleiben, knüpfen sie zwar spontane Kontakte und beginnen das Miteinanderspielen, jedoch nur für eine kurze Zeit und nur mit einem oder zwei ruhigen Kindern. Ein typisches Merkmal des Krippenalters ist die Suggestibilität und Imitationstendenz, sodass das Kind genau dasselbe machen will wie das andere Kind. Es will dasselbe Spielzeug haben wie das andere Kind. Erst mit allmählichem Reifwerden (im Vorschulalter) kann das Kind diese natürliche Tendenz unterdrücken und sie dem höheren Bedürfnis der Zusammenarbeit an einem gemeinsamen Werk unterordnen. Dieser Entwicklungsfaktor muss als eines der Kriterien bei den Überlegungen für die Unterbringung des Kindes in eine Kollektiveinrichtung erwogen werden: unterschiedlich sind in dieser Richtung die Voraussetzungen eines zwei- und eines vierjährigen Kindes.

Die Vorstellung, dass die Krippe nichts anderes ist als ein in die unteren Altersstufen verlängerter Kindergarten und der Kindergarten nur eine in die höhere Altersstufe verlagerte Krippe, ist vom Standpunkt der Entwicklungs- und Evolutionspsychologie falsch und entspricht nicht den natürlichen Bedürfnissen der Kinder. Neuere amerikanische Forschungen (z. B. NICHD-Studie) zeigen, dass bei Kindern, die in den Krippen mehr als 30 Stunden pro Woche verbringen, im Vergleich mit Kindern, die in den Krippen weniger als zehn Stunden pro Woche verbringen, häufiger aggressives Verhalten vorkommt (17% gegenüber 6%). In Übereinstimmung mit Matějček nehme ich an, dass dieser Befund mindestens zweideutig interpretiert werden kann: einerseits als Beginn der Fähigkeit, sich unter den anderen durchzusetzen – einer in der heutigen Welt sehr notwendigen Fähigkeit –, andererseits als eine reaktive Verteidigung bei Überbelastung des Kindes durch das Kollektiv. Erneut bringe ich hier die Überzeugung zum Ausdruck, dass aus der Sicht der Entwicklungs- und Evolutionstheorie – insbesondere dann, wenn man die Förderung einer harmonischen Entwicklung und Prävention überflüssiger Belastungen und potenzialer Störungen im Auge hält – eine Tages- und mehrstündige Kollektiverziehung etwas zu sein scheint, was den natürlichen Bedürfnissen der Kinder unter drei Jahren nicht entspricht.

Worin die Erziehung in einer Kinderkrippe anspruchsvoll ist

Versuchen wir also zusammenzufassen, worin die Erziehung in der Krippe für Kinder unter drei Jahre anspruchsvoll ist. Die Erfahrung sagt, dass dies am ehesten durch die folgenden fünf Umstände bedingt ist (Matějček, 1990):

1. Trennung von Personen, zu denen das Kind die spezifische emotionale Bindung entwickelt hat, und von dem Milieu, das ihm vertraut ist und damit als sicher erlebt wird.
2. Notwendigkeit der Adaptation an die neue, »fremde« Umgebung, die praktisch keine Attribute des Zuhauses hat.
3. Notwendigkeit der Adaptation an neue, »fremde« Bezugspersonen, die nicht in den Kreis der Familienfreunde (d.h. »seine Leute«) gehören und darüber hinaus oft wechseln oder sich ablösen.
4. Notwendigkeit, sich in eine Kindergruppe einzugliedern, deren Besonderheit und bestimmte »Unnatürlichkeit« eine mangelnde Altersdifferenzierung, d.h. die Gleichaltrigkeit ist.
5. Notwendigkeit, sich in eine Gruppe von Kindern einzugliedern, die durch ihre Zahl und Unübersichtlichkeit unangemessen ist.

Insgesamt kann unser Vergleich mit den Worten von Matějček (1990) kurz beschrieben werden: Der Kindergarten ist eine Einrichtung für Kinder – die Kinderkrippe eine für Erwachsene!

In jeder modernen Gesellschaft gibt es Fälle, in denen die Krippe für das Kind einen Schutz für seine seelische Gesundheit im Vergleich zu den Belastungen und bedrohenden Faktoren im Familienmilieu bedeuten kann. Und es gibt sicher mehrere Fälle, in denen sich die Belastung und Bedrohung durch den Aufenthalt in der Krippe und durch die familiäre Umgebung ungefähr die Waage halten. Und es gibt zweifellos auch Familien, die nicht durch eigene Schuld in eine Situation geraten, in der sie keine andere Wahl haben, als das Kind in die Krippe zu geben.

Es gibt hier jedoch die Forderung des Autors an die Eltern und insbesondere an die Mütter, nach Wegen zu suchen, auf denen es möglich wäre, die Lebensbedürfnisse der Kleinkinder mit den berechtigten Ansprüchen der Mütter auf Bildung und eine Betätigung in der Arbeit außerhalb des Zuhauses in Einklang zu bringen. Hier sehe ich eine große Aufgabe der Gesellschaft und ihrer Familienpolitik, welche die Suche nach solchen Lösungen fördern sollte, um die Kompatibilität der Bedürfnisse aller Beteiligten zu garantieren. Dies wird aber ohne kreative Lösungen, Kompromisse und manchmal auch Opfer seitens der Eltern nicht möglich sein, wenn die Bedürfnisse dessen vorrangig erfüllt werden sollen, der sie selbst nicht erfüllen kann, nämlich des Kleinkindes. Hier gilt dann bestimmt auch die Erkenntnis, dass ein vorübergehender Verzicht auf eigene, wenn auch berechtigte Ansprüche, der in einer Familiengemeinschaft freiwillig und aus Liebe vorgenommen wird, ein Weg zum gemeinsamen und auch individuellen Wachsen sein kann.

Man kann also damit schließen, dass die Krippe keine universelle Einrichtung ist, die allen Kindern Nutzen bringen würde. Sie stellt eine bedeutende Hilfe für indizierte Fälle dar, eine Hilfe, die es ermöglicht, die Fürsorge der Familie dort zu fördern und zu ergänzen, wo die Familie allein nicht ausreicht, wie es übrigens die Geschichte der Entstehung und Entwicklung dieser Einrichtung als einer im Grunde genommen sozialpädiatrischen Institution zeigt.

Übersetzt aus dem Tschechischen von Martina Schneibergová

Literatur

Ahnert, L. & Rickert, H. (2000). Belastungsreaktionen bei beginnender Tagesbetreuung aus der Sicht früher Mutter-Kind-Bindung. *Psychologie in Erziehung und Unterricht, 47*(3), 189–202.

Andres, B. & Laewen, H.-J. (1995). Eingewöhnung von Kleinkindern in Tageseinrichtungen und Tagespflegestellen. In D. Fuchs (Hrsg.), *Das Tor zur Welt – Krippenerziehung in der Diskussion* (S. 79–101). Freiburg: Lambertus.

Bensel, J. (1994). Ist die Tagesbetreuung in Krippen ein Risiko? Eine kritische Beurteilung der internationalen Krippenforschung. *Zeitschrift für Pädagogik, 40*(2), 303–326.

Clarke-Stewart, K. A. (1989). Infant day care – maligned or malignant? *American Psychologist, 44*, 266–273.

Fein, G. G. (1996). Die Eingewöhnung von Kleinkindern in der Tagesstätte. In W. Tietze (Hrsg.), *Früherziehung: Trends, internationale Forschungsergebnisse, Praxisorientierungen* (S. 80–97). Neuwied: Luchterhand.

Grossmann, K. (1998). Merkmale einer guten Gruppenbetreuung für Kinder unter 3 Jahre im Sinne der Bindungstheorie und ihre Anwendung auf berufsbegleitende Supervision. In Deutscher Familienbund (Hrsg.), *Handbuch Elternbildung. Band 2: Wissenswertes im zweiten bis vierten Lebensjahr des Kindes* (S. 165–184). Opladen: Leske + Budrich.

Habiňáková, E. & Bálková, A. (1972). Analyse der sozialen Stimulation bei Krippenkindern (slowakisch). *Psychol. patopsychol. dieťata, 7*, 303–317.

Hassenstein, B. (2001). *Verhaltensbiologie des Kindes* (5. Aufl.). Heidelberg, Berlin: Spektrum Akademischer Verlag.

Helm, K. (1851, 2. Aufl. 1855). *Die Krippe in Breitenfeld zu Wien.* Leipzig: Meyer.

Kleinkinderbewahr-Anstalt am Hradek, Erster Jahresbericht (1832). Prag.

Kubát, K. & Syrovátka, A. (1966). Die Entwicklung der Morbidität bei Familien- und Krippenkindern während der ersten 3 Lebensjahre. *Aerztl. Jugendk., 57*, 16–23.

Kunzová, Z. et al. (1974). Eine Studie über Kinderkrippen (tschechisch). *Populační zprávy, 2–3,* 28–35.

Laewen, H. J., Andreds, B. & Hedervari, E. (1989). *Ein Modell für die Gestaltung der Gewöhnungssituation von Kindern in Krippen.* Berlin: FIPP-Verlag.

Langmeier, J. & Matějček, Z. (1977). Psychische Deprivation im Kindesalter. München, Wien, Baltimore: Urban u. Schwarzenberg.

Matějček, Z. (1974). Die langfristige Beobachtung der Entwicklung von Kleinkindern in Heimen in der ČSSR. In G. Biermann (Hrsg.), *Jahrbuch der Psychohygiene, 2. Band* (S. 170–187). München, Basel: E. Reinhardt.

Matějček, Z. (1988). Begriff der psychischen Subdeprivation. *Sozialpädiatrie, 10*(7), 488–496.

Matějček, Z. (1989). Über die Krippen in der Tschechoslowakei. *Der Kindearzt, 20*(6), 829–834.

Matějček, Z. (1990). Psychosoziale Bewertung von Kinderkrippen. *Der Kinderarzt, 21*(4), 561–569.

Matějček, Z. (o. J.). Beitrag zur Diskussion über Krippen (Manuskript).

Nováková, M. (1957). Störungen der geistigen Entwicklung bei Vorschulheimkindern (tschechisch). *Problémy pediatrie v praxi a ve výzkumu,* 138–140.

Reyer, J. & Kleine, H. (1997). *Die Kinderkrippe in Deutschland. Sozialgeschichte einer umstrittenen Einrichtung.* Freiburg i. B.: Lambertus.

Šamánková, L. (1968). Morbidität bei Kindern in 3 Prager Krippen (tschechisch). *Čs. Pediat., 23,* 350–356.

Šauer von Augenburg, J. (1898). *Obecné vychovatelství* (Allgemeine Erziehungslehre). Prag: B. Stýblo.

Schmidt-Kolmer, E. (1959). *Verhalten und Entwicklung des Kleinkindes.* Berlin.

Schmidt-Kolmer, E. (1987). Beurteilung von Gesundheit und Entwicklung und die prophylaktische Betreuung in der frühen Kindheit. *Hygiene des Kindes- und Jugendalters 10,* Berlin.

Šmídek, K. (o. J.). *Obrazy z dějin vychovatelství* (Bilder aus der Geschichte der Erziehungslehre). Prag: I. L. Kober.

Stöckl, A. (1876). *Lehrbuch der Geschichte der Pädagogik.* Mainz: Franz Kirchheim.

Weis, C., Bensel, J. & Haug-Schnabel, G. (1999). Trennungsstress und Coping-Strategien. Elternabwesenheit und deren Wirkungen auf Kleinstkinder, untersucht durch Verhaltensbeobachtungen und Cortisolmessungen in der Krippe. *Mitteilungsblatt der Ethologischen Gesellschaft,* (42), 23–24.

Ziegenhain, U., Rauh, H. & Müller, B. (1998). Emotionale Anpassung von Kleinkindern an die Krippenbetreuung. In L. Ahnert (Hrsg.), *Tagesbetreuung für Kinder unter drei Jahren* (S. 82–89). Bern: Hans Huber.

Ziegenhain, U. & Wolff, U. (2000). Der Umgang mit Unvertrautem – Bindungsbeziehung und Krippeneintritt. *Psychologie in Erziehung und Unterricht, 47*(3), 176–188.

Ždanska-Bricken, M. (1972). Bewegungsaktivierung und psychomotorische Entwicklung bei Kleinkindern (polnisch). *Ped. Pol., 47,* 553–562.

Zwiener, K., Zwiener-Kumpf, E. & Grosch, C. (1994). Kinderkrippen in der DDR – Einflüsse von Familie und Krippe auf Entwicklung und Gesundheit bei Krippenkindern – Eine Untersuchung aus 200 Kinderkrippen der DDR (1988). München: Verlag Deutsches Jugendinstitut (Materialien zum 5. Familienbericht der Bundesregierung 1994, Band 5).

Biografische Notiz

Jaroslav Šturma, PhDr., Klinischer Kinderpsychologe, Pädagoge, Psychotherapeut und Supervisor. Angeregt als Student durch die Forschung von Prof. Zdeněk Matějček studierte er Psychologie an der Karls-Universität in Prag. Er ist Gründer und emeritierter Direktor des Kinderzentrums Sonnenstrahl (Paprsek) in Prag und emeritierter Vorsitzende der Tschechisch-Mährischen Psychologischen Gesellschaft (für 20 Jahre). Er lehrt als Matějčeks Nachfolger am Institut der Psychologie der Philosophischen Fakultät der Karls-Universität. 2017 wurde er wiederholt als ordentliches Mitglied in die Päpstliche Akademie für das Leben berufen. Mit seiner Frau Ludmila haben sie sechs Kinder erzogen. Darunter haben sie ein Kind mit einer schweren Krankheit in die Familie angenommen. Er publizierte zahlreiche Bücher und Artikel zu psychologischen Themen.

Säuglingsheime in West- und Ostdeutschland

Kontinuitäten und Diskontinuitäten der deutsch-deutschen Sozialgeschichte

Felix Berth

Zur Entdeckung eines Themas

Fragt man Wissenschaftler:innen, wo ihre Ideen entstanden sind, scheinen dabei drei Orte besonders wichtig zu sein: *bed, bathroom, bicycle,* wie die englischsprachige Literatur feststellt (Sedlmeier & Renkewitz, 2013). Im vorliegenden Fall war das ein wenig anders, aber auch nicht – wie gelegentlich für einen idealen Forschungsprozess behauptet wird – basierend auf Vorarbeiten von Kolleg:innen und primär theoriegeleitet. Es war eher so, dass mein Blick immer wieder in der ersten Zeile einiger Tabellen des Statistischen Bundesamts hängen blieb: »Säuglingsheime« stand da, und rechts daneben konnte man lesen, wie viele Plätze es in einem bestimmten Jahr in diesen Heimen in der Bundesrepublik gegeben hatte. Eigentlich wollte ich mit diesen Tabellen etwas anderes herausfinden – nämlich, wie viele Kinder in Westdeutschland zu welchem Zeitpunkt in Kinderkrippen untergebracht waren –, aber nun fiel auf, dass es in etlichen Jahren mehr Plätze in Säuglingsheimen gegeben hatte als in Krippen. Säuglingsheime, im Jahr 1960, in der Bundesrepublik?

Das Durchblättern der alten Zeitschriften des Statistischen Bundesamts gab den Hinweis, dass diese Heime in den 1950er Jahren offenbar häufiger geworden waren – zwar nicht dramatisch, jedoch deutlich. Aber waren das nicht Einrichtungen für Waisenkinder? Und hätten es nach den harten 1940er Jahren nicht weniger Einrichtungen werden sollen? Wie passte das zum bundesdeutschen Wirtschaftswunder der damaligen Zeit und dem »Golden Age of Marriage«, das die Familiensoziologie für die Nachkriegsjahrzehnte ausgerufen hatte?

Damit begannen die statistischen Analysen, über die ich bald auch mit Freund:innen und Bekannten redete. Und immer wieder stellte ich fest, dass die Institution Säuglingsheim in manchen Lebensgeschichten ihren Platz hatte. Fritz zum Beispiel, den ich auf einem Segeltörn in Slowenien kennenlernte, sagte, als ich ihm von meinem beruflichen Interesse für diese Heime erzählte: »Kenn ich, ich bin dort aufgewachsen.« Oder der Freund aus Journalistenschulzeiten, der mir berichtete, er sei dort mal für einige Wochen gewesen, weil seine Eltern gemeinsam verreisen mussten – eine Dienstreise des Vaters, zu der ihn seine Frau begleitete. Oder meine Schwiegermutter, Jahrgang 1938, die – als sie hörte, womit ich mich beschäftige – erzählt, dass sie als junge Frau in den frühen 1960er Jahren in einem katholischen Säuglingsheim ausgeholfen hatte.

Diese ersten Eindrücke passten einigermaßen zusammen: auf der einen Seite die quantitativen Daten, die auf eine nicht geringe Zahl von Säuglingsheim-Unterbringungen in der frühen Bundesrepublik hinwiesen, auf der anderen Seite die privaten Berichte von Menschen, die darüber normalerweise nicht reden, weil das Thema eher schambesetzt ist – es sei denn, es kommt jemand, der genau diese Erfahrungen zum Forschungsthema erklärt.

Damit war das Thema einer Geschichte des Säuglingsheims umrissen: Was charakterisierte diese Einrichtungen? Wie viele gab es, wie viele Kinder waren dort untergebracht? Wie lebten die Kinder dort? Aus welchen Familien kamen sie? Wann – und warum – sind diese Einrichtungen in der Bundesrepublik verschwunden? In der Folge entstanden drei Aufsätze und ein Buch (Berth, 2019, 2021, 2023a, 2023b), von denen Letzteres sich auch an Nicht-Historiker:innen wendet. Die Arbeiten sind eher ein Anfang, wie auch ein Rezensent feststellte (Kaminsky, 2023): Vieles in einer Geschichtsschreibung des Säuglingsheims steht noch aus – detaillierte Aktenanalysen einzelner Einrichtungen, systematische Befragungen von Zeitzeug:innen und einiges mehr.

Dennoch soll im Folgenden eine kleine Zwischenbilanz gezogen werden. Sie beginnt – auch wenn das mühsam ist – mit den statistischen Analysen und stellt dann die zeitgenössischen Forschungen aus den Säuglingsheimen der 1950er und 1960er Jahre dar. Es folgt eine knappe Schilderung der kindlichen Lebensbedingungen dort sowie eine Darstellung der – teilweise ähnlichen, teilweise unterschiedlichen – Entwicklungen in der Bundesrepublik und der DDR. Die Inhalte dieses Aufsatzes lassen sich auch in den vorangegangenen Publikationen finden, die zusammenfassende Form ist neu.

Wie viele Kinder waren in Säuglingsheimen? – Quantitative Aspekte

Die Annahme liegt nahe, dass das Säuglingsheim in Deutschland vor allem eine Institution der direkten Kriegs- und Nachkriegszeit mit ihren extrem belastenden Bedingungen für Familien war. Allerdings, die amtlichen Daten bestätigen dies weder für West- noch für Ostdeutschland (Abb. 1).

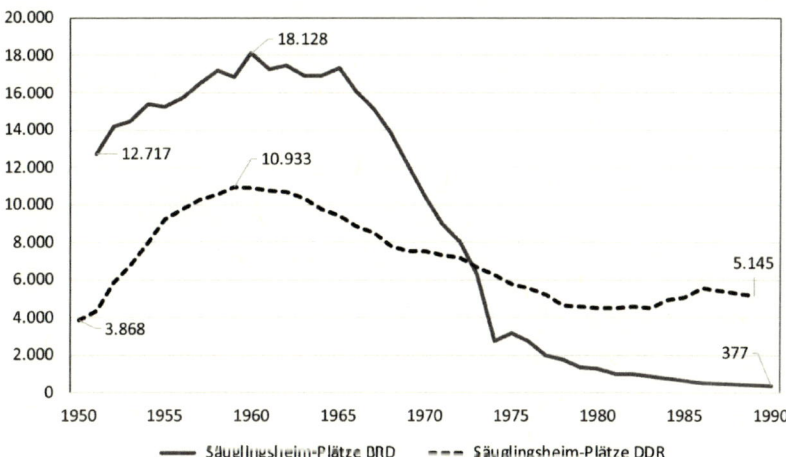

Abb. 1: Plätze in Säuglings- und Kleinkinderheimen, BRD und DDR, 1950/1951 bis 1989/1990, absolut (Quellen: Statistisches Bundesamt, Wirtschaft und Statistik [verschiedene Jahrgänge]/Staatliche Zentralverwaltung für Statistik [verschiedene Jahrgänge]; eigene Darstellung)

In beiden deutschen Staaten ist ein Anstieg der Säuglingsheim-Platzzahlen bis zum Jahr 1960 zu erkennen, gefolgt von einem Rückgang, der im Westen schneller erfolgte als im Osten. Bezieht man die demografische Entwicklung ein und nimmt an, dass jeder Platz mit zwei Kindern pro Jahr belegt war (Hartung & Glattkowski, 1965; Pechstein, 1968), ändert sich das Bild etwas (Abb. 2).

Nun werden Unterschiede zwischen West- und Ostdeutschland sichtbar. In der Bundesrepublik stieg die Inanspruchnahme in den 1950er Jahren leicht an, um ab 1960 zu sinken. Zum Zeitpunkt der höchsten Nutzung der Heime (1960) lebten in Westdeutschland – gemäß den eher konservativen Annahmen der Berechnung – 1,3 Prozent aller Kinder unter drei Jahren phasenweise in einem

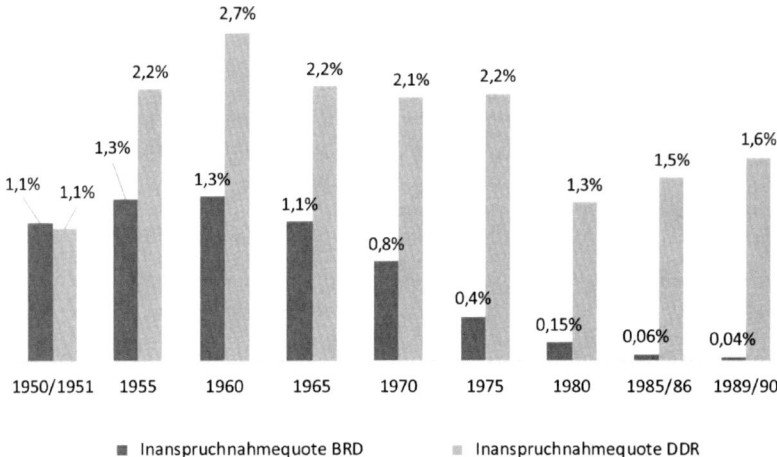

Abb. 2: Inanspruchnahmequoten der Säuglings- und Kleinkinderheime, BRD und DDR, 1950/1951 bis 1989/1990, in Prozent aller altersgleichen Kinder, gewichtet (2 Kinder pro Platz und Jahr) (Quellen: Statistisches Bundesamt, Wirtschaft und Statistik [verschiedene Jahrgänge]/Staatliche Zentralverwaltung für Statistik [verschiedene Jahrgänge]; eigene Darstellung und Berechnung)

Säuglingsheim. Dies entspricht etwa einem von 70 Kindern. Das Verschwinden dieser Heime begann in den frühen 1960er Jahren und setzte sich in den 1970er Jahren fort. Im Jahr 1980 spielte das Säuglingsheim im bundesdeutschen Sozialstaat keine Rolle mehr.

In Ostdeutschland wuchs die Inanspruchnahme in den 1950er Jahren stärker an als im Westen; ihr Maximum erreichte sie ebenfalls im Jahr 1960. Allerdings lag der Wert damals sogar bei 2,7 Prozent der altersgleichen Kinder. Dies bedeutet, dass geschätzt etwa eines von 40 Kindern unter drei Jahren in der DDR zeitweise in einem Heim aufwuchs. Auffällig ist, dass die Quoten in Ostdeutschland bis Mitte der 1970er Jahre hoch blieben und auch danach nur leichte Rückgänge erkennbar waren. Noch beim Fall der Berliner Mauer 1989 war das Säuglingsheim in der DDR nicht verschwunden: Damals lebte nach dieser Abschätzung immer noch eines von etwa 60 Kindern unter drei Jahren zeitweise in einem Säuglingsheim.

Versucht man zu quantifizieren, wie viele Kinder zwischen 1950 und 1990 in diesen Heimen zeitweise oder dauerhaft untergebracht waren, ergibt sich auf Basis der Annahme (zwei Kinder pro Platz und Jahr) eine Betroffenengesamtzahl von 1,3 Millionen. Würde man von drei Kindern pro Platz und Jahr ausgehen, ergäbe sich eine Summe von 1,9 Millionen Betroffenen.

Allerdings sind einige Unsicherheiten nicht auszuräumen. So war ein Teil der Kinder mehrfach phasenweise in Säuglingsheimen untergebracht, weshalb die angenommenen Gesamtzahlen etwas zu hoch sein dürften. Auch könnte die reale Verweildauer von den Annahmen abweichen, was zu einer Unter- wie einer Überschätzung der Gesamtzahl führen könnte. In der DDR dürfte es überdies Überschneidungen mit Wochenheimen gegeben haben (Liebsch, 2023), und für die Bundesrepublik der späten 1960er Jahre wird von einer Unterbelegung der Säuglingsheime berichtet. Beides kann bedeuten, dass die Zahlen zumindest für das Ende des hier betrachteten Zeitraums möglicherweise zu hoch gegriffen sind. Dennoch bleibt als Ergebnis der statistischen Analysen, dass diese Heime zwar nicht alltäglich waren – aber eben auch nicht so extrem selten, dass man sie als Orte des kindlichen Aufwachsens in der historischen Forschung vernachlässigen könnte.

»Hospitalismus«: Zeitgenössische Forschungen in Bundesrepublik und DDR in den 1950er Jahren

In der *Süddeutschen Zeitung* erschien 1952 eine Bildreportage aus einem neu gebauten Säuglingsheim. Die Bilder des renommierten Fotografen Rudi Dix zeigen u. a. eine junge Frau, die auf einem Balkon steht und ein warm bekleidetes Kleinkind auf dem Arm trägt. Ihr weißes Käppchen weist sie als professionelle Pflegerin aus, nicht als Mutter. Im verschneiten Garten unten steht ein Auto, auf dem Dach zwei Paar Skier. Der Bildtext spiegelt eine damals vorhandene Sicht auf die frühe Kindheit wider:

> »Es ist ein altes Problem, das fast allen Familien einmal auftaucht. Wem das Kleinkind anvertrauen, wenn man einmal Ferien machen will oder krank ist? Oft zögern die Eltern, ihr Kind in ein Heim zu geben, dort könne es dem Baby an persönlicher Pflege mangeln. In den meisten Fällen sind sie dann erstaunt, wie gut dem Kind der Aufenthalt im Heim bekommen ist« (*Süddeutsche Zeitung*, 01.03.1952, S. 4).

Den Babys gehe es in diesem Heim hervorragend, so der Beitrag, weil sie dort alles hätten, was sie zum Leben bräuchten: regelmäßige und hochwertige Ernährung, penible Sauberkeit von Kleidung und Betten, geschultes Betreuungspersonal. Dass ein Kleinkind emotionale Bedürfnisse haben könnte – dieser Gedanke wäre dem Autor (oder der Autorin, genau wird das im Text nicht benannt) wahrscheinlich fremd gewesen. Ähnliche Beiträge finden sich in Zeitungen der 1950er und 1960er Jahre immer wieder, in westdeutschen Medien ebenso wie in Tageszeitungen der DDR. Häufig werden Säuglingsheime beschrieben, als seien die Kinder dort auf Urlaub. Die *Frankfurter Allgemeine Zeitung* (01.04.1961, S. 55) gab einer süßlich-romantisierenden Reportage über ein solches Heim den Titel »Man lebt gesund und munter im ›Babyhotel‹«.

Deutsche Kinderärzt:innen propagierten in den ersten Nachkriegsjahren noch größte Härte gegenüber kleinsten Kindern, um »den Säugling zu lehren, daß es zum Lebensalltag gehört, Unlustgefühle ohne Affektausbrüche zu ertragen«, wie der Hamburger Pädiatrieordinarius Rudolf Degkwitz in seinem Lehrbuch 1950 verlangte. Demnach müsse »die Rolle des Säuglings [...] eine rein passive sein. Er ißt nicht, sondern wird gefüttert, er schläft auch nicht, sondern wird schlafen gelegt«. Korrekte Säuglingspflege »vereitelt jeden Versuch des Säuglings, gegen diese Ordnung zu verstoßen« (Degkwitz, 1950, S. 36f.). Aus dieser Perspektive ist das Säuglingsheim durchaus ein Ort für eine »gute« frühe Kindheit.

Die Gegenthese entwickelten Psychoanalytiker:innen und Psycholog:innen in der angelsächsischen Welt. René A. Spitz sowie John Bowlby und Anna Freud veröffentlichten nach dem Zweiten Weltkrieg einflussreiche Aufsätze und Bücher, in denen sie die Bedeutung feinfühliger Bezugspersonen – worunter sie primär Mütter verstanden – für das Kindeswohl betonten. Bowlby etwa schrieb in seinem von der Weltgesundheitsorganisation WHO veröffentlichten Band: »Essential for mental health is that the infant and young child should experience a warm, intimate, and continuous relationship with his mother (or permanent mother-substitute)« (Bowlby, 1951, S. 11).

In einem Säuglingsheim wie dem zuvor geschilderten würde es Babys und Kleinkindern an lebensnotwendiger Sicherheit fehlen, die nur entstehe, wenn die Bezugsperson konstant bleibe, argumentierte Bowlby. In den USA erschien bereits 1946 ein psychoanalytisch fundierter Ratgeber, der für warmherzige, wohlwollende, feinfühlige Kleinkinderziehung warb: Mit einer geschätzten Auflage von 50 Millionen Büchern wurde Benjamin Spocks *The Common Sense Book of Baby and Child Care* zum meistverkauften Elternratgeber weltweit.

Interessant ist nun, wie schnell sich diese Ideen in der deutschen Fachwelt durchsetzten (Berth, 2021, 2023a, b). Obwohl die Verbreitung wissenschaftlichen Wissens damals langsamer erfolgte als heute, dauerte es nicht einmal zwei Jahre, bis Bowlby von deutschen Expert:innen intensiv wahrgenommen wurde. Westdeutsche Pionierin war Annemarie Dührssen, eine junge Ärztin und Psychoanalytikerin aus Berlin, die gemeinsam mit einem Kollegen die Zeitschrift *Praxis der Kinderpsychologie und Kinderpsychiatrie* gegründet hatte. In einer der ersten Ausgaben stellte Dührssen schon im Januar 1953 Bowlbys Buch vor, indem sie dessen wesentliche Befunde und Überlegungen in einem langen Text referierte (Dührssen, 1953). In der Folgezeit war insbesondere in westdeutschen Fachzeitschriften aus dem Feld der Heimerziehung ein Sickereffekt zu beobachten: Nach und nach machten sich beinahe alle pädagogischen Autor:innen die Argumente von Bowlby und Spitz zu eigen, und der Begriff des »Hospitalismus« ging in den Sprachschatz der Expert:innen ein. Im Gegenzug wurden Beschreibungen vom »idyllischen« Heimleben in den westdeutschen Fachzeitschriften gegen Ende der 1950er Jahre selten.

Bowlbys Arbeit wurde in dieser Zeit auch in Ostdeutschland rezipiert, wie eine Analyse von DDR-Fachpublikationen aus den 1950er Jahren zeigt. Zwar hatte der Stalinismus auch die ostdeutsche Forschung fest im Griff, und normalerweise musste jeder wissenschaftliche Aufsatz vor allem auf sowjetische, vermeintlich bahnbrechende Vorarbeiten verweisen. Dennoch führte die Kinderärztin Eva Schmidt-Kolmer den Begriff des »Hospitalismus« in die akademische Debatte der DDR ein; zumindest in den ersten Jahren verwies sie dabei lobend auf Bowlbys Monografie (Schmidt-Kolmer, 1957).

Auffällig sind dabei Parallelen der Forschungsdesigns: Sowohl die Westdeutsche Dührssen als auch die Ostdeutsche Schmidt-Kolmer verglichen in eigenen empirischen Arbeiten das Aufwachsen von Babys und Kleinkindern in verschiedenen Institutionen – Säuglingsheimen, Krippen und den Herkunftsfamilien. Beide stellten, wohl ohne einander zu kennen, in Säuglingsheimen stets die größten Risiken für kindliche Entwicklung fest. Ende der 1950er Jahre war nicht nur die westdeutsche, sondern auch die ostdeutsche Fachwelt informiert, kann man bilanzieren.

Gewaltsames Füttern, Fixierung auf dem Töpfchen – Lebensbedingungen in Säuglingsheimen und ihre Folgen

Während Mitarbeiterinnen der Säuglingsheime die Lebensbedingungen der Kleinkinder oft beschönigten oder gar idyllisierten, wie etwa der Bowlby-Mitarbeiter James Robertson in einem in der Fachwelt weit verbreiteten Film belegen konnte (Robertson, 1952, zur großen Resonanz dieses Films Winnicott, 1959), war die Betreuung von Kleinkindern in Heimen aus einer Außenperspektive oft erschreckend. Verlässlich erscheinen die Beschreibungen von Schülerinnen, die zur Ausbildung in die Heime kamen. Neu im Beruf, waren sie noch nicht an das gewöhnt, was ältere Professionelle oft als alltäglich und unveränderlich ansahen. So erschien 1957 ein Beitrag von entsetzten jungen (und anonymisierten) Auszubildenden in der westdeutschen Zeitschrift *Unsere Jugend*:

>»Die Zahl der Pflegerinnen reicht bei weitem nicht aus. Man lebt in dauernder Eile, um überhaupt einigermaßen fertig zu werden. Man hat keine Zeit, sich darüber Gedanken zu machen, warum dieser Säugling heute nicht trinken mag, oder warum er schreit. Äußerlich ist alles wohl geordnet, blitzsauber und hygienisch. Hauptsache ist, daß die Gewichtskurve ansteigt. Kindern, die schlecht essen, hält man die Nase zu und stopft ihnen das Essen einfach hinein. Während die einen Kinder, zwischen den Knien der Pflegerinnen stehend, im Blitztempo gefüttert werden, sind die andern an den Töpfen festgebunden. Da sitzen sie lange, die schüchternen und stillen am längsten, man muß ja zuerst die Schreier drannehmen. Im Bett werden die Kinder wieder angebunden. Sie sind gezwungen, die ganze Nacht auf dem Rücken zu liegen« (ohne Autor, 1957, S. 102f.).

Ähnlich in Ostdeutschland. Hier wandten sich im Jahr 1963 zwei Schülerinnen wegen der Zustände in einem Heim in Blankenburg an die Gesundheitsbehörden (Bundesarchiv DQ 1 6369). Wiederum wird ein Bild von institutionalisierter Gewalt und kontinuierlicher Vernachlässigung deutlich, das später auch von Forscherinnen fotografisch dokumentiert wurde (Abb. 3). Sogar der DDR-Generalstaatsanwalt ermittelte in mehreren Fällen von Tod, Vernachlässigung und Misshandlung in Säuglingsheimen und Kinderkrippen, auch durch Zwangsernährung (Bundesarchiv DQ 1 1994).

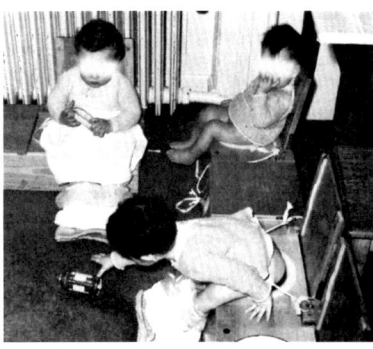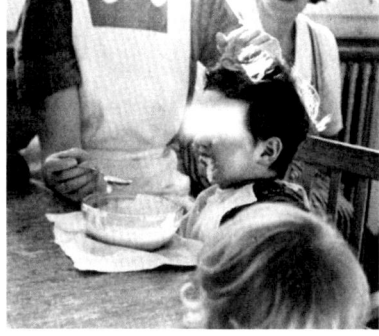

Abb. 3: Fixierung auf dem Töpfchen, Ernährung unter Zwang (Meierhofer & Keller, 1966, S. 176 und 120)

Die Publikation der Deutschschweizerin Marie Meierhofer war für die Schweiz das, was die Arbeiten von Annemarie Dührssen für Westdeutschland und Eva Schmidt-Kolmer für Ostdeutschland waren: eine Pionierarbeit in der Erforschung der Säuglingsheime. Meierhofers Arbeit erfasste die Pflegeroutinen wie auch die psychischen Folgen von Heimunterbringungen sehr genau.

Eigenes Spielzeug besaßen die Heimkinder häufig nicht, ebenso wenig eigene Kleidung. Nachts waren sie zum Teil mit Gurten im Bett fixiert (Liebsch, 2023), tagsüber blieben sie oft lange Zeit auf ihre Töpfchen gebunden. Der Fokus der Säuglingsheime lag auf Hygiene und Sauberkeit; Pädagogik spielte in den 1950er und 1960er Jahren keine oder fast keine Rolle. Dass das Heimpersonal überlastet war, wurde von den Beobachter:innen in beiden Landesteilen wahrgenommen; gleichzeitig berichteten Außenstehende von einer grausamen Atmosphäre, in der die Erniedrigung der kleinen Kinder alltäglich war.

Die psychologische Forschung der damaligen Zeit kam zu dramatischen Befunden. Säuglingsheimkinder erlernten das Sprechen mit starker Verzögerung und bleibenden Einschränkungen. So konnten zwei Drittel der 18 Monate alten Kleinkinder in Züricher Heimen noch keine fünf Wörter sprechen; ähnliches wurde für zwei- und dreijährige Heimkinder in Hamburg festgestellt (Stier, 1963; Meierhofer & Keller, 1966). Die Untersuchungen berichteten von stark geminderten und im Zeitverlauf sogar sinkenden Intelligenzquotienten. So hatte in der Testung von Dührssen (1958) ein Viertel der Kinder einen IQ unter 85; weitere 50 Prozent erreichten IQ-Werte zwischen 85 und 100. Die übrigen Kinder lagen zwischen 100 und 110. Ähnliche Werte fanden Weidemann (1959) sowie Meierhofer und Keller (1966). Kinder in Säuglings- und Kleinkinderheimen zeigten häufig neurotische Symptome, wozu u. a. Bettnässen und stereotype Schaukelbewegungen gezählt wurden. Die kognitiven und emotionalen Schwierigkeiten stiegen mit Dauer der Heimaufenthalte; auch waren jene Kinder am stärksten belastet, die von Geburt an im Heim gelebt hatten (Pechstein, 1968).

Die DDR-Forschung war etwas weniger umfassend als die bundesdeutsche; allerdings zeigten sich auch hier gravierende Entwicklungsdefizite der Säuglingsheim-Kinder. Zumindest in den 1950er Jahren ließen sich auch die ostdeutschen Publikationen als Kritik am Säuglingsheim verstehen (z. B. Schmidt-Kolmer, 1957; Kiehl & Petermann, 1959; Korff, 1959) – allerdings weniger explizit, weil der Primat der weiblichen/mütterlichen Erwerbstätigkeit in der DDR nicht offen kritisiert werden durfte.

Die soziale Herkunft der Säuglingsheim-Kinder ist bisher nur in Ansätzen analysiert. Die zeitgenössische DDR-Forschung blendete dieses Thema weitgehend aus; den bundesdeutschen Arbeiten der 1950er und 1960er Jahre (Dührssen, 1958; Weidemann, 1959; Stier, 1963; Hartung & Glattkowski, 1965) lassen sich Hinweise auf hochproblematische Situationen entnehmen. Etwa 60 bis 80 Prozent der Kinder in Säuglingsheimen waren »unehelich«, so der westdeutsche juristische Terminus bis 1970. Die Mütter dieser Kinder hatten fast nie eine Ausbildung abgeschlossen und waren oft arbeitslos; etwa 20 bis 30 Prozent wurden in den Akten als Prostituierte geführt. Etwa ein Drittel der Mütter wurde als obdachlos bezeichnet, ähnlich viele hatten schwere Krankheiten. Insgesamt ist erkennbar, dass diese Mütter häufig in höchst prekären Verhältnissen lebten. Plausibel erscheint auch die in der Literatur formulierte These, dass sie kaum auf Unterstützung – z. B. durch Großeltern – zurückgreifen konnten und sozial weitestgehend isoliert waren. Auswertungen zur konkreten Einweisungspraxis der bundesdeutschen Jugendämter und der DDR-Jugendhilfeausschüsse stehen allerdings noch aus.

Gesellschaftliche und politische Reaktionen in Bundesrepublik und DDR in den 1960er Jahren

Bleibt die Frage, welche Folgen dieses importierte Wissen in der Praxis hatte. Hier waren in der Bundesrepublik vor allem die Jugendämter relevant. Deren Beamt:innen entschieden, ob der Staat eine Heimunterbringung bezahlte (theoretisch konnten Eltern das vollständig selbst übernehmen; dann war das Jugendamt nicht beteiligt – in der Praxis waren solche Fälle selten).

Zahlreiche Initiativen aus verschiedenen Kommunen weisen darauf hin, dass die neue, von Psychoanalytiker:innen wie Bowlby inspirierte Sichtweise tatsächlich in praktische Politik umgesetzt wurde. So bauten die Stuttgarter Behörden Anfang der 1960er Jahre neue Wohnheime für junge ledige Mütter, um die separate Unterbringung der Kinder in Heimen zu verhindern (Scholl, 1960). In Mannheim entwickelten die Erziehungsberatungsstellen einen Ratgeber, in dem sie vor Heimunterbringungen kleiner Kinder warnten (Hiemenz et al., 1964). In Braunschweig und Salzgitter setzten sich die Jugendämter das Ziel, »die menschenunwürdige, wenn auch hygienisch einwandfreie Fließbandpflege so vieler kleiner heimatloser Kinder« zu verhindern, wie Andriessens (1966, S. 333) schrieb. Und der Jurist Hermann Riedel (1963, S. 111) referierte in seinem weit verbreiteten Jugendhilfe-Kommentar das Bowlby-Zitat, die schlechteste Familie sei besser als das beste Heim. Damit war Bowlby gewissermaßen in der deutschen Rechtsauslegung angekommen.

Der Wandel in der kommunalen Sozialpolitik spiegelte sich bald in den offiziellen Daten: Auf Bundesebene zeigte die Statistik ein schnelles Sinken der Zahl der Heimplätze nach 1960 – das ist der rapide westdeutsche Rückgang, der in Abbildung 1 beschrieben wurde. Gegen Ende dieses Abbauprozesses, in den späten 1960er Jahren, bilanzierte eine Bundestagsabgeordnete im Parlament, dass »wir die Gefahren des Hospitalismus, also der Schädigung durch Heimunterbringung, für Kinder kennen«, weshalb die Plätze in den Heimen erfolgreich abgebaut worden seien (Schroeder, 1968, S. 7543).

In der DDR gelang es aus ideologischen Gründen nicht, das wissenschaftlich entstandene Wissen in der Praxis nutzbar zu machen. Den Pädiater:innen, die in den 1950er Jahren die negativen Folgen einer frühen Heimunterbringung untersuchten (u. a. Kiehl & Petermann, 1959; Korff, 1959), war klar, dass sie sich auf dünnem Eis bewegten. Denn eine hohe Müttererwerbstätigkeit zählte in der DDR zu den zentralen Staatszielen – einerseits, weil dramatisch viele Arbeitskräfte fehlten, andererseits, weil es zur DDR-Konzeption von Gleichberechtigung gehörte, dass Frauen ebenso erwerbstätig waren wie Männer. Kritik an der Unterbringung kleiner Kinder in Krippen oder Heimen war nicht erwünscht (Rosenberg, 2021).

Eva Schmidt-Kolmer zog daraus von Anfang an eine Konsequenz: Sie suchte nach Möglichkeiten, die Einrichtungen zu verbessern. Von ihr erschienen zahllose Aufsätze und Bücher mit Reformvorschlägen, darunter ein erster *Leitfaden für die Erziehung in Krippen und Heimen* im Jahr 1957, dem weitere folgten; später kamen Publikationen wie die Schriftenreihe *Hygiene in Kinderkollektiven* dazu. Stets riet Schmidt-Kolmer zur stärkeren »pädagogischen Arbeit« in den Einrichtungen, wofür sie unter anderem auch Lernmaterial und standardisierte Lernsituationen entwickeln ließ. Immer, wirklich immer plädierte sie für Reformen. Die Säuglingsheime abzuschaffen, wollte (oder konnte) sie nicht fordern.

Allerdings wurde sogar das der DDR-Obrigkeit zu viel. Die Justizministerin Hilde Benjamin schrieb im Jahr 1962 an den Gesundheitsminister einen Brief, in dem sie Schmidt-Kolmers Forschungen zu Heimen und Wochenkrippen scharf kritisierte:

»Diese Auffassungen stehen in krassem Widerspruch zu den Notwendigkeiten, die sich aus der Berufstätigkeit der Frauen, insbesondere aber zu den Notwendigkeiten [...] für Frauen in leitenden Stellungen [...], ergeben. Eine Frau, die eine verantwortliche Stellung im Staatsapparat oder in der Wirtschaft ausübt und ihren dieser Stellung entsprechenden Pflichten nachkommt, kann nicht von 4.00 Uhr oder 5.30 Uhr ständig nach der Uhr sehen, um ja nicht zu spät zu kommen, um ihr Kind aus der Krippe abzuholen« (zit. n. Plückhahn, 2000, S. 63).

Die Justizministerin verlangte dringend »eine ideologische Klärung bei den Ärzten über die Bedeutung der Unterbringung von Kleinkindern in Wochenheimen für die Sicherung der Durchsetzung der Gleichberechtigung der Frau«. Selbst wenn man die Stalinistin Benjamin nur aus der Ferne kannte, konnte man bei ihrer Forderung nach »ideologischer Klärung« Angst bekommen: Nach dem Volksaufstand 1953 hatte sie als Vizepräsidentin des Obersten Gerichts beispielsweise dafür gesorgt, dass der damals amtierende DDR-Justizminister zu acht Jahren Gefängnis verurteilt wurde.

Ob dieser Brief allein den Wandel einleitete, ließ sich bislang nicht vollständig aufklären – möglicherweise waren daran auch noch andere Minister:innen beteiligt; Hilde Benjamin erwähnte jedenfalls deren Unterstützung. Das Ergebnis ist jedoch eindeutig: Die Forschung über Säuglingsheime kam in der DDR weitestgehend zum Erliegen, und Eva Schmidt-Kolmer konzentrierte ihre Arbeit fortan auf Tageskrippen.

Nach außen kommunizierte Schmidt-Kolmer in den 1960er Jahren zwar, dass der »Hospitalismus« in den sozialistischen Einrichtungen dank immer besserer pädagogischer Arbeit vollständig überwunden sei. Dass das nicht der Wahrheit entsprach, wusste sie selbst: »Die Erscheinungen des sogenannten ›psychischen‹ Hospitalismus bei langfristigem Heimaufenthalt von Säuglingen, Klein- und Vorschulkindern [sind] noch immer deutlich festzustellen«, schrieb Schmidt-Kolmer 1962 in einem internen Vermerk (Bundesarchiv DQ 1 2004). Doch das faktische Forschungs- und Publikationsverbot zu diesem Thema verhinderte, dass die Säuglingsheime in der DDR – anders als im Westen – engagiert zurückgebaut wurden.

Eine Bilanz

Insgesamt sind in der Bundesrepublik und der DDR in den 1950er Jahren eher parallele Entwicklungen der Säuglingsheime erkennbar: Die Institutionen wurden quantitativ ausgebaut; wenn sie überhaupt in der breiten Öffentlichkeit thematisiert wurden, geschah dies tendenziell auf eine naiv-wohlwollende Weise. Erst mit den psychoanalytisch fundierten Arbeiten der angelsächsischen Forschung änderte sich dies: Die Aufsätze und Bücher von John Bowlby, René A. Spitz und Anna Freud wurden bald nach ihrem Erscheinen in den frühen 1950er Jahren auch in Deutschland rezipiert – und zwar in beiden deutschen Staaten. Daran knüpften eigene empirische Arbeiten von Pädiater:innen und Psycholog:innen an, die verglichen, wie sich Säuglinge und Kleinkinder in verschiedenen Settings des Aufwachsens – Säuglingsheim, Pflegefamilie, Wochenkrippe, Tageskrippe,

Herkunftsfamilie – entwickelten. Wie bereits zuvor in der angelsächsischen Forschung wurde dabei deutlich, dass das Säuglingsheim die problematischste Umgebung war: Kinder, die hier längere Zeit leben mussten, hatten massive Defizite in der kognitiven und sozialen Entwicklung.

In den 1960er Jahren wurden dann markante Unterschiede zwischen den beiden deutschen Staaten erkennbar. In Westdeutschland kam es zu einem schnellen Abbau von Säuglingsheimen, der sich in einem Zusammenspiel von Fachdiskussion, Mediendiskussion und dem Handeln der Jugendämter entwickelte. In Ostdeutschland wurden die Einrichtungen kaum noch beforscht und im Diskurs weitgehend vergessen. Erst mit der Wiedervereinigung 1990 wurde das westdeutsche Jugendhilfesystem auf den Osten übertragen, was innerhalb weniger Monate zur Schließung der DDR-Säuglingsheime führte – ein Wandel, der außerhalb des hier betrachteten Zeitraums liegt und bisher nicht untersucht wurde.

Literatur

Andriessens, E. (1966). Geschützte Kleinkindzeit. *Unsere Jugend, 18*(7), 333–334.

Berth, F. (2019). Zur Geschichte des Säuglingsheims. Eine vergessene Institution des bundesdeutschen Sozialstaats. *Zeitschrift für Pädagogik, 65*(1), 73–94. http://dx.doi.org/10.25656/01:20317

Berth, F. (2021). This house is not a home: residential care for babies and toddlers in the two Germanys during the Cold War. *The History of the Family, 26*(3), 506–531. https://doi.org/10.1080/1081602X.2021.1943488

Berth, F. (2023a). *Die vergessenen Säuglingsheime. Zur Geschichte der Fürsorge in Ost- und Westdeutschland.* Psychosozial-Verlag. https://doi.org/10.30820/9783837979343

Berth, F. (2023b). Discovering Bowlby: infant homes and attachment theory in West Germany after the Second World War. *Paedagogica Historica, 59*(4), 688–704. https://doi.org/10.1080/00309230.2021.1934705

Bowlby, J. (1951). *Maternal Care and Mental Health.* WHO.

Bundesarchiv DQ 1 1994, DQ 1 2004, DQ 1 6369.

Degkwitz, R. (1950). Über die Erziehung gesunder Kinder. In E. Rominger (Hrsg.), *Lehrbuch der Kinderheilkunde* (S. 32–46). Springer.

Dührssen, A. (1953). Berichte aus dem Ausland: Mütterliche Fürsorge und seelische Gesundheit (Maternal Care and Mental Health). *Praxis der Kinderpsychologie und Kinderpsychiatrie, 2*(1), 21–25.

Dührssen, A. (1958). *Heimkinder und Pflegekinder in ihrer Entwicklung. Eine vergleichende Untersuchung an 150 Kindern in Elternhaus, Heim und Pflegefamilie.* Verlag für medizinische Psychologie.

Frankfurter Allgemeine Zeitung (01.04.1961). Man lebt gesund und munter im Babyhotel, S. 55.

Hartung, K. & Glattkowski, H. (1965). Erhebungen über Aufenthaltsdauer und Gründe, die zur Heimaufnahme von Säuglingen führten. *Praxis der Kinderpsychologie und Kinderpsychiatrie, 14*(7 & 8), 241–245 & 297–303.

Hiemenz, O., Pfistner, H. J. & Zierl, W. (1964). Möglichkeiten zur Vermeidung von Heimschäden. *Unsere Jugend, 16*(9), 415–418.

Kaminsky, U. (2023). Rezension zu: Berth, Felix: Die vergessenen Säuglingsheime. Zur Geschichte der Fürsorge in Ost- und Westdeutschland. Gießen 2023. *H-Soz-Kult*, 11.08.2023. https://www.hsozkult.de/publicationreview/id/reb-133103

Kiehl, W. & Petermann, H. D. (1959). Vergleichende Untersuchungen über die körperliche und geistige Entwicklung von Kindern in Krippen und Heimen der Stadt Halle. *Zeitschrift für ärztliche Forschung, 53*(22), 1418–1423.

Korff, I. (1959). Vergleichende Untersuchungen im Bezirk Berlin-Friedrichshain an Hand einer Längsschnittuntersuchung. *Zeitschrift für ärztliche Forschung, 53*(22), 1423–1426.

Liebsch, H. (2023). *Wochenkinder in der DDR. Gesellschaftliche Hintergründe und individuelle Lebensverläufe.* Psychosozial-Verlag. https://doi.org/10.30820/9783837961164

Meierhofer, M. & Keller, W (1966). *Frustration im frühen Kindesalter. Ergebnisse von Entwicklungsstudien in Säuglings- und Kleinkinderheimen.* Verlag Hans Huber.

Ohne Autor (1957). Frühkindliche Erziehung in der Praxis. *Unsere Jugend, 9*(3), 103–109.

Pechstein, J. (1968). Entwicklungspsychologische Untersuchungen an Säuglingen und Kleinkindern in Heimen. *Monatsschrift Kinderheilkunde, 116*(6), 372–373.

Plückhahn, J. (2000). Dauerheime für Säuglinge und Kleinkinder in der DDR aus dem Blickwinkel der Bindungstheorie. [Unveröffentlichte Diplomarbeit]. Fachhochschule Potsdam.

Riedel, H. (1963). *Jugendwohlfahrtsgesetz. Kommentar.* J. Schweitzer.

Robertson, J. (1952). *A Two-Year-Old Goes to Hospital.* Film. London.

Rosenberg, F. v. (2021). *Die beschädigte Kindheit. Das Krippensystem der DDR und seine Folgen.* C. H. Beck.

Schmidt-Kolmer, E. (1957). Erscheinungen des psychischen Hospitalismus und ihre Verhütung. *Zeitschrift für ärztliche Fortbildung, 51*(21/22), 895–899.

Schmidt-Kolmer, E. (1959). *Verhalten und Entwicklung des Kleinkindes. Der Einfluß verschiedenartigen sozialen Milieus auf das kindliche Verhalten und seine Bedeutung für die Hygiene des Kindesalters.* Akademie-Verlag Berlin.

Scholl, R. (1960). Auch das uneheliche Kind braucht seine Mutter. *Unsere Jugend, 12*(2), 74–77.

Schroeder, C. (1968). Anmerkungen zur Frage der Dauerkinderheime. Deutscher Bundestag, Plenarprotokoll 146. Sitzung, 17.01.1968, 7542–7544.

Sedlmeier, P. & Renkewitz F. (2013). *Forschungsmethoden und Statistik. Ein Lehrbuch für Psychologen und Sozialwissenschaftler.* Hallbergmoos.

Staatliche Zentralverwaltung für Statistik (verschiedene Jahrgänge). Statistisches Jahrbuch der Deutschen Demokratischen Republik. Staatsverlag der Deutschen Demokratischen Republik.

Statistisches Bundesamt (verschiedene Jahrgänge). Wirtschaft und Statistik. Statistisches Bundesamt.

Stier, U. (1963). Sozialhygienische Erhebungen an Hamburger Heimkindern [Unveröffentlichte Dissertation]. Universität Hamburg.

Süddeutsche Zeitung (01.03.1952). In guten Händen. Wochenendbeilage, S. 4.

Weidemann, J. (1959). Heimkind und Heimmilieu. Untersuchungen über die Ursachen der heimkindlichen Entwicklungsverzögerung. *Zeitschrift für Kinderpsychiatrie, 26*(3), 77–86.

Winnicott, D. (1959). Going to Hospital with Mother. Film by James Robertson. *The International Journal of Psychoanalysis, 40*, 62–63.

Biografische Notiz

Felix Berth, Dr. phil., ist wissenschaftlicher Mitarbeiter des Deutschen Jugendinstituts, Abteilung Kinder und Kinderbetreuung. Seine Arbeitsschwerpunkte sind Geschichte der Erziehung und Kinderbetreuung im 20. Jahrhundert, pädagogische und psychologische Disziplingeschichte, Diskurs- und Einstellungsgeschichte. 2023 erschien sein Buch über Säuglingsheime in Ost- und Westdeutschland.

Wochenkrippen in der DDR[1]

Heike Liebsch

In der DDR galt die institutionelle Fremdbetreuung von Säuglingen und Kleinkindern als »normal«. Sie war gesellschaftlich sogar erwünscht (vgl. nachfolgend Liebsch, 2023). Die staatlich gelenkte und geförderte Kinderbetreuung hatte das Ziel, die Arbeitskraft der Frauen für die Wirtschaft zu sichern. Ideologisch und propagandistisch standen die Vollbeschäftigung und Schaffung der Gleichberechtigung der Frauen im Mittelpunkt. Dafür sollten sie von ihrer Mutterrolle weitgehend entlastet werden. Eine sehr spezielle Form der Fremdbetreuung stellte dabei die wochenweise Unterbringung von Kleinst- und Kleinkindern dar. Im Gegensatz zu der bekannten institutionellen Tagesbetreuung verblieben die sogenannten Wochenkinder (amtssprachlich »Woki«[2] genannt) auch über Nacht ohne Kontakt zu den Eltern in den Einrichtungen. Zunächst wurden die Wochenkinder dort durchgängig von Montag bis Samstag versorgt. Als ab 1967 in der DDR die Fünftagewoche eingeführt wurde, konnten die Kinder bereits am Freitagabend abgeholt werden. Bei besonderem Bedarf der Eltern verblieben die Kinder auch über das Wochenende in der Einrichtung.

Zu unterscheiden sind Wochenkrippen und Wochenheime. Wochenkrippen waren für Kinder im Alter von sechs Wochen bis drei Jahren und die Wochenheime für die Kinder ab drei Jahren zuständig. In den Anfangsjahren waren in den Wochenheimen Kinder bis zum 14. Lebensjahr untergebracht, später bis zum Schuleintritt. Diese Unterbringungsformen waren nicht immer anhand der Namen eindeutig voneinander zu unterscheiden und auch institutionell nicht klar voneinander getrennt. So gab es gemischte Einrichtungen, in denen sowohl »Tages-« als

---

1   Der Text wurde als Vortrag wurde im Rahmen des Symposiums als Buchpräsentation gehalten zu dem Buch der Autorin: *Wochenkinder in der DDR. Gesellschaftliche Hintergründe und individuelle Lebensverläufe.*

2   Vgl. Stadtarchiv Dresden, 4.2.9. Gesundheits- und Sozialwesen, Nr. 167, Bl. 119.

auch »Wochenkinder« betreut wurden. Überschneidungen gab es vor allem in den Anfangsjahren der DDR zu den Dauer- bzw. Säuglingsheimen (Berth, 2023). Das macht es im Nachhinein oft schwer, genau herauszufinden, wie viele Plätze es gab und wie viele der in den Einrichtungen betreuten Kinder wochenweise, nur tagsüber oder komplett untergebracht waren. Lediglich die altersmäßige Zuordnung kann weitgehend als gesichert gelten, da ab 1952 die Kinder im Krippenalter dem Ministerium für Gesundheitswesen und die Kinder ab drei Jahren dem Ministerium für Volksbildung[3] zugeordnet waren. Entsprechend lag im Bereich der Krippen zunächst das Hauptaugenmerk auf der medizinisch-hygienischen Versorgung und Pflege sowie der körperlichen Entwicklung der Kinder, während bei den Kindergärten die Förderung von definierten Erziehungszielen im Vordergrund stand.

Ein großer Teil der Wocheneinrichtungen war kommunales Eigentum. In den Jahren zwischen 1950 und 1970 schufen auch zahlreiche Betriebe wochenweise Betreuungsplätze, um die Schichtarbeit ihrer Mitarbeiterinnen zu sichern. Zusätzlich gab es einige kirchliche Institutionen, in denen Kinder wochenweise betreut wurden.

Die Elternhäuser der »Wochenkinder« waren in der Regel intakt, beziehungsweise gab es mindestens einen verfügbaren Elternteil (in der Regel die Mutter). Die meisten der wochenweise betreuten Kinder waren also weder verwaist noch lag eine innerfamiliäre Kindeswohlgefährdung vor. Das änderte sich erst in den späten 1970er und 1980er Jahren, als der Besuch einer Wocheneinrichtung eher zum Ausnahmefall wurde und die Vergabe solcher Plätze häufiger aus einer sozialen Indikation heraus erfolgte. Bis dahin gab es strenge Zugangskriterien, um die Verteilung der knappen Betreuungsplätze zu regulieren und zu priorisieren. Für Wochenkrippen galten dabei folgende Schwerpunkte:

➤ der Status der Mutter als alleinerziehend;
➤ die Schicht- oder Montagearbeit der Eltern bzw. Grundwehrdienst des Mannes;
➤ Studium bzw. Ausbildung mindestens eines Elternteils;
➤ ein weiter Arbeitsweg.

Auch die Arbeit in einem Bereich, der als gesellschaftlich wertvoll angesehen wurde, führte zu einem Anspruch auf einen Wochenplatz. Als gesellschaftlich wertvoll galt beispielsweise der Dienst in den »bewaffneten Organen« oder im Gesundheits- und Bildungswesen.

---

3   Vgl. u. a. die Verordnung der Regierung der DDR über die Einrichtung der vorschulischen Erziehung der Horte vom 18.09.1952 (siehe BaArch DC 20/I/3/417).

Zur historischen Entwicklung

Der Prager Kinderpsychologe Zdeněk Matějček identifizierte drei wesentliche Gründe für den massiven Ausbau der institutionellen Kinderbetreuung in zahlreichen sozialistischen Staaten (vgl. Liebsch, 2019, S. 26):

> ➤ eine »Hilfsfunktion«, um die Arbeits- und Entwicklungsfähigkeit der Frau zu ermöglichen,
> ➤ eine »pädagogische (bzw. erzieherische) Funktion«, um durch fachkundiges Personal die Defizite der elterlichen Erziehung auszugleichen, sowie
> ➤ eine »Schutzfunktion«, wenn für das Kind eine drohende Gefahr für gesundheitliche Schäden und Vernachlässigung vorlag (Langmeier & Matějček, 1977, S. 90ff.).

Die »Hilfsfunktion« war vor allem in den Anfangsjahren nach dem Krieg von großer ökonomischer Bedeutung, da es an Arbeitskräften mangelte. Die »Schutzfunktion« hingegen spielte bei den Wochenkindern zunächst eine untergeordnete Rolle. Wichtig war die »erzieherische Funktion«. Die Orientierung, durch »fachkundiges Personal« die »Defizite der elterlichen Erziehung« auszugleichen, unterschied sich allerdings in der DDR-Praxis von dem, was Matějček damit verbunden hatte. Er war in diesem Punkt von Eltern ausgegangen, die kognitive, mentale, soziale oder ökonomische Einschränkungen hatten und deshalb ihre Kinder nicht ausreichend versorgen konnten. In der DDR aber ging es entsprechend des sozialistischen Selbstbildes darum, dass nur der Staat und die durch ihn ausgebildeten Fachkräfte wirklich die angestrebten Erziehungsziele sicherstellen konnten. Die leiblichen Eltern wurden als unvollkommen betrachtet, die selbst »erzogen« werden mussten.[4] Deshalb besaßen die Erzieherinnen und Säuglingsschwestern gegenüber den Eltern eine hohe Autorität. Die von ihnen vertretenen Auffassungen zur optimalen Versorgung von Kindern sollten von den Eltern entsprechend übernommen werden. Dazu gehörte die zeitliche Taktung der Tagesabläufe für die Kinder, die auch an den Wochenenden durch die Eltern fortgeführt werden sollten.[5] Nach Laewen war damit auch »die Intention unübersehbar, mit Hilfe einer

---

4 Vgl. Gbl (Gesetzblatt der DDR), Nr. 6, 1965, Krippenordnung der DDR: Aufgaben der Erzieherin – Altersgruppe 6. bis 12. Lebensmonat, S. 25 (zit. n. Laewen & Andres, 1993, S. 11).

5 Interview von Heike Liebsch mit Dr. Elisabeth Zwiener-Kumpf am 23.07.2019 in Leipzig, S. 8; vgl. auch Fokusgruppengespräch Erz-075, S. 32f.

der elterlichen Einflußnahme weitgehend entzogenen Sozialisationsumgebung Einfluß auf die Bildung der Kinder zu nehmen« (Laewen & Andres, 1993, S. 7).

Neben den bisher genannten Faktoren kamen zwei weitere Gründe für die Einrichtung der institutionellen Fremdbetreuung hinzu:

➢ die Steigerung oder mindestens Sicherung einer hohen Fertilitätsrate und
➢ die Senkung der Säuglingssterblichkeit, die vor allem nach dem Krieg sehr hoch war.

Von Beginn an wurde für die Kinder in den Wochenkrippen eine umfassende medizinische Versorgung sichergestellt. Regelmäßig waren Kinderärzt:innen vor Ort. Die vorgeschriebenen Schutzimpfungen wurden ebenfalls über die Einrichtungen realisiert. Deshalb sind die persönlichen Impfausweise oft der erste Hinweis auf die Unterbringung in einer Wocheneinrichtung. Einen weiteren Schwerpunkt stellte die Ernährung dar. Um die Kinder in die wochenweise Fremdbetreuung geben zu können, mussten sie im Alter von sechs Wochen abgestillt sein. Eine weitere Versorgung mit Muttermilch war nur in Ausnahmefällen möglich. Zumeist erfolgte stattdessen die Gabe von Ersatznahrung, zunächst auf Basis von Kuhmilch, die aber von vielen Kindern nicht vertragen wurde. In den ersten Jahren kam es dadurch zu einer Erhöhung der Nachsterblichkeit von Säuglingen (vgl. Rosenberg, 2022). Von einer Nachsterblichkeit wird bei Säuglingen in einem Alter von 28 bis 364 Tagen gesprochen.[6] Erst nach und nach konnte für sie verträgliche und altersgerechte Säuglingsnahrung entwickelt werden.

Um 1966 erreichte das Angebot in Wochenkrippen mit 39.124 Plätzen den Höchststand. Ab den 1970er Jahren wurde bei gleichzeitiger Erweiterung von Tageskrippenplätzen die Zahl der Wochenkrippenplätze deutlich reduziert, sodass 14 Jahre später davon nicht einmal mehr die Hälfte übrig waren: 1980 gab es 330 Wochenkrippen mit einer Gesamtkapazität von 17.655 Plätzen (vgl. Boeckmann, 1993, S. 182f.; Mitteilungen Kinderkrippen, Dauerheime und Saisonkrippen, 1980, 17; zit. n. Stary, 2018b). 1989 entfielen von insgesamt 360.000 Plätzen in 7.700 Krippen und Heimen nur noch circa 1,6% auf Wochenkrippen. Das entsprach etwa 4.800 Plätzen, die teilweise noch bis 1992 bestanden (Zwiener et al., 1994, S. 15).

---

6   Vgl. Gesundheitsberichterstattung des Bundes, Kapitel 3.4 Säuglingssterblichkeit. Gesundheitsbericht für Deutschland 1998: https://www.gbe-bund.de/gbe/abrechnung.prc_abr_test_logon?p_uid=gast&p_aid=0&p_knoten=FID&p_sprache=D&p_suchstring=829#m1 (23.10.2023).

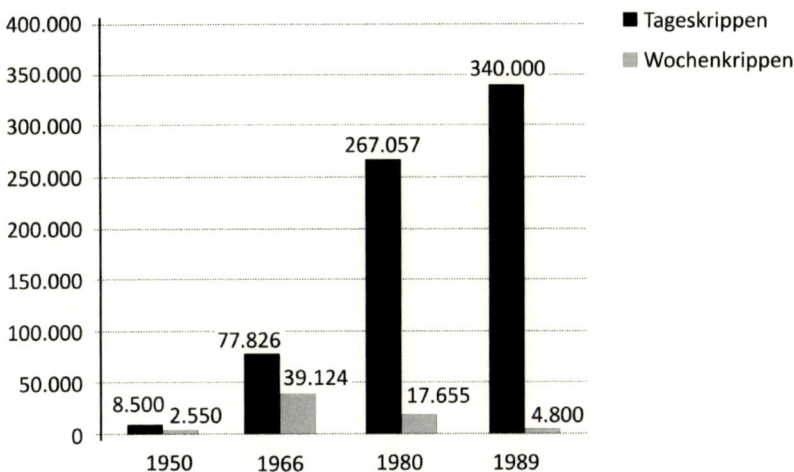

Abb. 1: Die Entwicklung von Tages- und Wochenkrippenplätzen in der DDR (Zusammenstellung: Liebsch, 2019, S. 4) (Quellen u. a.: Zwiener et al., 1994; Boeckmann, 1993, S. 182f.; Mitteilungen Kinderkrippen, Dauerheime und Saisonkrippen, 1966, 3, [1967] 7, u. a. S. 9, zit. n. Stary, 2018b)

Immer wieder wird darüber spekuliert, wie viele Kinder tatsächlich in einer Wochenkrippe waren. In der Statistik der DDR wurde jedoch, wie bereits erläutert, lediglich die Anzahl der Plätze und teilweise die Belegung erfasst. Dies ermöglicht nur eine grobe Orientierung über die Zahl der so betreuten Kinder. Vorausgesetzt, dass alle Kinder in den Wochenkrippen über die gesamte Zeit von drei bzw. zwei Jahren (ab 1976 mit Beginn des Babyjahres ab dem zweiten Kind bzw. 1986 ab dem ersten Kind) verblieben wären, waren in der Zeit von 1949 bis 1992 mindestens 200.000 Kinder auf den angegebenen Wochenkrippenplätzen untergebracht. Aber viele der Kinder waren deutlich kürzer in dieser Betreuung, weil sie beispielsweise so schwer erkrankten, dass sie krippenunfähig wurden, oder weil die Mütter ihre Ausbildung beendeten und das Kind dann in eine Tagesbetreuung gaben. Die so freigewordenen Plätze wurden schnell wieder neu besetzt. Dieser Wechsel von Kindern geht aber aus den monatlich gemeldeten Auslastungszahlen nicht hervor. Zudem ist anhand archivalischer Quellen bekannt, dass die angebotenen Plätze oft planmäßig zu zehn bis 35% überbelegt waren.[7] Gänzlich

---

7   Vgl. u. a. Krippenentwicklung 1956–1982, Kapazitätsauslastung von 1964; in: Stadtarchiv Dresden, 4.2.9. Gesundheits- und Sozialwesen, Nr. 1911//12/2.

unerfasst blieben die Plätze in kirchlichen Wochenkrippen. Deshalb ist eine genaue Zahl der betroffenen Kinder nicht zweifelsfrei festzustellen. Es muss jedoch davon ausgegangen werden, dass sie deutlich über der zuvor genannten Mindestzahl lag (vgl. Liebsch, 2019, S. 3).

Der Alltag

Zur Erforschung der Wocheneinrichtungen führten Ute Stary und die Autorin ab 2017 fast 100 Interviews mit Zeitzeug:innen. Dazu gehörten sowohl ehemalige Wochenkinder, deren Eltern als auch damalige Erzieherinnen. Durch diese Interviews konnten auch wesentliche Erkenntnisse zu den konkreten Abläufen in den Wocheneinrichtungen gewonnen werden. Zur Gestaltung der zeitlichen und inhaltlichen Struktur gab es umfangreiche Gesetze, Erziehungspläne, Verordnungen und Anweisungen, die in den einzelnen Einrichtungen umzusetzen waren. Der erste Erziehungsplan für Kinder im Krippenalter war 1957 herausgegeben und bis zu seinem letztmaligen Erscheinen im Jahr 1985 mehrfach überarbeitet worden (Weber, 1996). Diese Pläne regelten minutiös die Tagesabläufe der Kinder in den jeweiligen Altersgruppen. Der konkrete Arbeitsalltag startete am Montagmorgen ab sechs Uhr. Die Kinder wurden entweder in einem speziellen Übergabebereich oder bereits vor der Tür von den Eltern an das Personal ausgehändigt. In vielen Wochenkrippen haben die Eltern die Schlaf- und Aufenthaltsräume der Kinder nie gesehen. In einer entsprechenden Hausordnung, die 1980 vom Berliner Magistrat erlassen worden war, hieß es klar: »Von Besuchen der Angehörigen ist im Interesse der Kinder abzusehen. Die Kinderzimmer dürfen aus gesundheitlichen Gründen auch von den Eltern nicht betreten werden.«[8]

Nach der Übergabe wurden die Kinder vom Personal vollständig ausgezogen und gebadet. Danach erhielten sie die einheitliche Kleidung der Einrichtung. Die privaten Sachen wurden in Boxen des Eingangsbereiches abgelegt und erst wieder angezogen, kurz bevor die Eltern ihre Kinder abholten. Die einheitliche Bekleidung in den Wocheneinrichtungen hatte den Zweck, die Eltern von dem aufwendigen Waschen der Kindersachen zu entlasten und hygienische Standards bei den Kindern zu sichern.

---

8   BArch DY/31/1589: Magistrat von Groß-Berlin, Abteilung Gesundheits- und Sozialwesen, Mutter und Kind, Hausordnung für Krippen und Heime mit Kindern von 0 bis 3 Jahren, S. 2.

Abb. 2: Kinder in der einheitlichen Kleidung ihrer Wochenkrippe bei einem Ausflug in den Zoo, 1962 (Archiv H. Liebsch)

Die Tagesstruktur sah alle vier Stunden jeweils eine Fütterungszeit vor. Auch die Zeiten für Wickeln bzw. Töpfen waren streng getaktet. Eine Spielzeit mit erwachsenen Personen war für die Säuglinge zunächst nicht vorgesehen. Später setzten sich die Erzieherinnen mit in die größeren Spielboxen, wenn sie dazu die Zeit fanden. Zudem gab es dann auch konkrete altersbezogene Erziehungsaufgaben. Gegen 17.30 Uhr wurden die Kinder nochmals gefüttert und lagen in der Regel spätestens um 19 Uhr in den Betten. Zum Ablauf des Zu-Bett-geh-Rituals erinnerte sich eine Erzieherin:

»tja. da gab's nich viel ritual. essen. bad. töpfchen. waschen. wickeln. umkleiden. die hatten nachthemdchen an. [...] dann so die unterlage und dann so die windelhosen. dann wurden die in das bettchen gelegt. da hat man vorher die bettdecke – die hatten so kleine gesteppte federbettchen [...] und da wurden die dann so eingerollt. ›eingeschlagen‹ haben wir immer gesagt. und eine windel wurde zu einem strick gefaltet und der wurde dann so, damit sich das bettchen nicht loslöst, damit sie praktisch immer zugedeckt waren, so mit der windel dann fixiert. [...] schlafsäcke und so kannten wir nich. [...] da gab es vielleicht eine erzieherin, die so ein gutenachtlied gesungen hat, weil, das gehörte zur ausbildung dazu. [...] aber sonst – viel mehr ritual hat's da nich gegeben. nuckel rein. schlaft schön. licht aus. ja. eher eine traurige angelegenheit.«[9]

---

9   Interview Erz-088, ab Min. 61; vgl. auch Interview Erz-004.

Mustertageseinteilung für Wochenkrippe und Dauerheim

7. bis 9. Monat

6.00 Uhr	Flasche	wach
6.45 Uhr	Baden, Wickeln usw., Messen nur bei Beson-	
	derheiten	wach
8.15— 9.15 Uhr	Schlaf	Frei- oder Frischluft
9.15—10.00 Uhr	Spiel in Box	wach
10.00 Uhr	Zwiebackbrei	wach
10.45—11.15 Uhr	Spiel in Box	wach
11.15—13.00 Uhr	Schlaf	Frei- oder Frischluft
13.00—14.00 Uhr	Wickeln	wach
14.00 Uhr	Gemüsebrei	wach
14.45—15.15 Uhr	Spiel	wach
15.15—17.00 Uhr	Schlaf	Frischluft
17.00—18.00 Uhr	Wickeln	wach
18.00 Uhr	Milchbrei	wach
19.00 Uhr	Schlaf	
21.30—22.00 Uhr	Wickeln	wach
anschließend wieder Schlaf		

11 Stunden Nachtschlaf
5 Stunden Tagesschlaf

Abb. 3: Mustertageseinteilung für Wochenkrippen- und Heimkinder (Ausschnitt)
(Schmidt-Kolmer & Reumann, 1956, S. 95ff.)

Die Betreuungssituation

Die Betreuung der Wochenkinder oblag zumeist geschultem Personal im Schicht-system. Landesweit galten gleiche Standards bezüglich Betreuungsschlüssel, Aus-stattung der Einrichtungen, inhaltlichen Abläufen und Ernährung. Die Versor-gung und Unterbringung der Kinder wurden anhand dieser Vorgaben staatlicher-seits stark überwacht, wobei für die Kontrolle der Krippen und Kindergärten ein hierarchisches System von Ministerien, Fachreferaten und Bezirksärzt:innen zu-ständig war. In einer Gruppe konnten offiziell 18 bis 20 Kinder untergebracht sein mit einer erlaubten Aufstockung um drei weitere Kinder. Es gab Einrichtungen, in denen über 100 Kinder betreut wurden.[10] Der Betreuungsschlüssel (offiziell 1:4,

---

10 Krippenentwicklung 1956–1982, Kapazitätsauslastung von 1964; in: Stadtarchiv Dresden, 4.2.9. Gesundheits- und Sozialwesen, Nr. 1911//12/2.

in Dresden 1:5), die Versorgungsstrukturen sowie das vorgeschriebene Raumangebot waren in Wochenkrippen und Vollheimen weitgehend identisch. Bei dem geforderten Platzbedarf pro Kind galten in Heimen und Wochenkrippen 3,8 m² im Gegensatz zu Tageskrippen mit 2,5 m².[11]

Die Folgen der Wochenunterbringung sind aufgrund der langen Betreuungszeit und der ähnlichen Bedingungen deshalb auch unter dem Aspekt der Heimkinder- und nicht nur der Krippenforschung zu betrachten. Ein wichtiger Unterschied zwischen Heim- und Wochenkindern ist jedoch, dass die Wochenkinder im Lebensverlauf meist nicht als Heimkinder stigmatisiert worden sind. Vielen Wochenkindern war gar nicht bekannt, dass sie in einer solchen Einrichtung betreut wurden. In Familien wird teilweise bis heute darüber geschwiegen.

Die ökonomische Perspektive auf die institutionelle Kinderversorgung verdeutlicht folgendes Zitat bezogen auf den erhöhten Dresdner Betreuungsschlüssel von 1:5: Damit würde man »4.000 Arbeitskräfte einsparen können und dadurch jährlich rund 18 Millionen DM einem anderen Verwendungszweck zuführen können«.[12] Zugrunde lagen Berechnungen, wie sie 1963 durch die Abteilung für Volksbildung des Rates der Stadt Dresden zusammengestellt worden sind: »Auf 100 Plätze würden insgesamt 50 Arbeitskräfte gewonnen, abzüglich pro 100 Plätze 18 Arbeitskräfte zur Betreuung der Kinder in den Einrichtungen, ergibt effektiv 32 Arbeitskräfte, die der materiellen und nichtmateriellen Produktion zugeleitet werden können.«[13]

Erzieherinnen erinnern sich, dass der geforderte Betreuungsschlüssel teilweise noch höher lag. Das Personal musste häufig zu Schulungen, war mit umfangreichen Dokumentationen beschäftigt und für die Mütter unter ihnen gab es pro Monat einen freien Haushaltstag. Eine Erzieherin berichtete:

> »wir hatten 'n schlüssel für die wochenkrippe, 'n schlüssel eins zu fünf, für die tageskrippe eins zu sechs, das war aber nie wirklichkeit, das muss man so aussprechen, durch den haushaltstag der mitarbeiter, durch urlaub, durch viel krank, kind krank, warn wir manchmal in der gruppe alleine, da konnt es auch kein leiter was dran ändern und wir hatten im schnitt schon abends in der einrichtung bis zu zwölf wochenkrippenkinder [pro Gruppe]«.[14]

---

11 Vgl. u.a. Stadtarchiv Dresden, 5.3.1-2379/1, Bd. 1: Beschlussvorlage, Rat des Stadtbezirkes Dresden-Süd, 12.10.84.

12 Stadtarchiv Dresden, 4.2.9. Abt. Gesundheits- und Sozialwesen, Nr. 1461/9.

13 Stadtarchiv Dresden, 4.2.20. Dezernat Volksbildung, Nr. 213.

14 Fokusgruppengespräch Erz-075, S. 2.

Ihre Kollegin bestätigte:

> »uffm papier steht eins zu sechs, aber im schnitt warn's eins zu dreizehn krippenkin-
> der, muss man so mal sagen und da warn wir eben traurig, wenn der haushaltstag,
> ›klopft mehrfach auf den tisch‹ aber die erzieher hatten ja auch das recht, ihre ge-
> setzlichen dinge in anspruch zu nehmen, die ihnen zustanden«.[15]

Die Krippenerzieherinnen, Säuglingsschwestern oder Kindergärtnerinnen waren für
die Wochenkinder die wichtigsten Menschen in der Zeit der Unterbringung. Von
ihrer Arbeit hing es auch ab, wie die Kinder versorgt wurden und welche Bezie-
hungserfahrung sie innerhalb des Betreuungssystems machten. Den interviewten
Erzieherinnen war es wichtig, das große Engagement für die Kinder zu verdeutlichen:

> »ich hatte 64 wochenkinder, es war 'ene traumeinrichtung und 'ne traumarbeit war
> das für mich, also ich muss ganz ehrlich sagen, ich hab leidenschaftlich gern dort gear-
> beitet, leidenschaftlich gern [...] die wocheneinrichtung ging dann bis 1985 [...] und
> dann wurden wir komplette tagenseinrichtung, das war natürlich viel, viel schöner
> noch, aber es bestand damals die notwendigkeit, um die kinder als wochenkinder auf-
> zuneh'm, denn [...] wir hab'n ja große industriebetriebe in XXX und dann war'n ja die
> mütter alle im schichtbetrieb, früh, spät, nacht und so, es ging einfach nich anders, und
> das war sehr, sehr schön. [...] ich stand ja nich ganz alleine da, erstensmal hat ich meine
> tollen mitarbeiter und dann hatte ich ja für meine wochen- oder überhaupt für meine
> krippenkinder eine krippenärztin, ich hatte für meine behinderten kinder eine zusätz-
> liche ärztin, ich hatte 'ne physiotherapeutin, ich hatte ein orthopäden im rücken, also,
> es war eigentlich, die kinder war'n super, super versorgt, betreut, muss ich sagen, da leg
> ich auch meine hand für ins feuer, ich hab die einrichtung 32 jahre geführt.«[16]

Es gab Wocheneinrichtungen, die sehr engagiert geführt wurden. In anderen Einrichtungen waren große Defizite im Bereich Ausstattung und Personalverhalten
an der Tagesordnung. Es gab Erzieherinnen mit Herzblut für die Kinder und
es gab Frauen, die dafür wenig Interesse mitbrachten. Es gab Erzieherinnen, die
Kinder misshandelten und vernachlässigten. Es gab Erzieherinnen, die Kinder zu
deren Schutz sogar mit nach Hause nahmen.

Trotz allen individuellen Engagements bleibt die strukturelle Problematik.
Weder die streng vorgeschriebenen Zeitabläufe und der Umfang dieser Fremdbe-

---

15 Fokusgruppengespräch Erz-075, S. 13f.
16 Fokusgruppengespräch Erz-075, S. 1.

treuung noch der Betreuungsschlüssel waren geeignet, den Bindungsbedürfnissen der Kinder gerecht zu werden. Besonders die Absicherung der institutionellen Kinderversorgung mit ausreichenden Fachkräften war in der gesamten Zeit der DDR durchgängig problematisch. Dies führte zu erheblicher Überlastung der Beschäftigten. Die Auswirkungen, so konstatierte ein Bericht von 1984 kritisch, zeigten sich unter anderem in wachsender Unzufriedenheit der Mitarbeiterinnen, vorzeitigem Berufsausstieg und Einschränkungen in der »Betreuungsleistung am Kind«.[17] Eine Erzieherin meinte resigniert:

> »Das konnte man nicht schaffen. Dieses ... individuelle Eingehen, jedem nochmal über den Kopf streicheln oder ... jedem nochmal ne persönliche Geschichte erzählen oder 'n Lied singen. Dann hat man auch schnell mitbekommen, dass die anderen Kinder eifersüchtig wurden und dann mehr Aufmerksam[keit] forderten [...] und Kinder, die dann halt ruhig waren und vielleicht traurig waren, hat man dann nicht mehr so richtig geschafft« (Schilling & Sümening, 2019, ab Minute 07:10).

Die Nachtversorgung

Eine besondere Betreuungssituation stellten die Nächte dar. Der Schlaf der Kinder galt vor allem in den ersten Jahrzehnten als eine physiologische Gegebenheit, die in den Wocheneinrichtungen rein technisch durch eine Nachtwache abzusichern war – unter anderem mit dem Ziel, die Kinder so zeitig und konsequent wie möglich ans Durchschlafen zu gewöhnen. Aus dieser Vorstellung resultierte auch, dass die Nachtbetreuung der Kinder bis zum Ende der 1970er Jahre oft unausgebildeten und sehr wenigen Aufsichtspersonen überlassen wurde. So belegen Quellen, dass beispielsweise in einer Wochenkrippe für 90 Kinder nur eine Nachtwache in Person des Hausmeisters anwesend war.[18] Eine Frau, die von 1960 bis 1970 in einer Wochenkrippe gearbeitet hat, erinnerte sich:

> »dann kam die nachtschicht und dann ham wer nochmal alle durchjewickelt, also alle nochmal trockengemacht und die flaschenkinder wurden dann nochmal mit flasche versorgt um halb zehn, dann ging der spätdienst nach hause, dann war der

---

17 Stadtarchiv Dresden, 5.3.1-2379/1, Bd. 1, Beschlussvorlage, Rat des Stadtbezirkes Dresden-Süd, 12.10.84.

18 Vgl. Stadtarchiv Dresden, 4.2.9. Gesundheits- und Sozialwesen, Nr. 116, Bl. 38.

nachtdienst bis früh morgens um sechs. wir hatten 'ne dauernachtwache, war 'ne ältere dame und die is dann dort geblieben.«[19]

Diese Nachtdiensthabenden berichteten dem Frühdienst über besondere Auffälligkeiten und reagierten auf akute Erkrankungen. Je nach persönlicher Fähigkeit spendeten sie Trost oder reagierten genervt auf laut weinende Kinder. Teilweise wurden diese in die Sanitärräume verbracht, damit die anderen Kinder nicht gestört wurden. Ein Problem der mangelhaften Nachtbetreuung war das Unfallrisiko, wenn die Kinder sich stärker bewegen konnten. Deshalb wurden diese Kinder bis zum Ende der 1960er Jahre mit Stoffbahnen oder speziellen Lederriemen in den Betten fixiert. Dies führte allerdings auch zu Todesfällen, weshalb diese Praxis danach verboten worden ist (vgl. Rosenberg, 2022).

In der Nacht waren in den Wochenkrippen weder Ärzte noch Krippenkommissionen zugegen. Diese überprüften zwar tagsüber die Schlafräume, die Einrichtung und die Personalausstattung, aber wie sich die Kinder nachts wirklich verhielten und wie sie konkret betreut wurden, das war und ist bis heute kaum bekannt. Kinder werden nicht mit der Fähigkeit geboren, die Nacht durchzuschlafen. Im Alter bis zu sechs Monaten erwachen sie in der Nacht durchschnittlich sieben- bis achtmal. Erst danach reduzieren sich die Aufwachphasen auf vier bis fünf (Heitkamp, 2008, S. 7ff.). Während solcher Aufwachphasen orientieren sich die Kinder im Raum und versuchen, sich zu regulieren. Zumeist schlafen sie ohne Probleme wieder ein. Gelingt es ihnen aber nicht, kann ein Gefühl von Angst und Panik entstehen, das für manche Kinder überwältigend ist. Dem so ausgelösten Stresserleben der Kinder sollte mit einem gezielten »Abgewöhnen« – z. B. durch konsequentes Allein- und Schreienlassen – begegnet werden. Diese Angstzustände wurden als Unart angesehen und fanden in den Wochenkrippen zunächst keine größere Beachtung.

Ab den 1970er Jahren wurde für die Nachtbetreuung zunehmend Fachpersonal eingesetzt. Angestrebt wurde, dass mindestens zwei Personen anwesend sind – unabhängig von der eigentlichen Belegungszahl. Dafür waren dann jeweils eine ausgebildete Erzieherin und eine Hilfskraft zuständig.

Zeitgenössische Forschung

Viele Kinder zeigten nach der Abgabe in der Einrichtung tagelang heftige negative Reaktionen. Nicht immer gelang es den Erzieherinnen, sie schnell zu beruhigen:

---

[19] Interview Erz-069, S. 10.

»die ersten tage half das mitunter gar nich. die haben sich auch in den schlaf geweint. auch da kann ich mich erinnern, abends. wiederum auch nich alle kinder. erstaunlich, wie die auch in den schlaf finden konnten.«[20]

Dieser Vorgang wiederholte sich Woche für Woche. Später nahmen die anfänglichen Protest- und Angstäußerungen bei den meisten Kindern ab. Die Pflegekräfte und Erzieherinnen in den Einrichtungen berichteten in Interviews immer wieder davon, dass die Kinder spätestens in der Mitte der Woche offenbar besser mit der Fremdunterbringung zurechtkamen. Dies wurde als erfolgreiche Anpassung und Ergebnis ihrer guten Arbeit verstanden. Diese Interpretation des kindlichen Verhaltens war weit verbreitet. Auch die tschechische Psychologin Eva Vančurová stellte 1961 fest, dass es bei Kindern in Wocheneinrichtungen zu »auffällig häufig negativen Gefühlsäußerungen« kam und diese in der Wochenmitte deutlich nachließen. Doch sie vertrat die Auffassung, dass das Nachlassen dieser Äußerungen keine Entspannung der Kinder bedeutete, sondern »Hemmung bzw. Abkehr«. Die allgemeinen Gefühlsäußerungen der Wochenkinder nahm sie im Gegensatz zum Durchschnitt gleichaltriger Kinder als »sehr schwach« wahr (Vančurová, 1966, zit. n. Langmeier & Matějček, 1977, S. 99). Diese fehlende Gefühlsäußerung oder auch die tatsächliche Abkoppelung von Gefühlen begleiten zahlreiche Wochenkinder lebenslang. Da auf ihre Angstzustände nur unzureichend oder teilweise sogar negativ reagiert wurde, haben manche der Kinder sie möglichst unterdrückt und frühzeitig gelernt, ihren inneren Zustand zu verbergen und nach außen das erwünschte Verhalten zu zeigen.

In der DDR gab es umfangreiche Forschungsprojekte zur Situation der Krippenkinder in unterschiedlichen Betreuungssituationen. Früh wurde dabei festgestellt, dass sich die Wochenkinder deutlich schlechter entwickelten und häufiger erkrankten als Kinder in familiärer Betreuung oder in Tageskrippen (vgl. Schmidt-Kolmer, 1959).

Die Ärztin Eva Schmidt-Kolmer hatte 1955 den »Arbeitskreis für Säuglings- und Kleinkindhygiene« der Arbeitsgemeinschaft der Sozialhygieniker der DDR und später das »Institut für Hygiene des Kindes- und Jugendalters« gegründet. Unter ihrer Leitung wurden mehrfach umfangreiche Studien zur Entwicklung der Krippenkinder in verschiedenen Betreuungsformen durchgeführt.[21] Diese Studien bestätigten Entwicklungsverzögerung der Heim- und Wochenkinder vor

---

20 Interview Erz-088, ab Minute 60.
21 Das Forschungsprojekt lief von 1953 bis 1957 mit 1.789 Kindern, davon 439 aus Wochenkrippen. Die Ergebnisse wurden 1959 veröffentlicht (vgl. Schmidt-Kolmer, 1959).

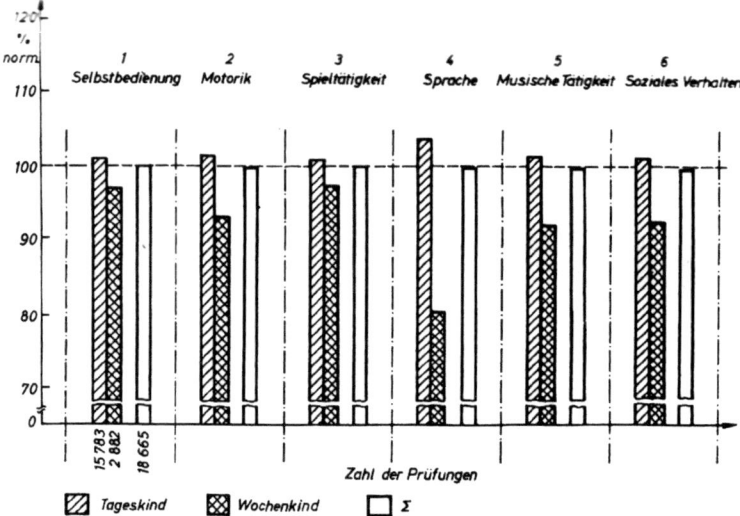

Abb. 31. Einfluß des Tages- bzw. Wochenaufenthaltes der Kinder auf ihre
Entwicklung nach Bereichen

Abb. 4: Übersicht zu den Entwicklungsrückständen der Wochenkinder aus der
Untersuchung von 1971 bis 1973 (Schmidt-Kolmer, 1977, S. 137)

allem im Bereich Sprache und Sozialverhalten. 1959 konstatierte Schmidt-Kolmer:

»Unsere Untersuchungen haben meßbar nachgewiesen, daß einwandfreie Ernährung
und Pflege von Säuglingen und Kleinkindern in Wochenkrippen und vor allem Dauerheimen allein nicht ausreicht, um eine normale körperliche und psychische Entwicklung
für den Durchschnitt der Kinder zu sichern. Das Fehlen einer beständigen emotionalen
Bindung zu einem oder einigen Erwachsenen, der Mangel an Abwechslung, ungenügende
Anleitung und Organisierung einer vielfältigen Tätigkeit der Kinder in der Auseinandersetzung mit ihrer gegenständlichen Umwelt schränken die Entwicklung der Kinder
so ein, daß die Auswirkungen objektivierbar sind« (Schmidt-Kolmer, 1959, S. 130).

Infolge solcher Untersuchungen wurden Veränderungen in der Betreuungssituation realisiert. Die anfangs tätigen Säuglingsschwestern wurden ab Mitte der
1960er Jahre durch fachlich gut ausgebildete Krippenerzieherinnen ersetzt und
angepasste Erziehungspläne entwickelt. Primär lag das Ziel darin, die Kinder
altersgerecht zu fördern und ihnen mehr Anregungen und Außenreize zu ermög-

lichen. Allerdings blieb die Problematik des Bindungsbedürfnisses von Säuglingen und Kleinstkindern weitgehend unbeachtet.

Individuelle Bewertung

Viele der durch Ute Stary und die Autorin interviewten Wochenkinder berichten von großen Schwierigkeiten in der Beziehung zu ihren Eltern. Bis in die Gegenwart hinein herrscht in einigen Familien eine tiefe Sprachlosigkeit, die bis zum Kontaktabbruch zu den Eltern führte. Beziehungsprobleme wurden aber auch in den Partnerschaften und im Verhältnis zu den eigenen Kindern geschildert. Zu den weiteren Problemen gehörten ein übersteigertes Leistungsverhalten, fehlendes Vertrauen zu anderen Menschen und Schwierigkeiten damit, Hilfe anzunehmen. Erfragt wurde auch die eigene Bewertung dieser Unterbringung. Viele Interviewpartner:innen gaben an, dass sie sich schädlich auf ihre persönliche Entwicklung ausgewirkt hatte.

A-001: »mein vater im schuldienst, meine mutter sehr engagiert für das wohl anderer kinder unterwegs, und die eigenen ... ja, sind um ihre wurzeln betrogen worden, sag ich jetzt mal so hart.«

A-004: »ich seh mich als heimkind, ich seh mich nich als wochenkrippenkind oder was, nee ich seh mich als heimkind, ja und deswegen find ich das auch unfair eigentlich, dass wir als heimkinder nich anerkannt werden, sondern nur die anderen heimkinder, und wir nich, ich seh mich definitiv als heimkind. [...] nach aussen hin hab ich immer gelogen, ich hab nie gesagt, dass ich im heim war, nie. [...] schrecklich, schrecklich, das schrecklichste was mir passieren konnte, also jetzt nich nur aus erwachsensicht, auch aus sicht einer mutter, auch aus sicht einer person, die seit zwanzig jahren mit kindern arbeitet, die erzieher und tageseltern ausbildet.«

B-004: »ich hab schon eine wut auf die leute, die damals das so wider besseren wissens ... dieses konzept wochenkrippe forciert haben, um einen sozialistischen menschen zu formen, ... aber ich weiß nicht, ich weiß nicht, was ich mit der wut mache, ... an wen soll ich mich wenden, an wen soll ich direkt gehen, ich weiß es nicht.«

Viele fragten sich, was ihre Eltern dazu bewogen hat, eine solch umfassende Fremdbetreuung für ihr Kind zu wählen. Bei allem Verständnis für die damaligen Bedingungen blieb auch oft eine tiefe Enttäuschung:

A-003: »die hat so'n berufsbegleitendes studium gemacht und trotzdem hat sie mich weggeben, das hab ich nich verstanden, ich kann's heute nich mehr verstehen ... find ich traurig, weil ich hab dann auch so überlegt ›Räuspern‹ ... sie hat meine ersten worte nich [...] gehört, sie hat meine ersten schritte nich ... mitgekriegt, ... wie ich mir die schleife binden konnte oder was weiß ich, das hat sie alles nich mitgekriegt ... und wie sie das aushalten konnte.«

Andere Wochenkinder bewerten diese Zeit eher neutral bis positiv:

A-002: »ich hab' damit überhaupt kein problem. wie gesagt, die wochenkrippe oder die ... kindereinrichtung für mich selber war wie eine zweite familie.«

B-003: »ich sag mal so, das war vielleicht die zeit, das war so üblich, [...] war ja auch nich so viel zeit, dass die zu ewig zuhause bleiben konnten mit den kindern, [...] aber ich hab keine schlechten erinnerungen dran, [...] ich empfind es auch nich als schlimm, war ebend so und gut, [...] mit vielen sachen muss man sich so arrangieren, auch heute, also insofern kein problem.«

Zu solch unterschiedlichen Bewertungen konnte unter anderem beitragen, wie die Kinder nach der Zeit in der Wochenkrippe in der Familie gestärkt wurden oder ob sie in der Einrichtung selbst besonders gefördert worden sind – beispielsweise durch eine Erzieherin, die sie als ihr Lieblingskind ausgewählt hatte.

Die Berichte lassen sich nicht verallgemeinern. Jeder Mensch hat seine individuelle Erfahrung gesammelt. Es ist nicht möglich, allgemeingültige statistische Aussagen zu treffen, weil keine Grundgesamtheit der betroffenen Personen ermittelt werden kann.

Die wochenweise Fremdunterbringung rückte erst in den letzten Jahren stärker ins öffentliche und wissenschaftliche Interesse (vgl. u. a. Israel & Kerz-Rühling, 2008; Beronneau, 2011; Wieden, 2017; Stary, 2017; Aischmann & Hengst, 2021; Rosenberg, 2022; Liebsch, 2023). Seit 2022 gibt es eine umfangreiche Studie an der Universitätsmedizin Rostock.[22]

Sich mit diesem Thema zu befassen ist emotional sehr herausfordernd. Das Thema löst häufig sofortige Abwehr aus: in erster Linie bei den früheren Erzieherinnen und den betroffenen Eltern, aber auch bei Menschen, welche die kritische Aufarbeitung der Wochenkrippen als eine weitere Diskreditierung der DDR und damit verbunden als Herabwürdigung der eigenen Lebensleistung wahrnehmen. Aber auch ehemalige Wochenkinder wehren sich dagegen, als »beschädigt« wahrgenommen zu werden. Diese Perspektiven kulminieren in der gegenwärtigen Diskussion zur Erweiterung der institutionalisierten Fremdbetreuung für Kleinstkinder inklusive einer Betreuungszeit über 24 Stunden.

---

22 https://kpm.med.uni-rostock.de/fileadmin/Kliniken/znkpm/Flyer_Wochenkrippe_aktuell.pdf

Menschen, die in einer Wochenkrippe aufgewachsen sind, beginnen gerade erst, über diese Erfahrung zu sprechen. Die innerfamiliären und gesellschaftlichen Abwehrreaktionen aber erschweren es ihnen, sich zu öffnen und stoßen sie nicht selten zurück ins Schweigen – ihre Worte drohen, wieder zu »erfrieren« (Cyrulnik, 2013).

Literatur

Aischmann, Katja & Hengst, Steffen (2021). *Die Tränen der Kinder. Wochenkrippen in der DDR.* Dokumentarfilm. Erstausstrahlung am 03.08.2021 in der ARD.

Berth, Felix (2023). *Die vergessenen Säuglingsheime – Zur Geschichte der Fürsorge in Ost- und Westdeutschland.* Gießen: Psychosozial-Verlag.

Beronneau, Antje (2011). Wochenkrippen in der DDR. Rückschau auf ein kollektives Trauma. In Serge K. D. Sulz, Alfred Walter & Florian Sedlacek (Hrsg.), *Schadet die Kinderkrippe meinem Kind? Worauf Eltern und ErzieherInnen achten und was sie tun können* (S. 15–21). München: CIP-Medien.

Boeckmann, Barbara (1993). Das Früherziehungssystem in der ehemaligen DDR. In Wolfgang Tietze & Hans-Günther Roßbach (Hrsg.), *Erfahrungsfelder in der frühen Kindheit – Bestandsaufnahme, Perspektiven* (S. 168–212). Freiburg im Breisgau: Lambertus.

Cyrulnik, Boris (2013). *Rette dich, das Leben ruft.* Berlin: Ullstein.

Grossmann, Klaus E. & Grossmann, Karin (2009). Fünfzig Jahre Bindungstheorie: Der lange Weg der Bindungsforschung zu neuem Wissen über klinische und praktische Anwendungen. In Karl-Heinz Brisch & Theodor Hellbrügge (Hrsg.), *Wege zur sicheren Bindung in Familie und Gesellschaft. Prävention, Begleitung, Beratung und Psychotherapie* (S. 12–51). Stuttgart: Klett-Cotta.

Grossmann, Klaus & Grossmann, Karin (2012). *Bindungen – das Gefüge psychischer Sicherheit.* Stuttgart: Klett-Cotta.

Heitkamp, Andreas (2008). Entwicklung des Schlafverhaltens im Säuglingsalter. Dissertation am Fachbereich Humanmedizin der Justus-Liebig-Universität Gießen. http://geb.uni-giessen.de/geb/volltexte/2008/6077/pdf/HeitkampAndreas-2008-07-10.pdf

Henningsen, Franziska (2012). *Psychoanalysen mit traumatisierten Patienten. Trennung – Krankheit – Gewalt.* Stuttgart: Klett-Cotta.

Israel, Agathe & Kerz-Rühling, Ingrid (Hrsg.). (2008). *Krippenkinder in der DDR. Frühe Kindheitserfahrungen und ihre Folgen für die Persönlichkeitsentwicklung und Gesundheit.* Frankfurt am Main: Brandes & Apsel.

Laewen, Hans-Joachim & Andres, Beate (1993). Zur Situation der Kinderkrippen in den neuen Bundesländern. Expertise für den 9. Jugendbericht der Bundesregierung im Auftrag des Deutschen Jugendinstituts München. https://www.bildungsserver.de/onlineressource.html?onlineressourcen_id=16905

Langmeier, Josef & Matějček, Zdeněk (1977). *Psychische Deprivation im Kindesalter. Kinder ohne Liebe.* München: Urban & Schwarzenberg.

Liebsch, Heike (2019). Das System der Wochenunterbringung von 0–6jährigen Kindern in der DDR unter Beachtung negativer und positiver Attribution in erzählten Biographien von Wochenkindern. Untersuchung am Fallbeispiel Dresden. Masterthesis an der Hochschule Fulda.

Liebsch, Heike (2023). *Wochenkinder in der DDR – Gesellschaftliche Hintergründe und individuelle Lebensverläufe.* Gießen: Psychosozial-Verlag.

Rosenberg, Florian von (2022). *Die beschädigte Kindheit. Das Krippensystem der DDR und seine Folgen.* München: C. H. Beck.

Schilling, Karin & Sümening, Dana (2019). Wenn die Eltern Fremde sind. Kinder in DDR-Wochenheimen. Sendung von frontal21/ZDF. Erstausstrahlung am 17.02.2019. https://www.youtube.com/watch?v =2DTaJCy8Qm8

Schmidt-Kolmer Eva & Reumann, Johanna (1956). *Die Pflege und Erziehung unserer Kinder in Krippen und Heimen.* Institut für Sozialhygiene der Karl-Marx-Universität Leipzig. Berlin: VEB Verlag Volk und Gesundheit.

Schmidt-Kolmer, Eva (1959). *Verhalten und Entwicklung des Kleinkindes. Der Einfluß verschiedenartigen sozialen Milieus auf das kindliche Verhalten und seine Bedeutung für die Hygiene des Kindesalters.* Berlin: Akademie-Verlag.

Schmidt-Kolmer, Eva (1977). *Hygiene in Kinderkollektiven. Bd. 2: Zum Einfluß von Familie und Krippe auf die Entwicklung von Kindern in der frühen Kindheit.* Berlin: VEB Verlag Volk und Gesundheit.

Stary, Ute (2017). Krippe und Kita als Wochenheim; Kinderbetreuung in der DDR – Teil 1. *Deutsche Hebammen Zeitschrift, 12/2017,* 84–87.

Stary, Ute (2018a).»Kein Herzensband«; Kinderbetreuung in der DDR – Teil 2. *Deutsche Hebammen Zeitschrift, 01/2018,* 68–72.

Stary, Ute (2018b). Wochenkrippen und Kinderwochenheime in der DDR. https://www.bpb.de/geschichte/zeitgeschichte/deutschlandarchiv/262920/wochenkrippen-und-kinderwochenheime-in-der-ddr (01.02.2019).

Stary, Ute (2020). Frühkindliche Erfahrungen in Wocheneinrichtungen. http://wochenkinder.de/forschung/ (01.06.2021).

Vančurová, E. (1966). Einige Fragen der Emotionalität und Sozialität in Zeichnungen von Vorschulkindern. *Česká Psychologia, 10,* 97–110.

Weber, Christine (1996). Erziehungsbedingungen im frühen Kindesalter in Kinderkrippen vor und nach der Wende. In Gisela Trommsdorff (Hrsg.), *Sozialisation und Entwicklung von Kindern vor und nach der Vereinigung* (S. 173–242). Wiesbaden: VS Verlag für Sozialwissenschaften (Beiträge zu den Berichten der Kommission für die Erforschung des sozialen und politischen Wandels in den neuen Bundesländern e. V. (KSPW), 4/1).

Wieden, Lotta (2017). Alltag in der DDR. Die Wochenkrippenkinder. Gesendet bei Deutschlandfunk Kultur am 22.02.2017. http://www.deutschlandfunkkultur.de/alltag-in-der-ddr-die-wochenkrippen-kinder.976.de.html?dram%3Aarticle_id=379620 (01.05.2017).

Zwiener, Karl, Zwiener-Kumpf, Elisabeth & Grosch, Christa (1994). *Kinderkrippen in der DDR – Einflüsse von Familie und Krippe auf Entwicklung und Gesundheit bei Krippenkindern – Eine Untersuchung aus 200 Kinderkrippen der DDR (1988).* München: Verlag Deutsches Jugendinstitut (Materialien zum 5. Familienbericht der Bundesregierung 1994, Band 5).

Biografische Notiz

Heike Liebsch, Dr. phil., hat Philosophie an der TU Dresden (Dipl.-Phil.) und Soziale Arbeit/Gemeindepsychiatrie (M.A.) an der Hochschule Fulda studiert. Außerdem absolvierte sie an der TU Dresden ein Zertifikatsstudium für Erwachsenenbildung und hat viele Jahre im Bereich Erwachsenen- und Berufsbildung gearbeitet. Seit 1992 forscht und publiziert sie zum Bereich Jüdische Geschichte mit dem Schwerpunkt biografischer Entwicklung und Jüdische Friedhöfe in Sachsen. 2016 legte sie einen weiteren Forschungsschwerpunkt zusätzlich auf das Themengebiet der Wochenkinder in der DDR. 2023 promovierte sie zu diesem Thema an der Universität Erfurt.

Was wussten die Fachleute über die Wochenkrippenkinder in der DDR?

Einige Bemerkungen zur Geschichte[1]

Florian von Rosenberg

In einem Radiointerview aus dem Jahr 2017 erzählt René Grünewald über das Ende seiner Zeit in der Wochenunterbringung Anfang der 1970er Jahre:

> »Ich war dreieinhalb Jahre im Wochenheim und ich kann mich an den Tag erinnern, wo mir gesagt wurde, dass ich nicht mehr ins Wochenheim muss. Das ist ein Tag, wo ich allein auf einem Berliner Hinterhof mit meinem Dreirad fahre, [...] Und schleifenartig vor mich hin rede, dass diese Frau meine Mama ist und dass ich hier wohne. Das war ein sehr unwirkliches Gefühl, weil diese Frau, die mich zur Welt gebracht hat und mich dann bei sich aufgenommen hat, für mich eine fremde Frau war« (Wieden, 2017).

Die Wochenunterbringung im Allgemeinen und die Wochenkrippen im Speziellen haben in der DDR großes Leid verursacht, sowohl bei den betroffenen Kindern als in der Regel auch bei deren Eltern (vgl. Rosenberg, 2022, S. 91ff.; Liebsch, 2023). Die über Tage andauernde Trennung der Säuglinge und Kleinkinder von ihren Eltern, also ihren engsten Bezugspersonen, war eine einschneidende Erfahrung für die Kinder, die sich wöchentlich wiederholte. Um einen Eindruck zu bekommen, wie die entsprechenden Trennungen von den Kindern wahrgenommen wurden, sind die Forschungen eines führenden Kinderarztes in der DDR – Prof. Albrecht Peiper – aus den 1950er Jahren aufschlussreich. Er schrieb: »Es ist dem Erwachsenen fast unmöglich, sich die Stärke des Gefühls

---

1 Es handelt sich bei dem vorliegenden Beitrag um eine Zusammenfassung der Ergebnisse meines Buches *Beschädigte Kindheit. Das Krippensystem der DDR und seine Folgen*. Dabei ist für die Veröffentlichung des Manuskriptes der Charakter des Vortrags nicht getilgt worden. Wer sich eingehender für die Quellen interessiert, die den Ausführungen zugrunde liegen, sei verwiesen auf Rosenberg (2022).

bei einem jungen Kinde vorzustellen, das von seiner Mutter getrennt wurde.« Die Mutter ist nach Peiper für das Kleinkind »seine ganze Welt, ohne sie ist es untröstlich« (zit. n. Hortmann, 1983, S. 13). Dabei ist zu beachten, dass Säuglinge und Kleinkinder grundlegend anders denken und fühlen als Erwachsene. Gravierend für die Wochenkrippenkinder war, dass der Säugling bzw. das Kleinkind unter drei Jahren nicht die kognitiven und emotionalen Möglichkeiten hat, um sich die Mutter und den Vater über Tage hinweg innerlich stabil zu vergegenwärtigen. Um die Drastik dieser Situation zu verdeutlichen, schrieb Peiper weiter: »Das zweijährige Kind weiß noch nichts vom Tode, aber sein Benehmen ist das gleiche, ob seine Mutter gestorben oder nur abwesend ist« (vgl. ebd.).

Bleibt man bei der Beschreibung Peipers, mussten die Wochenkrippenkinder zu jedem Wochenbeginn eine Erfahrung wiederholen, die der erfahrene DDR-Kinderarzt mit dem Tod der Mutter verglich. Über Tage, Wochen, Monate, Jahre. Trotz dieses in der DDR bei den Fachleuten verbreiteten Wissens war die Wochenkrippe in der DDR eine gängige Einrichtung für Säuglinge und Kleinkinder. Die ökonomischen und ideologischen Interessen des Staates waren für die Entscheidungsträger wichtiger als die Bedürfnisse der Kinder, obwohl die Experten in der DDR, wie Krippenforscher, Kinderärzte und Psychologen, eindringlich vor den negativen Konsequenzen der Wochenkrippe warnten.

Um dies zu zeigen, möchte ich auf die Forschungen eingehen, die ausführlich in meinem Buch *Beschädigte Kindheit. Das Krippensystem der DDR und seine Folgen* dargestellt sind (vgl. Rosenberg, 2022). Für das Buch habe ich mit meinen Mitarbeitern die Akten des für die Krippen zuständigen Ministeriums für Gesundheitswesen zwischen 1949 und 1989 eingehend untersucht, ebenso wie die veröffentlichten und unveröffentlichten Untersuchungen der DDR-Krippenforschung (vgl. hierzu auch Wiethoff, 2025; Wilkens, 2024)[2]. Anhand dieser Quellen zeigt sich, dass hier ganz anders über die Krippenbetreuung und ihre Konsequenzen für die Kinder diskutiert wurde, als dies in der Öffentlichkeit möglich war. In diesem Sinne dokumentieren unsere Forschungen, was die Experten der DDR über die Krippen wussten, aber vielfach öffentlich nicht äußern konnten. Ich möchte dies an drei Punkten festmachen: den »Anpassungsstörungen« (I), der körperlichen und der geistigen Entwicklung der Krippenkinder (II & III) sowie dem Wissen über die Nächte in den Wochenkrippen und Säuglingsdauerheimen (IV). Anders als oft äußerst unsachlich argumentierende Verteidiger

---

2   Unsere Forschungen wurden produktiv ergänzt durch die Arbeit von Heike Liebsch, die als externe Doktorandin am Lehrstuhl promovierte.

des DDR-Krippenwesens meinen (vgl. z. B. Kowalczuk, 2022), geht es bei den angeführten Beispielen nicht um Einzelfälle aus den 1950er und 1960er Jahren, sondern – bis auf die auszuführenden Fixierungen[3] – um verallgemeinerungsfähiges Wissen der DDR-Krippenforschung aus den 1950er, 1960er, 1970er und 1980er Jahren.

I »Anpassungsstörungen«

Ich zitiere nun einen kurzen Ausschnitt aus dem ersten Kapitel meines Buches (Rosenberg, 2022, S. 12ff.):

»Weil seine Mutter Helga Breuer wieder arbeiten gehen musste, wurde Peter mit acht Monaten im September 1953 in einer Wochenkrippe in Berlin-Teltow untergebracht. [...] Für seine Eltern war Peter vor der Einlieferung in die Wochenkrippe ›gesund, gut entwickelt, aß tüchtig und machte einen lebendigen Eindruck.‹ Dies hatte sich schlagartig geändert, als seine Mutter ihn drei Tage später – früher als erwartet – wieder aus der Krippe abholen musste. Peter war krank geworden und hatte in nur drei Tagen ein Kilogramm abgenommen, zudem war er äußerst wund. Frau Breuer suchte daraufhin mit ihrem Sohn die Ärztin auf, die Peter schon länger betreute, um ihn untersuchen zu lassen. [...] Die Eltern waren erschrocken über den schlechten Gesundheitszustand ihres Babys, weshalb sich die Familie bei der zuständigen Krippenaufsicht des Ministeriums für Gesundheitswesen beschwerte. Für die Eltern konnte in dieser Wochenkrippe etwas grundlegend nicht stimmen. In der Zeitung waren die Wochenkrippen immer als vorbildlich beschrieben worden. Gut geschultes Personal in penibel sauberen Räumen pflegte sorgsam die Kleinsten der Republik, die zufrieden ihren Tag verlebten, ohne dass sich die Mütter Sorgen machen mussten. Nun machte sich die Mutter aber Sorgen. Peter befand sich in einem alles andere als guten Zustand, er litt, war kraftlos und krank. Die Überprüfung der

---

3   Die Fixierung von Säuglingen und Kleinkindern ist kein Forschungsgegenstand der DDR-Krippenforschung gewesen. Die Belege, die ich im entsprechenden Kapitel anführe, beziehen sich auf das Ende der 1950er Jahre. Unterschiedliche Gesprächspartner berichteten davon, dass Fixierungen auch noch bis in die 1980er Jahre hinein vorgenommen worden sind, wohl allerdings vor allem in Wochenkrippen und Säuglingsdauerheimen und nicht in den Tageskrippen. Die Anpassungsstörungen sowie die körperlichen und geistigen Entwicklungsrückstände der Krippenkinder gegenüber den Familienkindern lassen sich anhand empirischer Studien in allen vier Jahrzehnten der DDR-Geschichte belegen.

Krippe durch die zuständige Abteilung ergab jedoch, ›dass besondere Beanstandungen nicht vorhanden waren‹. Das Kind war so wund, weil die Windeln ausgegangen und die provisorischen Windeln eben äußerst hart gewesen wären. Mittlerweile hatte die Krippe neue Windeln organisieren können, womit das Problem für die Krippenaufsicht behoben war. Der Rest war Alltag.«

Die DDR-Krippenforscher beschrieben die Aufnahme in die Krippe als »physischen und psychischen Schock« (vgl. ebd., S. 190ff.). Der Fachbegriff lautete »Anpassungsstörungen«, ein Problem, das sich durch die 40-jährige Krippengeschichte zog. Laut der DDR-Krippenforscherin Christa Grosch weinen oder schreien die neuaufgenommenen Kinder, »rufen nach der Mutter und laufen zur Tür; andere werfen sich auf den Boden, lassen sich nicht anfassen usw.« (Grosch, 1976, S. 27). Neben diesen eher lauten Kindern reagierten andere leise. Sie verhielten sich dann nach Grosch »völlig ruhig, lächeln nicht, spielen nicht, sprechen nicht, setzen sich alleine hin: Sie nehmen nicht am Leben der Kindergruppe teil« (ebd.). Sowohl die lauten als auch die leisen Proteste konnten bei den Kleinkindern zu einem »Zurückfallen auf frühere Entwicklungsstufen«, zur Regression, führen (ebd.). Grosch notierte: »Einige Kinder nässen oder koten ein, obwohl sie bereits sauber waren oder sie wenden einen Teil ihres Wortschatzes nicht an: bereits erworbene Fertigkeiten gehen zeitweise verloren« (ebd.). Die Anpassungsstörungen waren laut der DDR-Krippenforscher bereits als »tiefgreifende Störungen« zu werten, die oft eine sich in den nächsten Tagen abzeichnende Krankheit der Kinder ankündigten (Kirchner, 1984, S. 13). Nach überstandener Krankheit traten die Anpassungsprobleme häufig erneut auf: Nach längerem Krankenaufenthalt in ihrer gewohnten Umgebung, ihrem vertrauten Zuhause, kehrten die Kleinkinder in die Krippe zurück und wieder reagierten sie mit Angst, Ablehnung, Protest, emotionalen Ausbrüchen und Krankheit (Kirchner, 2013). Die DDR-Krippenforschung erwies, dass sich die Krippenbetreuung jedoch nicht nur in den ersten Wochen und Monaten negativ auf die Kinder auswirkte.

II   Die körperliche Entwicklung der Krippenkinder

Die DDR-Krippenforschung zeigte deutlich, dass im Durchschnitt die körperliche Entwicklung der Kinder umso schlechter verlief, je länger sie Zeit in der Krippe verbringen mussten. Entsprechend entwickelten sich die ausschließlich in der Familie betreuten Kinder im Durchschnitt besser als die

Tageskrippenkinder, die Tageskrippenkinder entwickelten sich besser als die Wochenkrippenkinder und die Wochenkrippenkinder entwickelten sich besser als die Kinder aus den Säuglingsdauerheimen (z. B. Rosenberg, 2022, S. 109ff.). Dies galt sowohl für die physische als auch für die psychische Entwicklung. Deutlich wurde dies beispielsweise daran, dass die Krippenkinder im Durchschnitt kleiner und leichter als die Familienkinder waren. Dies lag vor allem an der Krankheitshäufigkeit und Krankheitsdauer, die sich negativ auf die körperliche Entwicklung auswirken konnte. Während beispielsweise in der Familie 30 von 100 Kindern im ersten Lebensjahr krank wurden, wurden in der Krippe drei Mal so viele Kinder – also 90 von 100 Kindern im ersten Lebensjahr krank. Während die 30 Kinder in der Familie in der Regel selten (ein- bis zweimal im Jahr) krank wurden, wurden die Wochenkrippenkinder zu 66 Prozent, also zu zwei Dritteln häufig bis sehr häufig krank. Dies bedeutete, dass sie drei- bis fünfmal oder sogar sechs- bis achtmal und häufiger krank wurden (vgl. Rosenberg, 2022, S. 42ff.).

Der Grund für die unterschiedlichen Krankenzahlen war einfach: Je mehr Kinder in einem Raum betreut werden, desto höher ist das Infektionsrisiko (Ihrke, 1964, S. 64). Das war auch der Grund dafür, dass in den 1970er Jahren die Krankheiten gegenüber den 1950er und 1960er Jahren kontinuierlich anstiegen. Es wurden immer mehr Kinder auf immer weniger Raum gleichzeitig versorgt (vgl. Rosenberg, 2022, S. 156). Die genannten Probleme der physischen Entwicklungsdefizite zeigten sich durchgängig durch die 40-jährige Krippengeschichte der DDR. Es handelte sich also um ein strukturelles Problem. Entsprechend führten die DDR-Krippenforscherinnen Gerda Niebsch und Christa Grosch nach über 25 Jahren Krankheitsforschung in den Krippen Ende der 1980er Jahre aus: »Das Krankheitsgeschehen in den Kinderkrippen ist dadurch gekennzeichnet, daß [...] in einer Kindergruppe die Ansteckungsmöglichkeiten weitaus höher sind als in der Familie« (Niebsch & Grosch, 1989, S. 383). Ein großes Problem der Kinder in den Wochenkrippen und Säuglingsdauerheimen war dabei die Otitis Media, die chronische Mittelohrentzündung. Sie trat bei diesen Kindern besonders häufig auf. Wenn sie nicht richtig diagnostiziert und behandelt wurde, konnte sie zu größten Einschränkungen und sogar zum Verlust der Hörkraft führen. Das Phänomen trat so oft auf, dass Kinderärzte in den 1960er Jahren sogar vermuteten, die Sprachdefizite der Wochenkrippenkinder und der Kinder aus den Säuglingsdauerheimen könnten mit den häufig auftretenden chronischen Ohrenentzündungen zusammenhängen (vgl. Berndt et al., 1967, S. 968). Jedoch war nicht nur die körperliche Entwicklung der Krippenkinder beeinträchtigt.

III Die psychische Entwicklung der Krippenkinder

Warum war die psychische Entwicklung der Krippenkinder im Durchschnitt umso schlechter, je länger die Kinder Zeit in der Krippe verbringen mussten? Auch hier handelt es sich um ein strukturelles Problem des DDR-Krippensystems, das vor allem in den 1970er und 1980er Jahren unter dem Stichwort der »geteilten Aufmerksamkeit« verhandelt wurde. Ich möchte hierzu eine entsprechende Passage aus meinem Buch zitieren, in der es um den ostdeutschen Entwicklungspsychologen Hans-Dieter Schmidt und sein Buch *Entwicklungswunder Mensch* geht (Rosenberg, 2022, S. 213ff.).

»Schmidt beschreibt, wie die Entwicklung eines Kleinkindes von dem Maß der Aufmerksamkeit abhängt, welches ihm zuteil wird: Die geistige Entwicklung der Krippenkinder verlief langsamer als in der Familie, weil die Erzieherin ihre Aufmerksamkeit und Zuwendung nicht auf ein oder zwei, sondern viele Kinder gleichzeitig verteilen musste, mit entsprechenden Konsequenzen. Die Möglichkeiten der Zuwendung reduzierten sich, wenn die Bezugsperson nicht ein Kind, sondern fünf bis zehn Kinder waschen, wickeln, anziehen und füttern musste; wenn man nicht einem Kind kontinuierlich allein Aufmerksamkeit schenken konnte, sondern die Aufmerksamkeit stets auf eine größere Gruppe von Kindern gerichtet war. Bei den vielfältigen Aufgaben, die die Erzieherinnen über den Tag mit einer Vielzahl von Kindern zu erledigen hatten, blieb in der Regel wenig Zeit für ungeteilte Aufmerksamkeit und individuelle Zuwendung.

Das Kind begegnete der Erzieherin immer als Teil einer Gruppe, eine Begegnung der geteilten Aufmerksamkeit. Die so durch die Kollektiverziehung entstandenen Defizite bei den Krippenkindern machte Schmidt vor allem an der Entwicklung der Sprache und den damit zusammenhängenden geistigen Fähigkeiten fest. In dem entsprechenden Kapitel sind auf einer Doppelseite jeweils ganzseitig zwei Szenen bildlich nebeneinander dargestellt, die das Problem der geteilten Aufmerksamkeit illustrieren.

In der einen Szene wechselt eine Erzieherin gerade einem Kleinkind die Windel, währenddessen neun andere Kleinkinder im Raum verteilt auf Stühlen und in Laufgittern im Raum anwesend sind. Das direkt daneben abgedruckte Foto zeigt einen Vater, der sich allein mit seinem Sohn ein Bilderbuch anschaut und ihm hierzu etwas erklärt. Es ist offensichtlich, wie sich vor dem Hintergrund geteilter und ungeteilter Aufmerksamkeit die Möglichkeiten der Sprachförderung und damit zusammenhängend der geistigen Entwicklung in beiden Szenen grundlegend unterscheiden.«

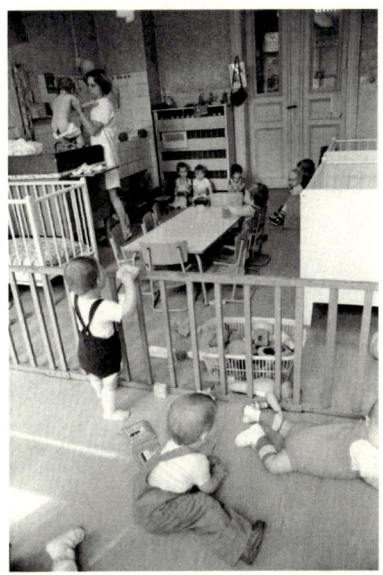

Abb. 1: Erzieherin mit Krippenkindern, Kinderkrippe Leipzig 1976 (Foto: Margit Emmrich)

Abb. 2: Martin und Peter Richter, Dresden 1976 (Foto: Evelyn Richter [1930–2021], Archiv der Ostdeutschen Sparkassenstiftung im Museum der bildenden Künste Leipzig)

Der Kindheitspsychologe Karl Zwiener untersuchte die Zuwendungszeiten Anfang der 1970er Jahre in einer personell gut ausgestatteten Krippe. Bei einer Betreuungszeit von acht bis zehn Stunden, bekamen die Kinder im Alter bis zu sechs Monaten hier täglich im Durchschnitt 19,5 Minuten direkte Zuwendung. Ein Wert, der den Krippenforscher alarmierte. Die zwei- bis dreijährigen Kinder bekamen im Durchschnitt 46 Minuten direkte Zuwendung. Resigniert hielt Zwiener fest, dass »[d]as Erleben unserer Kleinsten [...] weniger durch emotionalen Kontakt der Pflegerinnen« gekennzeichnet sei, sondern vielmehr durch pflegerische Handlungen bestimmt wäre (Zwiener, 1970, S. 50). Die psychische Entwicklung der Säuglinge und Kleinkinder litt unter der eingeschränkten Aufmerksamkeit. Die Zuwendungsmöglichkeiten von Mutter und Vater konnten nicht ersetzt werden. Auch deshalb empfahlen die Krippenforscher der DDR nachdrücklich ab den 1950er Jahren immer wieder, die Wochenkrippen nur im Notfall zu nutzen (vgl. Rosenberg, 2022, S. 125). Der Staat entschied sich jedoch anders und baute die Institution vor allem in den 1950er und 1960er Jahren als eine gängige Alternative aus. Im Unterschied zu den Tageskrippenkindern mussten die Wochenkrippenkinder einen Großteil der Woche, auch die Nächte, in der Krippe verbringen.

IV   Wissen über die Nächte in den Wochenkrippen

Mit welchen teilweise verheerenden Konsequenzen die Aufrechterhaltung der Wochenkrippe einherging, möchte ich darstellen, indem ich Auszüge aus einem Kapitel meines Buches[4] zitiere, das den Titel »Der Lederriemen« trägt (ebd., S. 75ff.):

»Über den Alltag in der Betriebskrippe des Ministeriums für Staatssicherheit [Am Kirchtor 8a in Halle, Anm. d. Verf.] gegenüber der Haftanstalt des Roten Ochsen erfahren wir aufgrund eines Todesfalles: In den frühen Morgenstunden des 11. November 1959 verstarb das Krippenkind Michael Neumann allein in seinem Bett. Sein erster Geburtstag lag gerade erst zwei Monate zurück. Niemand bemerkte, wie der kleine Körper mitten in der Nacht mit dem Tod kämpfte, wie ihm der Atem ausging, wie sein Herz zu schlagen aufhörte, wie die Totenstarre einsetzte und sich Leichenflecken bildeten. Um ihn herum lagen andere Krippenkinder, vermutlich schlafend,

---

4   Das Kapitel beruht auf einer Auswertung der Unterlagen des Ministeriums für Gesundheitswesen bezüglich dieses Vorfalls (BArch, DQ 1/20609).

vielleicht wach, unter Umständen schreiend. Die 31 Krippenkinder wurden von einer >Nachtwache< beaufsichtigt, einer älteren Dame, die als ungelernte Kraft immer wieder nachts in der Wochenkrippe des MfS arbeitete.

Da Michael an einem Mittwoch in der Wochenkrippe starb, ist davon auszugehen, dass das Kind seine Pflegemutter[5] an den beiden Tagen vor seinem Tod nicht mehr gesehen hatte. Die Pflegemutter des Kindes arbeitete bei der Polizei und half möglicherweise bei der Bewachung der Frauen, die zu diesem Zeitpunkt im Roten Ochsen inhaftiert waren. Während über den Verlauf des Montags in den Akten nichts berichtet wird, lässt sich der Tag des Wochenkrippenkindes Michael vor seinem Tod zumindest teilweise rekonstruieren. Michael hatte sich im sogenannten >Spielzimmer< aufgehalten, in dem eine Reihe von Betten sowie ein Schrank mit Bettwäsche stand, für den aber beim Personal kein Schlüssel vorhanden war. Die nach dem Tod des Krippenkindes eingeleitete Inspektion der Krippe durch das Ministerium für Gesundheitswesen ergab, dass für die Kinder bis zu eineinhalb Jahren im Spielzimmer, wie auch in der übrigen Krippe, überhaupt kein Spielzeug vorhanden war. [...] Zwar wurde in einem Abstellraum noch verpacktes, neuwertiges Spielzeug gelagert. Ob dies aber tatsächlich, wie angegeben, für das Weihnachtsfest der Krippenkinder bestimmt war, kann zumindest bezweifelt werden. Michael verbrachte also den Tag vor seinem Tod in einem Zimmer ohne Spielzeug in seinem Bett, umgeben von anderen Krippenkindern seines Alters. Dem Bericht der Krippenleiterin ist zu entnehmen, dass Michael >ein kräftiges Kind< war, das den Tag vor seinem Tod teilweise an sein Bett angebunden verbringen musste. Für die Fixierung im Bett wurde im Bericht folgender Grund angeführt: >Am Tage wurde das Kind angebunden, weil es schon aus dem Bett gefallen und auch rausgeklettert war. Das Kind war schon als Säugling außergewöhnlich lebhaft.< Seine Lebhaftigkeit wurde Michael Neumann in der Wochenkrippe zum Verhängnis. Nachdem er sich durch einen Sturz aus dem Bett wahrscheinlich Schmerzen zugezogen hatte, lag er angegurtet ohne Beschäftigungsmittel im Bett. Mit vierzehn Monaten blieb Michael in dieser Situation vermutlich nur eine Bandbreite von Ausdrücken zwischen anhaltendem Schreien und resigniertem Starren an die Decke. Um 18.00 Uhr bekam Michael laut Bericht sein letztes Abendbrot, er wurde gewaschen und kam dann wieder ins Bett – nun allerdings in den Schlafsaal. [...] Der Spätdienst wurde darauf hingewiesen, dass auf Michael besonders zu achten sei, weil er klettere. Um 20.00 Uhr begann der Dienst der Nachtwache. Wegen Personalmangels in den Krippen war es in der DDR zu diesem Zeitpunkt gängig, nicht nur bei Nachtwachen auf ungelernte Kräfte zurückzugreifen. Die Nachtwache war, wie

---

5   Michael Neumann wurde adoptiert, Informationen zu seiner leiblichen Mutter ließen sich
    in der Akte nicht finden.

üblich, in dieser Nacht allein für die 31 Krippenkinder verantwortlich. Um zwei Uhr nachts wurden die ›kleinen Krabbler‹, und so auch Michael, von ihr noch einmal ›trockengelegt‹. Danach wurde Michael wieder [...] angebunden: ›Als sie das Kind trockengelegt hatte, machte sie ihn am Anbindegürtel fest und zwar nur auf einer Seite, weil sie dem Kind etwas Bewegungsfreiheit lassen wollte.‹ In einem Bericht des Ministeriums für Gesundheitswesen wurde nach einem Gespräch mit der Frau über ihr Motiv, Michael nur halb und nicht ganz anzubinden, notiert: ›Frau S. hat dem Kind aus mütterlichem Gefühl etwas Bewegungsfreiheit geben wollen‹.

Im Bericht führte die Krippenleiterin aus:

›Bei dem Rundgang gegen 3 Uhr soll das Kind wohl auf dem Bauch geschlafen haben. Die Nachtwache nahm an es schlief und wollte es nicht aus dem Schlaf nehmen, ließ es also so liegen. Dann töpfte sie die großen Krabbler, legte anschließend die Säuglinge trocken und gibt ihnen die Flasche. Zwischen ½ 6 und 6 Uhr geht sie durch alle Zimmer. Das Kind [...] lag da wohl schon so, wie es später vorgefunden wurde. Die Nachtwache dachte es schläft und ließ es so liegen. Hätte sie es eher umgedreht, so hätte sie sicher gemerkt, daß das Kind tot war.

Um 6 Uhr löste die Kollegin [...] die Nachtwache ab. Frau S. berichtete, daß nichts Besonderes sei. [...] Ungefähr 20 Minuten nach 7 Uhr betrat [...] [die Schwester] ihr Zimmer der kleinen Krabbler. Sie machte Licht. Da stehen immer Kinder auf im Bett, um guten Morgen zu sagen. Der kleine [...] stand nicht auf. [...] [Die Schwester] wunderte sich und lief zum Bett und wollte ihn wecken. Sie faßte ihn an und erschrickt furchtbar, denn das Kind war eiskalt und hatte schon Leichenflecken an den Beinen. Es hatte sich zur Seite gedreht und lag mit dem Hals auf dem kurzen Riemen des Gürtels.‹

Der institutionelle Schutz vor der eigenen Lebendigkeit – ein ›stabiler Lederriemen‹ – wurde aus einem ›mütterlichen Gefühl‹ heraus nur halbseitig befestigt. Der Lederriemen kostete Michael Neumann das Leben. Das Kind erstickte, als sich der Lederriemen nach einer Drehung um seinen Hals legte, ihm die Luft zum Atmen nahm und er den Riemen selbst nicht mehr lösen konnte. Im Sektionsbericht des Instituts für gerichtliche Medizin wurde als Todesursache ›Atypisches Erhängen‹ genannt.

Die Abteilung Gesundheitswesen des Rats des Stadtkreises Halle (Saale) ordnete fünf Tage nach Michael Neumanns Tod an: ›In sämtlichen Einrichtungen, die zu unserer Verwaltung gehören, ist das Anbinden der Kinder *so weit wie möglich* untersagt.‹ [Hervorhebung FvR]

Die Formulierung ›so weit wie möglich‹ deutet darauf hin, dass unter Umständen Kinder angebunden werden mussten und dass auf das Anbinden nur verzichtet werden konnte, wenn es möglich war. Die in der Akte gesammelten Schreiben unterschiedlicher Einrichtungen verdeutlichen jedoch, dass es in Halle (Saale) zu diesem Zeitpunkt nicht in allen Krippen möglich war, auf die Ledergurte zu verzichten.«

Schon ab dem nächsten Tag gingen mehrere Schreiben ein, welche die nächtlichen Zustände in den Krippen verdeutlichen – zitiert sei an dieser Stelle das Schreiben der Oberschwester eines Säuglingsheims vom 17. November 1959 (ebd., S. 82f.):

> »›Im Säuglingsheim Adelheidsruh sind 140 Kinder in 28 verschiedenen Zimmern zum Schlafen untergebracht. [...] Die 50 großen Kinder, [von 1 ½ bis 4 Jahren] die in Betten mit einer Höhe von 1,05 m liegen, werden von *einer* Nachtwache betreut. Unter diesen Umständen ist dringend erforderlich, daß die Kinder mit Bettgürteln versehen werden, um sie vor einem Unfall zu behüten.‹ [Hervorhebung im Original]
>
> Im Auftrag des zuständigen Ministeriums für Gesundheitswesen begutachtete daraufhin eine Ärztin in der folgenden Woche alle in den hallischen Krippen verwendeten Ledergurte, um dann anzuordnen, dass nur noch ein bestimmter Riemen zur Fixierung der Säuglinge und Kleinkinder genutzt werden sollte. Die hallischen Krippen hatten zwei Wochen nach dem Tod Michael Neumanns durch ›Atypisches Erhängen‹ mit einem neu verordneten Lederriemen ein einheitlich-pragmatisches Vorgehen zur weiteren alltäglichen Fixierung von Säuglingen und Kleinkindern bei Tag und Nacht gefunden.
>
> Auch die Betriebskrippe des MfS am Kirchtor 8a gegenüber der Haftanstalt ›Roter Ochse‹ bekam zeitnah die entsprechenden Ledergurte geliefert. Der Alltag in den DDR-Krippen ging seinen Gang. Es ist davon auszugehen, dass die unzureichende materielle Ausstattung der Krippen – beispielsweise das Fehlen von entsprechenden Betten – und der Mangel an Personal dazu geführt haben, dass weiterhin Krippenkinder am Tag und in der Nacht mit Lederriemen fixiert wurden.«

V Schlussfolgerungen

Fasst man die Forschungsergebnisse über die »Anpassungsstörungen«, die körperliche und geistige Entwicklung der Krippenkinder und die institutionelle Betreuung über die Nacht hinweg zusammen, stellten die Wochenkrippen für die untergebrachten Kinder eine unsägliche Betreuungsinstitution dar und zwar über die gesamte Geschichte der DDR hinweg. Die zuständigen Krippenforscher wiesen schon ab den 1950er Jahren auf die großen physischen und psychischen Entwicklungsrisiken der Wochenkrippenbetreuung hin und empfahlen daher, die Wochenkrippen nur in absoluten Notfällen zu nutzen und den Ausbau rückgängig zu machen. Entsprechende Empfehlungen und Warnungen wurden ignoriert. Nicht an den Bedürfnissen der Kinder, sondern am Bedarf an notwendigen Arbeitskräften wurde die Planung der Wochenkrippe ausgerichtet. Die skizzierten negativen Konsequenzen, sowohl was die körperliche, als auch was die geistige Entwicklung der Kinder anging, wurden billigend in Kauf genommen. Der Staat wusste, dass die Wochenkrippe potenziell für Tausende von Säuglingen und Kleinkinder mit erheblichen psychischen und physischen Schädigungen einherging und unternahm trotzdem nichts. Vielmehr wurde die Öffentlichkeit bewusst getäuscht, vor allem in den 1950er und 1960er Jahren, indem man die Wochenkrippen als vorbildlich geführte Institution in den Medien darstellte, in die die Eltern ihre Kinder ohne Sorgen abgeben könnten. Intern wusste man es besser. Aber wie beispielsweise Hilde Benjamin in einer entsprechenden Auseinandersetzung in den 1960er Jahren festhielt, sollten die Eltern beim Aufbau des Sozialismus nicht ständig auf die Uhr schauen müssen, weshalb sie sich explizit für den Ausbau der Wochenkrippen einsetzte (Rosenberg, 2022, S. 130). Viele Mütter, die meinten, für ihre Kinder keine Alternative finden zu können, bereuten ihre Entscheidung im Nachhinein, wenn sie bemerkten, dass nicht nur ihren Kindern, sondern auch ihnen selbst etwas verloren gegangen war. Stellvertretend sei hierfür ein bemerkenswerter Leserbrief von Alice Keller aus dem Jahr 1959 zitiert:

»Seit mehreren Jahren lese ich die Zeitschrift ›Elternhaus und Schule‹ mit großem Interesse. Heute möchte ich Ihnen zu dem Artikel ›Bin ich eine schlechte Mutter?‹ von Iris Goldstein in Heft 10/58 etwas schreiben. Leider erlebte ich nie dieses Glück ›in den vier Wänden‹ mit dem ersten Kind. Ich musste mein Kind gleich nach sechs Wochen in ein Wochenheim geben, damit ich mein Studium beenden konnte. Teils wohnungs-, teils arbeitsmäßig bedingt, konnte ich mein Kind drei Jahre lang immer noch nicht nach Hause nehmen. In der Zwischenzeit wurde ich geschieden, und der Junge ist nun fünfeinhalb Jahre alt. Er kommt im nächsten Jahr in die Schule. In meinem jährlichen Urlaub lernte ich mein Kind immer ein bisschen besser kennen. So stellte ich in diesem Jahr zum Beispiel fest, dass er schlecht und ungepflegt spricht, dass er sehr nervös und laut ist und dass er einen Hang zum Schwindeln hat. Mir blieb das verborgen, weil ich das Kind jahrelang nur übers Wochenende zu Hause hatte.

Obwohl ich an der Erziehung im Wochenheim beim besten Willen nichts auszusetzen hatte, nahm ich in diesem Sommer das Kind aus dem Heim heraus. Er geht jetzt seit einigen Monaten in den Kindergarten und kommt folglich täglich [um] 17 Uhr nach Hause. Dann beschäftige ich mich mit ihm eine Stunde, wir essen zusammen und ich bringe ihn ins Bett. Jetzt lerne ich ihn erst richtig kennen und versuche, ihn zu lenken und zu erziehen. Ich habe Schwierigkeiten dabei, vieles gelingt mir nicht. Ich muss sagen, dass ich darüber sehr, sehr traurig und manchmal verzweifelt bin, denn auch ich liebe mein Kind natürlich sehr und möchte aus ihm einen tüchtigen, klugen Menschen machen.

Um zum Kern der Sache zu kommen: Ich halte es für unbedingt richtig, dass man als Frau auch einen Beruf hat und ihn gut ausübt. Aber das darf nie so weit gehen, dass man dafür sein Kind weggeben muss. Ich habe das sehr bereut und würde es auf keinen Fall wieder tun« (Keller, 1959, S. 9).

Die Krippenerzieherinnen versuchten unter schwierigsten Arbeitsbedingungen und oft durch hohen persönlichen Einsatz, den verlassenen Kindern die Eltern zu ersetzen. An dieser Aufgabe mussten sie scheitern, zumal sie sich in ihren Schichten nicht mit ein oder zwei Kindern intensiv beschäftigten konnten, sondern eine Vielzahl von Kindern zu betreuen hatten. Die mit der Thematik befassten Krippenforscher, Psychologen und Kinderärzte der DDR sahen die Probleme und versuchten vielfach, die Situation der Wochenkrippenkinder zu verbessern und die Zahl der Wochenkrippenplätze zu reduzieren. Leider wurden diese Versuche blockiert, weil Entscheidungsträger, wider besseres Wissen, die Beziehung zwischen den Kleinsten der Republik und ihren Eltern opferten, weil sie meinten, damit dem Aufbau des Sozialismus dienen zu können. Was den Kindern und Eltern damit verloren ging, ist unwiederbringlich und durch nichts zu entschädigen.

Literatur

Berndt, H., Kressin, J. & Schröder, H.-J. (1967). Vergleich der Erkrankungshäufigkeit an chronischer Otitis media und Nasenracheninfekten bei Kindern im elterlichen Haushalt, in Tageskrippen und in Wochen- oder Dauerheimen. *Zeitschrift für ärztliche Fortbildung, 61*(19), 968–970.

Bundesarchiv, Bestand DQ 1 (Ministerium für Gesundheitswesen): 3585, 20609.

Grosch, C. (1976). Probleme bei der Anpassung von Säuglingen und Kleinkindern an die Krippe. *Die Heilberufe, 28*(1), 27–28.

Hortmann, K. (1983).»Nun bin ich allein!«. *Elternhaus und Schule, 32*(1), 12–13.

Ihrke, A. (1964). *Längsschnittuntersuchungen an Säuglingen über das Gewichts- und Längenwachstum unter Betrachtung der Morbidität und des sozialen Milieus.* Unv. Diss., Martin-Luther-Universität Halle-Wittenberg.

Keller, A. (1959). Berufstätig und Kinder erziehen? *Elternhaus und Schule, 8*(4), 9.

Kirchner, D. (1984). *Untersuchungen zur Adaptionsphase unserer Krippenkinder.* Unv. Diss., Med. Akademie Dresden.

Kirchner, D. (2013). Schreiben an DLF Köln, Betr.: Lebenszeit DLF am 11.1.2013, 8.11.2013, im Privatbesitz.

Kowalczuk, I.-S. (2022). Verletzt, gedemütigt, unwürdig behandelt? DDR-Krippen im Zwielicht. *Sächsische Zeitung*. 09.10.2022. https://www.saechsische.de/ddr/verletzt-gedemuetigt-unwuerdig-behandelt-ddr-krippen-im-zweilicht-5767152.html

Liebsch, H. (2023). *Wochenkinder in der DDR. Gesellschaftliche Hintergründe und individuelle Lebensverläufe*. Psychosozial-Verlag.

Niebsch, G. & Grosch, C. (1989). Zum Gesundheitszustand der Krippenkinder. *Heilberufe, 41*(10), 383–385.

Rosenberg, F. v. (2022). *Die beschädigte Kindheit. Das Krippensystem der DDR und seine Folgen*. C. H. Beck.

Wieden, L. (2017). Alltag in der DDR. Die Wochenkrippen-Kinder. *Deutschlandfunk*, 22.02.2017. https://www.deutschlandfunkkultur.de/alltag-in-der-ddr-die-wochenkrippen-kinder-100.html

Wiethoff, C. (2025). *Der Krippenausbau in der DDR 1950–1968. Historische Analysen zwischen Politik, Wissenschaft und Pädagogik*. De Gruyter Oldenbourg [in Vorbereitung].

Wilkens, M. (2024). *Die Entwicklung des DDR-Krippenwesens in den 1970er Jahren. Kinderbetreuung im Spannungsverhältnis zwischen Kapazitätserweiterung und kindlichen Bedürfnissen*. Verlag Dr. Kovač. .

Zwiener, K. (1970) *Zur Analyse der pflege-erzieherischen Arbeit in den Krippen. Verteilung, Intensität und Qualität der Arbeit der Krippenerzieherinnen*. VEB Schleizer Großbuchbinderei, Betriebsteil Weida.

Biografische Notiz

Florian von Rosenberg, Prof. Dr., arbeitet seit 2013 als Professor für Allgemeine Erziehungswissenschaft an der Universität Erfurt. Er promovierte 2010 und habilitierte 2013 im Fachgebiet Erziehungswissenschaft an der Helmut-Schmidt-Universität Hamburg. Von 2012 bis 2013 übernahm er die Vertretung der W3-Professur Allgemeine Erziehungswissenschaft mit dem Schwerpunkt Bildungstheorie und Bildungsphilosophie an der Bundeswehruniversität München. Er forscht und publiziert u. a. zu Themen der Bildungsgeschichte, u. a. auch zum Krippensystem der DDR, aber auch zu gegenwartsbezogenen Themen wie Antisemitismus in pädagogischen Einrichtungen.

Kindheit und Jugend in Einrichtungen der Jugendhilfe der DDR

Die biografischen Folgen

Karsten Laudien

Die biografischen Folgen des Heimaufenthaltes von Kindern und Jugendlichen nehmen einen großen Teil der öffentlichen Aufmerksamkeit ein. Es sind vor allem die ehemaligen Heimkinder selbst, die in einer ganzen Reihe von Erfahrungsberichten immer wieder darauf hingewiesen haben, wie intensiv sie von dem Leben in den Jugendhilfeeinrichtungen geprägt worden sind und wie die lang zurückliegenden Erlebnisse ihre jeweilige Gegenwart stark beeinflussen. Dies ist auch der Grund dafür, dass der Fonds Heimerziehung 2010 vom Deutschen Bundestag mit finanziellen Mitteln ausgestattet wurde. Diese Mittel sollten helfen, die zum Teil bis heute andauernden persönlichen »Folgeschäden« bei den Betroffenen zu mindern. Der Fonds war so angelegt, dass niemand beweisen musste, dass seine gegenwärtigen Probleme ihre Ursache im Heimaufenthalt haben. Es sollte ausreichen, nachweisen zu können, dass man einen Teil seiner Kindheit und Jugend in einem Kinderheim verbringen musste und dass man plausibel machen konnte, dass die dortigen Erlebnisse sich schwerwiegend negativ auf die eigene Biografie auswirken.

Ich möchte in meinem Beitrag darauf hinweisen, dass die Folgen des Heimaufenthaltes nicht monokausal auf bestimmte Widrigkeiten in den Einrichtungen zurückgeführt werden können. In drei Teilen lege ich dar, dass erstens die Probleme für die meisten ehemaligen Heimkinder nicht erst im Heim begannen (Familiensituation), zweitens schildere ich die Einflussfaktoren des Heimaufenthaltes (»totale Institution«) und drittens werfe ich einen Blick auf die anschließenden biografischen Etappen (Stigmatisierung). Voranstellen möchte ich einige allgemeine Anmerkungen.

Vorbemerkungen

Erstens. Ohne einen wissenschaftlichen Beleg ging der Heimfonds davon aus, dass der Heimaufenthalt maßgeblich verantwortlich ist für »massive Einschränkungen der Lebenschancen und Entwicklungspotenziale«, die in der Selbstauffassung der ehemaligen Heimkinder bestehen. Es erschien plausibel, dass sich dies so verhält. Aber auch die psychologischen Arbeiten, die bisher zu diesem Thema verfasst wurden, boten keine tatsächliche wissenschaftliche Grundlage für eine solch inhaltsstarke Relation. Sie beschränkten sich zumeist darauf, die Betroffenen zu ihren Erinnerungen zu befragen. Sie überließen es auch den Betroffenen und legten es ihnen dadurch nahe, die gegenwärtig erlebten Negativerfahrungen als im Heimaufenthalt begründet zu sehen. Diese Annahme ist verständlich, aber es ist nicht das, was man von der Wissenschaft erwarten darf.

Dass die Folgen bisher nicht wissenschaftlich untersucht worden sind, ergibt sich daraus, dass es keine Vergleichsstudie gegeben hat. Eine Vergleichsstudie würde etwa Kinder, die nicht im Heim lebten, mit Kindern, die im Heim lebten und die ansonsten vergleichbare Voraussetzungen und Sozialisationsparameter aufweisen (Alter, soziale Situation, familiäre Situation etc.), ins Verhältnis setzen, sodass man anhand möglicherweise sich ergebender Unterschiede biografischer Faktoren und gegenwärtiger Situationen zu Aussagen gelangen könnte. Es müsste sich natürlich um eine Langzeitstudie handeln und sie müsste methodisch ausschließen, dass die Narrative der Betroffenen in die Analyse einfließen. Denn die Methode, durch Interviews mit Betroffenen Aussagen über reale Ereignisse und deren Bewertung zu erhalten, ist nicht nur manipulativ und irrtumsanfällig, sondern verstellt auch die Möglichkeit zur Aufarbeitung individueller Schicksale. Die Sprache der jeweiligen individuellen Erlebnisse ist die wertende Sprache der Aufarbeitungsgesellschaft.

Zweitens. Es haben sich ca. 30.000 Kinder aus der DDR an den Fonds gewandt. Ihre Erlebnisse sind gut vergleichbar und eindrücklich. Häufig sind die Berichte sehr bildhaft und daher unmittelbar verständlich. Um einen kurzen Eindruck zu vermitteln, möchte ich ein Beispiel (Angst) nennen und die sozialen Probleme der Betroffenen kurz ansprechen.

Viele Heimkinder sagen, dass sie bis heute Angst vor Schlüsselbunden hätten – weil damit nach ihnen geworfen wurde. Dem entspricht auch, dass viele sich noch heute nicht in geschlossenen Räumen aufhalten können – weil sie im Heim oft eingeschlossen wurden.

Diese psychologische Dimension ist häufig von sozialen Problemen begleitet. Es gab in der DDR zwar eine Schulpflicht und auch das Recht auf Schulabschluss und Berufsausbildung. Aber die Realität der Jugendhilfeeinrichtungen der DDR hat dieses Recht ausgehöhlt. Viele Heimkinder mussten damit zurechtkommen, dass ihre Schulausbildung nicht ausreichend gefördert wurde und dass die Möglichkeiten, einen Beruf zu erlernen, der zu einem ökonomisch zufriedenstellenden Auskommen führte, nicht groß war. Viele haben nie einen Beruf erlernen können.

Insgesamt geht man von ca. 800.000 Betroffenen aus. Die meisten von denen, die sich beim Heimfonds gemeldet haben, berichteten von Spezialheimen (zu denen auch die Jugendwerkhöfe gehörten). Diese Spezialheime machten ca. 20% der DDR-Kinderheime aus, die anderen ca. 80% der Einrichtungen waren sogenannte Normalheime. Betroffene aus diesen Einrichtungen haben sich nur vereinzelt gemeldet. Das bedeutet, dass die Berichte der Betroffenen nur ein Segment der DDR-Jugendhilfe beschreiben: Sie stammen aus dem Kontext der Umerziehung.

Drittens. Dazu muss man wissen, dass das Heimsystem der DDR alle Kinder in zwei Gruppen teilte: »normale« und »schwererziehbare« Kinder. Anhand dieser Einteilung ist das Einrichtungsangebot entworfen worden: Normalheime und Spezialheime.

Die Normalheime waren für Kinder gedacht, die als »normal« betrachtet wurden. Dazu zählten Kinder, deren Eltern – aus welchen Gründen auch immer – keine günstigen Bedingungen für die Erziehung der Kinder gewähren konnten (z. B. weil sie tot waren). Für diese Kinder schuf der »Staat« günstigere Erziehungsbedingungen in den Normalheimen. Zur zweiten Kategorie gehörten Kinder, die als »schwererziehbar« eingestuft wurden. Sie mussten »umerzogen« werden. Das bedeutete in der Sprache der DDR-Jugendhilfe, dass ihre »Erziehungsbereitschaft« hergestellt wurde. Dafür waren Spezialeinrichtungen geschaffen worden. Insbesondere der Name »Jugendwerkhof« steht für diese Form der »Pädagogik«. Diese Beschränkung auf zwei Typen von Problemen bildete den Klassenkampfcharakter (Freund-Feind) der SED-Pädagogik ab. Man dachte in den Kategorien von Freund (pädagogisch gedacht: normalerziehbar) und Feind (pädagogisch gedacht: umerziehbar). Aus den Kontexten der Umerziehung stammt die Mehrzahl der Zeitzeugenberichte.

Erfahrungen vor dem Heim – Die Familiensituation

Eine Biografie ist ein Kontinuum. Der Fonds Heimerziehung hat nahegelegt, den Heimaufenthalt als eine isolierte Lebensphase zu betrachten, dem die Hauptlast für die Folgeschäden der Heimerziehung zugeschrieben wurde. Versucht man diese Engführung aufzuweichen und fragt die Betroffenen direkt nach ihren Familien, so zeigt sich, dass in den allermeisten Fällen die Probleme nicht im Heim begannen. Die Mehrzahl der Kinder in den DDR-Kinderheimen stammte aus Familien, die große Probleme hatten und in denen es den Kindern nicht immer gut ging.

Der politische Blick auf die DDR-Pädagogik ist aus mehreren Gründen berechtigt, insofern er sich auf die

➢ schwarze Pädagogik der sozialistischen Umerziehung,
➢ fehlende Rechtstaatlichkeit (keine juristische Klagemöglichkeit),
➢ Fehlentscheidungen (Fehlbelegungen),
➢ psychologische Hartherzigkeit und Unwissenschaftlichkeit der sozialistischen Pädagogik (z. B. Geschwistertrennung),
➢ Sozialistische Propaganda als Erziehungsziel bezieht.

Aber die Jugendhilfe hat die meisten Probleme der Kinder und Jugendlichen nicht hervorgebracht. Sie hat jedoch häufig unangemessen auf Probleme reagiert, die in Familien entstanden, in denen die Eltern überfordert waren. Weil die pädagogische Situation in diesen Familien immer auch als politisches Versagen der Eltern ausgelegt worden ist, umgab sich die Jugendhilfe mit pädagogisch sachfremden Momenten (z. B. Kollektiverziehung), die zur Bewältigung der in den Familien entstandenen Problemen unbrauchbar waren und die Nöte der Kinder manchmal vergrößerten. Wegen dieser sozialpädagogisch sachfremden Strukturen (»sozialistische Pädagogik«) hing sehr viel von den persönlichen Einstellungen der Mitarbeiter ab, nämlich ob diese Mitarbeiter die Wärme und Nähe, unter deren Mangel die Kinder litten, trotz des Systems der DDR-Jugendhilfe aufbringen konnten. Zu diesen unbrauchbaren Strukturen gehörte,

➢ dass Mitarbeiter keine pädagogische Bildung erhielten (die offizielle Makarenko-Doktrin verdient den Namen Pädagogik nicht),
➢ dass die Einrichtungen zumeist ökonomisch prekär ausgestattet waren (Kriegsschäden waren z. B. noch Ende der 1960er Jahre nicht repariert und der Neubau von Einrichtungen konnte den Verfall bereits bestehender kaum abfangen),
➢ dass Entscheidungen über Einweisungen und auch darüber, wohin welches Kind gelangte, ohne Sachkriterien getroffen wurden (»wo grad ein Platz frei war«),
➢ dass aus Qualitätskontrollen (sie wurden von »Arbeiter- und Bauern-Inspektionen« durchgeführt, die zu realistischen und illusionslosen Ergebnissen kamen) keine Schlüsse gezogen werden konnten (man konnte ungeeignete Mitarbeiter nicht entlassen, weil man keinen Ersatz hatte) usw.

Diese zweifellos zum System DDR-Jugendhilfe gehörigen Missstände dürfen aber nicht darüber hinwegtäuschen, dass für die allermeisten Kinder die Gründe für »Folgeschäden« vor dem eigentlichen Heimaufenthalt liegen. Schon bevor sie in die Fänge der Jugendhilfe gelangten, war ihre familiäre Situation häufig – natürlich nicht immer – von Eltern geprägt, die die Kinder vernachlässigten, die selber nicht mit sich zurechtkamen, die gewalttätig waren und so weiter.

Die DDR hielt sich in guter sozialistischer Tradition (seit Clara Zetkin) zugute, dass sie die Emanzipation der Frau vorantreibe. Dies führte aber zunächst zu nichts anderem als zur Doppelbelastung für die Frauen (Haushalt/Kindererziehung *und* Beruf). Denn ein traditionelles Familienbild und der dazugehörige gelebte Familienalltag lässt sich nicht schnell ändern. Es gab in der DDR viele Scheidungen, nach denen die Frau mit den Kindern allein zurechtkommen musste. Der Anteil der Heimkinder, die aus Haushalten von alleinerziehenden Müttern stammten, war besonders groß.

Sozialisierung in Institutionen – Das Leben in der »Einrichtung« Kinderheim

Unter den genannten Bedingungen ist leicht nachvollziehbar, dass in den Einrichtungen keine Bedingungen geschaffen wurden, die das Leben in der Familie ersetzen konnten. Das sieht man vor allem daran, dass die Einrichtungen keinen Wert darauf legten, die Privat- und Intimsphäre der Kinder zu respektieren und zu schützen. Viele Kinder schliefen gemeinsam mit vielen anderen in großen Räumen, getrennt von den Geschwistern (die Geschwistertrennung erachtete man für nötig, weil die Gruppen nach dem Alter eingeteilt wurden), häufig ohne die Möglichkeit, private Gegenstände zu besitzen (es gab z. B. keine Privatschränke). In den Bädern waren die Toiletten für alle einsehbar. Anfangs besaßen die Kinder keine individuelle Kleidung. Abläufe mussten im Kollektiv erledigt werden (Waschen, Toilettengang). Der Briefkontakt wurde reglementiert, Briefe der Eltern zurückgehalten und so weiter.

Für die weitere Biografie sind diese Umstände von besonderer Wichtigkeit. Jede Lebenserfahrung motiviert oder unterstützt bestimmte Fähigkeiten. Die meisten Lebenserfahrungen sind mit unterschiedlichen Menschen verknüpft, auf die wir in individueller Weise lernen müssen zu reagieren. Unterliegen wir lange Zeit einseitigen und extremen Lebenssituationen (z. B. im Gefängnis, im Kloster, bei der Marine, in der Psychiatrie oder eben auch im Kinderheim), werden wir lernen damit umzugehen, aber zugleich hindern uns diese nötigen und aufgezwungenen Anpassungsleistungen an anderen Erfahrungen. Eine solche extreme Lebenssituation ist der Aufenthalt in einem Kinderheim (in der damaligen Zeit – heute hat man sehr viel aus den damaligen Missständen gelernt).

Das, was man dort tun und lassen muss, prägt jedes Kind unterschiedlich intensiv und diese Prägung kann lange über den Aufenthalt hinaus wirksam sein. Wer sich zehn Jahre lang in einer Lebensform zurechtfinden musste, die durch kollektive Verhaltensweisen geprägt war, der ist geschult und geprägt für die Situation einer kollektivistischen Lebensweise. Das bedeutet, er ist weniger darauf vorbereitet, wie man den Anforderungen einer Partnerschaft oder einer Familie gerecht werden kann. Wer in einer Familie aufwächst, dem begegnen sehr viele verschiedene Personen, die sehr verschiedene Anforderungen stellen, mit denen man mehr oder weniger gut lernt, zurechtzukommen (Vater und Mutter sind vielleicht sehr verschieden, die Großeltern, die Freunde, die Schulklasse, andere Kinder auf dem Spielplatz usw.). Im Kinderheim war man häufig isoliert von der Familie. Die Kinder, mit denen man im Zimmer wohnte, waren auch die Kinder, mit denen man die Freizeit verbrachte, und auch die Kinder, mit denen man die Schule besuchte. Zum Teil waren die Schulen Teil des Heimes. Die Anzahl der Erzieher war abzählbar und sie taten immer die gleichen Dinge, nämlich das, was nötig war, damit der Betrieb reibungslos lief. Zum Arzt oder ins Kino fuhr man nicht mit der Bahn oder mit dem Bus, sondern der Arzt kam in die »Anstalt« bzw. der Film wurde im Heim gezeigt. Es gab wenig Möglichkeiten, das Leben außerhalb der Einrichtung kennenzulernen. Der Lebensraum und die Rollenzumutungen in einer Institution sind im Verhältnis zur Lebensform »zu Hause« verkümmert und stellen immer nur einen Ausschnitt der Lebenswirklichkeit dar. Sie sind ein Ersatz. Wer aber seine Kindheit unter Umständen lebt, die ersatzweise für ihn organisiert wurden, der wird es als besondere Herausforderung erleben, seinen Alltag allein und unter realen Bedingungen zu gestalten.

Diese Phänomene werden in der Fachliteratur unter dem Stichwort »totale Institution« verhandelt und zeigen, dass der Lebensraum im Heim bestimmte Verhaltensweisen fördert und andere verkümmern lässt und dies mit einer Intensität, die von bewussten pädagogischen Intentionen nicht erreicht werden.

Das Leben nach dem Heimaufenthalt

In der DDR wurde die Jugendhilfe über lange Jahre als ein Systemfremdkörper wahrgenommen. Der Sozialismus trat mit dem realitätstrüben und deshalb hypokritischen Ziel an, menschliche Probleme auflösen zu können.

Erziehungsprobleme sind – so die offizielle und emblematische Auskunft der DDR-Jugendhilfe – ein Relikt des Kapitalismus. Im Sozialismus werden Probleme nicht hervorgebracht, weil er die durch Konkurrenz und gegenseitige Feindschaft führenden Einstellungen der Menschen im Kern beseitigt (Abschaffung des Privateigentums, Kollektivbewusstsein etc.). Durch solche ideologischen Fehlannahmen ist die Jugendhilfe in der DDR-Öffentlichkeit unsichtbar gemacht worden. Zwar wussten alle Kinder, dass es die Stadt Torgau gab, aber dieses Wissen war nicht im Kontext »Jugendhilfe« verortet, sondern im Kontext von unbestimmter staatlicher Bedrohung, die auf unspezifische Vergehen antwortet. So wie der »Terminus« Bautzen nicht als »Justizvollzugsanstalt« wahrgenommen wurde, sondern als Strafdrohung für ebenfalls unspezifische Verhaltensabweichungen.

Es ist deutlich, dass unter diesen Voraussetzungen in der DDR die Heimerziehung nicht thematisiert wurde, weder öffentlich noch privat (abgesehen von den im engeren Sinne Betroffenen). Das führte dazu, dass sich Betroffene als stigmatisiert ansahen: Sie konnten über einen wichtigen Aspekt ihres Lebens nicht sprechen, weil sie befürchten mussten, dass dieses Thema auf Ablehnung und auf Unverständnis stieß.

Die Stigmatisierung war in der DDR besonders ausgeprägt, weil die Einbindung und Betreuung von für problematisch gehaltenen Jugendlichen besonders intensiv waren. Im Westen konnte man neu anfangen, im Osten war das weitaus schwieriger. Der Heimaufenthalt war im SVK-Ausweis vermerkt (die einheitliche Sozialversicherungskasse der DDR) und die Kenntnis davon gelangte zu jeder Behörde, jedem Arzt, jedem Betrieb, weil man diesen grünen Ausweis überall vorlegen musste. Der Datenschutz war eine Entwicklung späterer Zeit. Jeder neue Arbeitgeber wusste sofort Bescheid und die Gefahr, die damit einherging, war, dass Jugendliche mit einem solchen Eintrag auch besonders behandelt wurden.

Die persönlichkeitsschädigende Wirkung der Stigmatisierung tritt allerdings nur ein, wenn die »von außen« stigmatisierte Person die äußere Stigmatisierung akzeptiert. Eine äußere Stigmatisierung, ein negatives Urteil oder eine abfällige Bemerkung bleibt wirkungslos, solange die Person, auf die sie abzielt, soviel Selbstvertrauen besitzt, dass sie dieses Urteil einfach ablehnt und innerlich davon unberührt bleibt. Selbstbewusste Menschen lassen sich nicht einfach durch Urteile anderer beeinflussen, erst recht nicht, wenn sie ein gefestigtes Selbstbild haben und mit anderen über dieses Urteil reden können. Das aber trifft nicht zu auf Menschen, deren Selbstwertgefühl ohnehin gelitten hat oder die über dasjenige, was ihnen vorgeworfen wird, nicht sprechen dürfen oder wenn sie innerlich einfach unsicher sind. Diese Personen sind eher der Gefahr ausgesetzt, dass sie dieses fremde negative Urteil auch innerlich bejahen. Dann kann eine von außen initiierte Stigmatisierung sich in das innere Selbstgespräch drängen. Wenn es auf eine psychische Konstellation trifft, die offen dafür ist, auch unberechtigte Bewertungen für berechtigt zu halten und in die Selbstbewertung aufzunehmen, korrespondiert die »äußere« Stigmatisierung mit einer »inneren« Bestätigung. Das äußere fremde und unberechtigte Urteil wird in die Selbstbeschreibung übernommen. Es wird zu einem inneren Urteil, nachdem es von außen kommend gehört oder vielleicht auch nur vermutet wurde. Diese Form der Stigmatisierung kann man nicht einfach ablegen. Denn sie gehört zum eigenen Ich.

Das scheint mir ein wesentlicher Grund dafür zu sein, dass viele Heimkinder berichten, dass sie ein geringes Selbstvertrauen, ein schlechtes Selbstwertgefühl haben. Dass sie immer glauben, andere hätten eher Recht als sie selbst. Es ist ein Grund dafür, dass sie häufig mit ihren Beziehungen scheitern. Es scheint sich also direkt auf ihre wichtigsten Lebensabläufe auszuwirken.

Diese Gefahr der Stigmatisierung ist eine Folge des Heimaufenthaltes und ist darin begründet, dass die Gesellschaft über dieses Thema schweigt.

Zusammenfassung

Die Folgen des Heimaufenthaltes können nicht als kausal bedingte Wirkungen von Erlebnissen in der Kindheit und Jugend verstanden werden. Jeder Mensch erlebt und verarbeitet das Erlebte auf seine individuelle Weise. Dazu kommt, dass bei vielen Heimkindern auch die Familiensituation beachtet werden muss.

Zwei Aspekte der Heimerziehung der Zeit bis in die 1980er und 1990er Jahre können aber als plausible Erklärungen für die Folgeschäden gelten. Da ist zum einen der besondere Charakter von »Anstalten«, die in der Regel von ihren Bewohnern eine Anpassungsleistung erzwangen, die nicht auf ein Leben außerhalb der Einrichtung vorbereitete, sondern es im Gegenteil erschwerten. Und da ist zum zweiten die nach dem Heimaufenthalt einsetzende Stigmatisierung der Umwelt, die es den Kindern und Jugendlichen erschwert hat, ein positives Selbstbild zu entfalten.

Biografische Notiz
Karsten Laudien, Prof. Dr., lehrt an der Evangelischen Hochschule Berlin Ethik, ist dort Vorsitzender der Ethikkommission und ist Mitglied der Deutsch-Israelischen Gesellschaft. Er hat in Berlin und Paris Theologie und Philosophie studiert und 2013 gemeinsam mit Anke Dreier-Horning das Deutsche Institut für Heimerziehungsforschung gegründet, das sich mit der

Aufarbeitung der Jugendhilfe in der DDR befasst und dazu eine Anzahl von Studien veröffentlicht hat. Mehrfach hat er als Gastprofessor in Toulouse gearbeitet und war 2022 für eine Studie über die sozialen Strukturen ethnischer Gruppen in Uganda tätig.

Die Entwicklung primärer Objektbeziehungen und die Folgen früher Trennung

Agathe Israel

Der Anfang

Wir alle waren einmal Kinder und, um zu überleben, darauf angewiesen, dass die für uns verantwortlichen Menschen uns ausreichend versorgten. Dazu gehörte nicht allein, dass sie uns ernährten, kleideten, vor Kälte und Hitze schützten, sondern dass diese Erwachsenen – und dabei handelte es sich meist um unsere Mütter und Väter – fähig und willens waren, ihr Baby zu verstehen und uns im konkreten und übertragenen Sinne geduldig und zuverlässig zu halten, uns seelische Resonanz und Zusammenhalt zu geben.

Erfahrungen mit Gehalten- und Verstanden-Werden vermittelten uns ein erstes Gefühl von der Kontinuität unseres Daseins. Weil am Lebensanfang besonders das körperliche Befinden schnell und extrem schwankt, sind viele Erfahrungen solcherart nötig gewesen, um sich selbst als eigenständiges Wesen wahrzunehmen, getrennt von der Mutter, ohne über diesen Umstand in Aggression oder Ohnmacht zu geraten. Und wir waren von unserem Lebensanfang an wie jedes Baby bemüht, uns mit allen Kräften und Fähigkeiten, über die wir verfügten, der Umwelt anzupassen, das heißt ganz auf unsere Mütter und Väter einzulassen. Dafür gingen wir mit ihnen oder anderen primären Bezugspersonen eine enge Verbindung ein. Donald W. Winnicott erklärte bereits 1958 dieses besondere Verhältnis so, dass es einen Säugling ohne seine Mutter nicht gäbe, so wie es auch keine Mutter ohne Säugling geben könne (Winnicott 1958a, S. 99f.; 1990, S. 50–51). Er machte damit deutlich, dass das Baby und seine Eltern erst durch ihre Beziehung miteinander geschaffen und sich entwickeln werden. Sie sind in einer Symbiose aufeinander angewiesen, wenngleich sich die Abhängigkeitsverhältnisse durchaus ungleich verteilen.

Mit der Geburt gehen dem Kind der Schutz und die Erfahrungswelt des mütterlichen Körpers verloren. Das *Kontinuum*, in dem ihm alles (passiv) entgegenfloss, zerfällt plötzlich in *Diskontinuitäten*, nichts kommt mehr von selbst. Alles muss vom Baby aktiv erworben werden. Lebte es bis dahin *in der mütterlichen Welt*, trifft es nun auf eine unbekannte Welt, in der Getrenntheit und Diskontinuitäten (Unterbrechungen, Wechsel) herrschen, die von ihm *aktiv* überwunden werden müssen. Die Neurobiologie (u. a. Hüther, 2001) nennt dieses Erleben »primitiven Stress«, der in ein Gefühlserleben umgewandelt werden muss, was entlang von verstehenden Beziehungen, insbesondere mit der Mutter geschieht.

Dazu zwei Beobachtungsszenen aus unserem Forschungsprojekt »Frühes Erleben«, in dem Früh- und Neugeborene sowie Babys und Kleinkinder beobachtet werden:

Petra ist erst vor einer Stunde und zehn Minuten mit einem geplanten Kaiserschnitt unter Spinalanästhesie der Mutter auf die Welt gekommen. Der kindliche Kopf hätte den Beckenring nicht passieren können. Ich treffe im Kreissaal auf Mutter und Vater, beide wirken erschöpft und zufrieden. Auf der Brust der Mutter liegt Petra. Der Vater lehnt an der Mutter. Seinen Arm hat er um ihren Kopf gelegt, sodass das Neugeborene von beiden eingerahmt wird. Sie sprechen leise, streicheln das Baby, schauen es an. Petra liegt entspannt und ruhig auf der Brust, die Händchen leicht geöffnet. Petra scheint die Stimmen der Eltern zu hören. Das Köpfchen bewegt sich minimal in Richtung Schallquelle, als suche sie noch einen anderen Wahrnehmungs-, Verbindungskanal, als den über die Berührungen und Vibrationen. Hin und wieder huscht fast ein Lächeln über das Gesichtchen, öffnet sie ein wenig die Augen, knärzt seufzend, macht kleine Handbewegungen. Plötzlich ist sie angespannt, drückt heftig, was die Mutter sogleich kommentiert: »Ah, Du drückst was in die Hose.« Petras Gesicht spannt und rötet sich. Stark scheint das Neugeborene die körperlichen Vorgänge in seinem Inneren zu spüren. Immer deutlicher werden seine beiden Erfahrungsorte: sowohl im Körperinneren als auch an der Oberfläche und sensorisch von außen kommend, vielleicht verbunden mit vorgeburtlichen Erinnerungsspuren. Schließlich taucht in mir der Gedanke auf: Ich erlebe eine Anpassung an die neue Lebenssituation außerhalb des Mutterleibes, aber noch ganz im Energiefeld und Schutzraum der Mutter, die sich wiederum im Schutzraum des Vaters befindet. Die Mutter meint, als ich mich verabschiede, Petra hätte ein wenig die Augen geöffnet, als ich mich zur Familie stellte, als habe sie bemerkt: Da ist noch jemand dazu gekommen. Petra hat aufmerksame Eltern, die sich geduldig und gerne auf das Neugeborene einstimmen und ihm bereits eigene seelische Erfahrungen zutrauen, was sie offensichtlich selbst bereichert.

Aber der Start ins Leben kann auch ganz anders ausfallen, wie die nächste Szene zeigt.

Marim ist elf Stunden alt, als ich von der Stationsschwester der Wochenstation zu ihm und seiner Mutter geschickt werde. Nach der schwierigen Geburt mit vorzeitigem Blasensprung habe die Mutter die Augen geschlossen gehalten, wollte das Kind weder sehen noch anlegen, blieb in sich gekehrt. »Jetzt hab' ich zwei Jungen«, habe sie nur gesagt und damit Mann und Sohn gemeint. Die Hebamme fragte sich: Was lastet auf der Mutter? Auch der Kindesvater sei darüber traurig gewesen.

Ich erlebe Marim sehr wach in seinem Rollbettchen liegend. Sein Blick wandert, mit den Händchen scheint er suchend zu tasten und ich fühle mich mit ihm verbunden, vielleicht weil er so allein und ohne Halt wirkt. Er stößt leise Jammertöne aus »äh, äh, äh«. »Was soll ich tun?«, fragt die Mutter. »Du hast doch keinen Hunger?!« Sie legt ihn an die Brust und atmet dabei so schnell, dass das Neugeborene heftig schaukelt. Wir sprechen über ihre Angst und die Atmung wird ruhiger. Er saugt nun etwas. »Was jetzt tun? Ablegen? Dann spuckt er?« Das Telefon klingelt, der Vater meldet sich. Marim wird immer unruhiger, fuchtelt, wimmert und stößt schließlich einen Schrei aus. Die Mutter wirkt zerrissen zwischen dem Vater und dem Sohn. Schließlich lässt sie ihn an der Brust nuckeln, sagt schmunzelnd: »Er kriegt die Brustwarze zur Beruhigung.« Sie telefoniert weiter und später auch mit anderen Personen. Marim schläft in ihrem Arm ein.

Angefüllt mit eigenem unglücklichem Erleben, gibt es für Marims Mutter nur wenig Spielraum, ihr neugeborenes Kind zu verstehen. Ihr fällt nur ein, es befriedigen und ruhig stellen zu müssen. Es stellt sich kaum Kohärenz (Appleton, 2015) zwischen Mutter und Kind ein. Aber vielleicht geht es Marim gar nicht um Bedürfnisbefriedigung, sondern es ist ein Erinnerungsschrei, der zum Geburtserleben gehört, das auch für das Kind extrem bedrohlich, ängstigend war?

Beide Szenen zeigen uns, wie bereits Neugeborene und ihre Mütter/Eltern aufeinander angewiesen sind, sich seelisch zu begegnen, wie sie voneinander lernen müssen und welche unbewussten Hindernisse sich dabei in ihnen auftun können, wie vielleicht das Kind etwas Schlimmes nicht loswerden kann. Denn das Baby ist, um überleben zu können, trotz seiner unglaublichen Aufnahmebereitschaft und angeborenen Fähigkeiten, völlig auf aufmerksame Erwachsene angewiesen, die seine Botschaften aufnehmen.

Die Symbiose – primäre Beziehungsform

Die nachgeburtlichen Szenen stellen eine besondere Beziehungsform zwischen Baby und Erwachsenen dar: die Symbiose. Ein Begriff, der ursprünglich aus der Biologie stammt: Zwei Lebewesen sind zum gegenseitigen Nutzen voneinander abhängig, profitieren voneinander. Sie ist die primäre Beziehungsform, die wir benötigen, um psychisch und körperlich zu wachsen, eine autonome Persönlichkeit zu werden.

In der Symbiose ist die Mutter auf das Kind angewiesen, denn ohne die kontinuierlichen Erfahrungen mit den Eigenheiten des Babys könnte sie selbst nicht als Mutter wachsen. Und das Baby ist auf seine Mutter angewiesen: nachgeburtlich in völliger Abhängigkeit, etwas ab dem dritten Lebensmonat in *relativer* Abhängigkeit von der Mutter, die ihm körperliches und seelisches Überleben ermöglicht. Sie hilft ihm, seinen Rhythmus für Schlaf- und Wachphasen, Aktivität und Passivität zu finden.

Auch hier geht es um die Abstimmung zwischen den elterlichen Vorstellungen über den Familienalltag und den individuellen Biorhythmen des Babys. Seine Beziehungen kann das Baby in den ersten Lebensmonaten nur auf symbiotische Weise leben. Es braucht die symbiotische Qualität, also die Gegenseitigkeit der Beziehung, die seine Entwicklung koordiniert.

Dies gilt es zu bedenken, wenn wir die *Folgen einer frühen Trennung*, also die *vorzeitige Auflösung der Symbiose*, untersuchen werden. In erster Linie entsteht Orientierungslosigkeit im Baby. Es reicht nicht, auf die biologische Reifung zu bauen, wie die der Knochen- oder Fettzellen, die sich einfach vermehren. Körper und Geist müssen sich entwickeln, das bedeutet sich wandeln. Körperliche Entwicklungsschritte, die auch mit Schmerzen und angenehmen Zuständen einhergehen können, wie etwa die Darmkoliken in den ersten drei Lebensmonaten oder das Zahnen, können vom Kind als Katastrophen erlebt werden. Aufmerksame Eltern wissen, dass die Kinder besonders in diesen Entwicklungsphasen ihre einfühlsame Begleitung benötigen, um gerade in diesen schwierigen Phasen Halt und Orientierung zu bekommen.

Die Mutter/Vater-Kind-Symbiose lockert sich mit wachsender Selbstständigkeit des Kindes und wandelt sich in den ersten drei Lebensjahren. Sie öffnet sich für eine Triade (Du-Ich-die Welt) und gibt damit den Unterschieden zwischen den Bedürfnissen des Kindes und des Erwachsenen mehr Raum, als auch den daraus entstehenden Konflikten (Altruismus versus Egoismus, Besorgnis und Verantwortung versus Omnipotenz).

Primärer Narzissmus

Für seine Entwicklung und Reifung, die immer angetrieben und begleitet wird von Neugier und Angst, sucht ein Baby bzw. Kleinkind laufend in seiner Umwelt Orientierungen, die die Erwachsenen ihm geben müssen: Wer ist wer? Was ist wo? Was ist wann? Wie sind die Abfolgen und Zusammenhänge? Was ist innen, was außerhalb von mir? Deshalb sprechen wir von Geduld, Zugewandtheit, Ausdauer, Regelmäßigkeit, Gefasstheit, die die frühe Elternliebe ausmachen. Diese Qualitäten überzeugen das Kind von der elterlichen Gutwilligkeit, schaffen die tiefe Vertrautheit, die sichere Basis für sein Wachstum, um die damit verbundenen katastrophisch erlebten Wandlungen in sein Selbst integrieren zu können. Immer deutlicher kann dann ein Kind auf die Erkenntnis zusteuern: Ich bin ein einzelnes Wesen, aber ich bin nicht allein, brauche darüber nicht verzweifeln, in Wut oder Angst geraten, denn es gibt Andere, die mich verstehen, die mir helfen. Und ganz unauffällig wächst entlang der vielen kleinen Abstimmungen eine wesentliche Überzeugung: weil ich für Mutter und Vater so bedeutend und wertvoll bin, bin ich wertvoll. Diese primäre Selbstliebe (primärer Narzissmus) befähigt, andere zu lieben, auf sie zuzugehen oder »nein« sagen zu können, ohne Angst, vernichtet zu werden oder Böses anzurichten. Mangelt es an primärer Selbstliebe, führt dies im weiteren Leben zu tiefer Selbstunsicherheit, einem Drang nach laufender Selbstbestätigung, Bewunderung und Anerkennung oder zum Rückzug in der Überzeugung, nicht zur »normalen« Menschheit zu gehören.

Neuronale Vernetzung: Spiegelzellen – limbisches System – körperlicher Beitrag zur Subjektwerdung

Wenn ein Baby auf die Welt kommt, sind seine psychischen und körperlichen Zustände noch ungetrennt ineinander enthalten, gänzlich miteinander verwoben. Sein körperlicher Zustand beeinflusst *direkt* sein seelisches Befinden, wie Seelisches *direkt* über den Körper ausgetragen wird. Wut, Furcht, Ekel und Trennungsangst sind zwar bereits bei der Geburt angelegt, um das Überleben des Babys zu sichern. Aber ein reflektierendes Ich gibt es noch nicht, das ihm erklärt, was mit ihm ist, was in ihm vorgeht, was von innen, was von außen kommt, was ihm die Ursachen von Angst oder Lust bewusst macht. Dieses reflektierende Ich oder Selbst wird in den ersten Lebensjahren in ihm allmählich entstehen entlang der Entschlüsselung seiner heftig wechselnden Körperzustände, die ununterbrochen als *Nachrichten* über Nervenbahnen und Botenstoffe in verschiedene Hirnzentren, besonders in die unteren und mittleren Hirnregionen – das limbische System –, weitergeleitet werden. Dort werden sie nach ihrer Qualität bewertet und mit primitiven Affekten versehen: »bedrohlich-schlecht oder nicht-bedrohlich-gut« und im Körpergedächtnis gespeichert. Das limbische System vernetzt sich im Laufe der ersten Lebensjahre immer mehr mit der Hirnrinde, also mit den neuronalen Arealen, die Denken, Sprechen, Reflektieren ermöglichen. Dieser Prozess entspricht auf der psychischen Ebene der Entwicklung der Fähigkeit zur Emotionsregulation. Die Voraussetzung dafür ist, dass das Kind keinem übermäßigen oder dauerhaften Stress ausgesetzt ist. Dieser ist mit einer dauerhaften Ausschüttung des Hormons Kortisol verbunden, welches die Nervenverbindung von tieferen Hirnschichten (u. a. limbisches System) zur Hirnrinde behindert. Im Falle einer andauernden Stressexposition im Kleinkindalter wird die Verbindung zwischen den emotionalen Verarbeitungszentren im Gehirn und den Regionen der bewussten Reflektion und Sprache nicht ausreichend hergestellt, was im späteren Lebensalter mit Schwierigkeiten einhergehen kann, die eigenen Affekte angemessen regulieren zu können (Kaiser et al., 2018).

Ein weiteres naturgegebenes Werkzeug für unser seelisches Erleben und die Entschlüsselung der Absichten des Anderen sind die *Spiegelzellen oder Spiegelneurone*, die auf der Hirnrinde angesiedelt sind. Sie sind die Hardware für den gemeinsamen zwischenmenschlichen Bedeutungsraum, der uns in kürzester Zeit ermöglicht, »die Gefühle, Handlungen und Absichten anderer intuitiv zu verstehen« (Bauer, 2005, S. 15), den weiteren Verlauf des Geschehens zu simulieren, emotionale Resonanz und Mitgefühl zu entwickeln. Und zwar blitzschnell. Aber die Funktion der Spiegelzellen muss erst aktiviert werden durch die Begegnung mit einem anderen, der dem Kind in den ersten zwei bis drei Lebensjahren Mitgefühl entgegenbringt. Es bedarf »eigener, persönlich erlebter Erfahrungen von Mitgefühl« (ebd., S. 71) und einer Übungsmöglichkeit mit anderen Menschen, verschiedene Modelle von emotionaler Resonanz auszuprobieren. Als besonders intensive Übungszeit gilt das Alter von 18 bis 24 Monaten. Mithilfe der emotionalen Reaktion der Eltern knüpfen sich im Gehirn des Kindes Verbindungen, die es befähigen, im späteren Leben in stressigen Situationen reflektiert denken zu können, statt in Panik oder Wut zu geraten. Ebenso kann das Kind durch die angemessenen emotionalen Reaktionen der Eltern ein Verständnis für die mentalen Zustände von sich selbst und anderen entwickeln, was für die Gestaltung zufriedenstellender späterer Beziehungen von großer Bedeutung ist.

Die Neurobiologie hat erkannt, dass das kindliche Gehirn in den ersten Lebensjahren nicht nur stark geprägt wird, sondern dass das limbische System in späteren Lebensjahren nur schwer und begrenzt zu verändern ist. Bei ungenügender oder fehlender Reaktion beziehungsweise Regulation durch die Eltern in den ersten Lebensjahren kann es zu einer dauerhaften Überaktivität des limbischen Systems (als emotionalem Alarmsystem des Gehirns) kommen: Schwierige oder konfliktreiche Situationen können dann unter Umständen nicht realistisch wahrgenommen werden, sondern werden als lebensgefährlich erlebt. Dies äußert sich in körperlichen Symptomen wie andauernder Anspannung, Unruhe, Schreckhaftigkeit, Unsicherheit, Orientierungslosigkeit, beschleunigter Puls und Blutdruckanstieg oder Aggressivität. Im späteren Leben kann es zu Angststörungen, aggressivem Verhalten, Depressionen oder psychosomatischen Erkrankungen kommen. Anders gesagt, die Erfahrungen, die ein Kind in seinen ersten drei Lebensjahren macht, schlagen sich als Struktur im Gehirn, z. B. in den neuronalen Verknüpfungen des limbischen Systems mit der Hirnrinde nieder.

Container-Contained-Modell

Anfangs ist alles noch recht roh und einfach: Schmerz, Hunger, Kälte, Hitze, Lärm sind Bedrohungen. Sie lösen Panik, Vernichtungs- oder Todesängste aus und äußern sich beim Baby durch Schreien, zugekniffene Augen, geballte Fäustchen, Auseinanderfliegen von Armen und Beinen, beschleunigte Atmung als Kampf-Flucht-Reaktion oder Verkrampfung, Erstarrung, Wegbeugen, Schluckauf. Dagegen werden Satt- und Warm-Sein, Gehalten- und Gewiegt-Werden, Hautkontakt als etwas Gutes erlebt, vermitteln Ruhe, Geborgenheit, Wohligkeit, Lust. Entsprechend fällt dann auch die Reaktion des Babys aus: ein Lächeln, Schlummern, Schauen, Horchen, Spielen mit den Extremitäten, Tasten, Nuckeln, Saugen, Gurren. Aber für die Ursache seines Befindens, seine Ursprünge, wie z. B. Hungrig- oder Satt-Sein, existiert im Baby noch kein sinnstiftender Gedanke, ebenso wenig ein Denkapparat, der die zeitliche Begrenzung der Zustände oder den Ort, woher sie stammen (innen oder außen), erkennt. Ebenso wenig kann es gedanklich seine unterschiedlichen Seins-Zustände miteinander verbinden. Besonders solche, die für das Kind nicht aushaltbar sind, versucht es loszuwerden, indem sie herausgestoßen werden.

Hier kommt der Andere ins Spiel, der diese Botschaft aufnimmt und eine Hilfe von außen gibt, indem er versucht das Befinden des Kindes genau zu entschlüsseln, dem kindlichen Ausdruck einen Sinn zu geben, dieses als Botschaft zu verstehen und durch eine Handlung abzumildern. Dies ist solange nötig, bis das Kleinkind gelernt hat, selbst Gedanken zu entwickeln und zu denken. Deshalb gibt es ein angeborenes Streben nach Gehaltensein, Zusammenhalt, Vereinigung, das jedes Neugeborene besitzt. Deshalb ist jedes neugeborene Kind auf der Suche nach einem äußeren Objekt, das ihm Orientierung gibt, die Leere des Alleinseins füllt, ihm hilft, seine vorgeburtlichen Erfahrungen fortzusetzen.

Seine Körper- und Hirnfunktionen sind noch nicht stabil, wenn das Kind die schützende Hülle des Uterus verlässt. Nachdem sein Biorhythmus bis zur Geburt vom Kreislauf der Mutter bestimmt war, wird die Mutter nun zur äußeren Koordinatorin z. B. des Schlaf-Wach-Rhythmus oder des Fütterungs-Saug-Rhythmus – eine Aufgabe, die mit dem ersten Atemzug ihres Babys beginnt. Sie muss sich daher sehr gut einfühlen können in das abhängige Kind, das noch nicht sprechen kann. Sie muss seine Körpersprache und seine Gesten beobachten, quasi anstecken lassen von seinem Zustand, Sinn und Bedeutung suchen und schließlich zeitnah eine angemessene Antwort, meist eine Handlung finden, und dann prüfen, wie das Kind sie annehmen kann.

Es gibt nun verschiedene Theorien, diesen höchst sensiblen Prozess zu beschreiben. Ich möchte mich auf das Container-Contained-Modell beziehen, das Wilfred Bion entworfen hat (Bion, 1992).

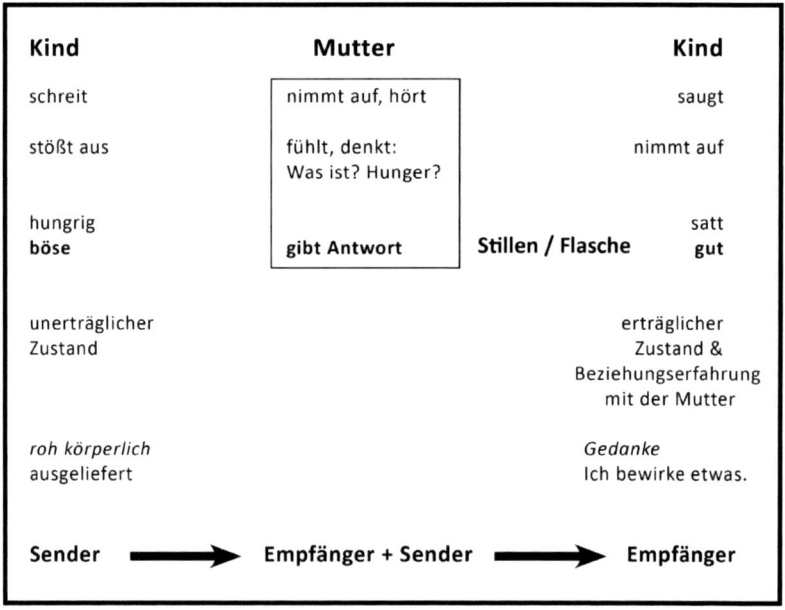

Abb. 1: Frühe Kommunikation nach Bions Container-Contained-Modell

Mutter und Vater dienen dem Kind als ein *Container, als Behälter* für die Empfindungen, die es nicht aushalten kann. Der Container soll möglichst leer, also möglichst frei sein von eigenem Befinden. In seinem Inneren findet die Transformation, die Umwandlung von rohen Körperzuständen in sinnstiftende Gedanken statt (contained) mithilfe der mütterlichen/väterlichen Feinfühligkeit und ihres Denkvermögens. Wird eines der Alarmsysteme wie Wut, Furcht oder Trennungsangst in den instinktiven Teilen des Gehirns ausgelöst, befindet sich das Baby so lange in einem Zustand emotionaler Not und intensiver körperlicher Erregung, bis ihm ein Erwachsener hilft, sich zu beruhigen. In den ersten Lebensjahren geht es besonders um Reizüberflutungen, die aus dem Inneren des Kindes kommen.

Bion (1992) beschreibt diesen Vorgang als psychosomatische Verdauung. Die Wände des Containers müssen stabil, aber nicht starr sein. Sie geben den Rahmen, den Halt, Anfang und Ende einer Handlung vor – vertreten die väterliche Funktion der Struktur. Wir treffen auch in diesem Bild wieder auf die beiden elterlichen Grundfunktionen *Halten und Verstehen.* Je genauer die Eltern den Sinn in den Äußerungen ihres Babys suchen, desto treffender können sie antworten. Seine Aufnahmefähigkeit wird durch die bereits erwähnten Spiegelneurone unterstützt.

Mit der mütterlichen/elterlichen Antwort und Handlung erhält das Kind im guten Falle nicht nur eine Milderung seiner Not, sondern es nimmt auch eine *Beziehung* zu seiner Mutter oder Teilen von ihr auf, z. B.: »Ich bin nicht allein. Es gibt Hilfe. Die Hände sind gut. Mama hilft, wenn ich sie brauche. Aha, das macht Mama, wenn ich mich so und so fühle. Das kann ich machen, wenn ich mich *so* fühle. Ich kann etwas in ihr bewirken. Wir passen zusammen.« Das heißt, es wächst eine Vorstellung von einem Anderen, von der Welt, eine Beziehungsfantasie und zugleich von sich selbst, die besonders in der Abwesenheit der Eltern dem Kind hilft. Man nennt diese Vorstellungen auch *unbewusste Arbeitsmuster,* die der Selbstregulation dienen.

Wesentlich ist, dass die Eltern soweit zuverlässig sind, dass das Kind im Falle ihrer Abwesenheit darauf bauen kann, dass die Eltern wiederkommen und sich mit dieser Vorstellung vorübergehend selbst halten kann, ohne von Angst oder Wut überflutet zu werden.

Störungen im Container-Contained-Zusammenspiel

Das Zusammenspiel zwischen Kind und Eltern bzw. seinen ersten Bezugspersonen, wie z. B. Pflegerinnen in der Wochenkrippe, ist für die psychische und körperliche

Entwicklung des Kindes entscheidend und eine potenziell riskante Angelegenheit, denn die Erwachsenen müssen, um das momentane Befinden des Kindes zu verstehen, ihr eigenes Befinden von dem des Kindes entmischen. Anders gesagt, sie müssen beide Befindlichkeiten auseinanderhalten, indem sie sich laufend fragen: Was kommt vom Kind, was kommt von mir, meinen Vorstellungen, Absichten, meiner aktuellen Situation? Im nächsten Abschnitt wird anhand von Beispielen aus der Säuglings-Kleinkind-Elternpsychotherapie erläutert, wie störanfällig die vorsprachliche Verständigung zwischen Eltern und Kindern sein kann.

Elterliche Störungen des Zusammenspiels

Das Echo

Die Not des Kindes wird unbearbeitet wie ein Echo von der Mutter an das Kind zurückgegeben.
Beispiel: So scheint es Frau Z. zu gehen. In der Therapiestunde schaut sie auf ihre am Boden spielende Laura und sagt nachdenklich: »Armes Kind.« Ich frage, wieso sie so über Laura denke. »Ja, jetzt ist alles gut zwischen uns, aber wenn sie so grell schreit, dann schreie ich genauso zurück. Tut mir so leid, aber ich kann dann einfach nicht anders. Ich fühle mich total angegriffen von Laura.«

Im Laufe der Therapie erkennt sie, dass der Schrei sie in einen hilflosen Babyzustand versetzt, während sich das reale Baby in ein gefährliches Monster verwandelt. Deshalb konnte sie auf die reale Not des Babys und seine Bedürftigkeit nur mit einem Gegenschrei reagieren.

Die Versteinerung: Auf die feinfühlige Wahrnehmung folgte keine Handlung

Beispiel: Frau M. sitzt im Sessel. Sie leidet an einer postpartalen Depression. Der kleine Merlin ist gerade neun Monate alt. Er klammert sich an ihr Bein, streckt ihr die Arme entgegen. »Ja, ja, Du willst zu mir«, sagt sie mitfühlend, rührt sich aber nicht. Erst nach einer Weile reagiert der Vater und nimmt den jammernden Merlin auf seinen Schoß. Von dort schaut er zur Mutter, lächelt zu ihr hinüber.

In der Therapie wird deutlich, dass die Mutter während der Schwangerschaft in der körperlichen Einheit mit dem Fötus erstmals das Gefühl hatte, nicht allein zu sein, und dass sie die Geburt so erlebte, als habe sie einen Teil von sich selbst verloren. Dieser unwiederbringliche Verlust reaktivierte in ihr eigene frühe Trennungserfahrungen, denen sie ohnmächtig ausgeliefert war.

Der Zerrspiegel: Eigene Bedürfnisse verzerren die Wahrnehmung des Kindes

Bemerkt und gefördert wird nur das, was den Vorstellungen der Eltern entspricht, und eigene Impulse des Kindes wurden zerstört.

> *Beispiel:* Herr M. liegt am Boden und will mit seinem zweijährigen Sohn unbedingt einen Turm aus Bausteinen bauen. Es ist später Nachmittag. Klaus kommt aus der Kita. Er hat ein Büchlein zu sich hingezogen, schaut verträumt auf das Bild auf dem Buchdeckel. Er wirkt müde, schlapp, seine kleinen Ansätze mitzuspielen verebben immer wieder. Aber der Vater scheint dies nicht zu spüren. »Das musst Du lernen.« Er drängt ihn immer heftiger, Steine aufeinander zu setzen. Schließlich kriecht Klaus von ihm weg zur Mutter, die ihn freundlich, aber wortlos auf den Schoß nimmt. »So ist das mit dem Jungen, er will nichts mit mir zu tun haben und Du nimmst ihn noch in Schutz«, beklagt sich Herr M.

In der Therapie erkennt der Vater, dass er ungewollt (unbewusst) wiederholte, worunter er selbst als kleines Kind litt: den unerbittlichen Forderungen seines Vaters. Eine Beziehung, die Funktionieren und Leisten vom Kind verlangte und andere Zustände ausblendete.

Das kalte Herz: Die Empathieverweigerung

Was vom Kind kommt, wird zwar wahrgenommen, weil aber mütterliche (elterliche) Einfühlung und Mitgefühl fehlen, haben kindliche Bedürfnisse kein Existenzrecht. Es findet kein Containment statt, also kein Versuch, das kindliche Verhalten zu verstehen.

> *Beispiel:* Frau P. spricht wie ein Wasserfall über ihre Einsamkeit und ihr Partnerproblem. Ihre eineinhalbjährige Tochter läuft derweil ruhelos durch den Raum, nirgends findet sie eine Anbindung, immer wieder bringt sie

Spielsachen zur Mutter, die aber legt sie mit einem kurzen Kommentar beiseite. Auch als ich die Ruhelosigkeit anspreche und dass sich Maja ausgeschlossen fühlen könnte, scheint die Mutter unberührt. Schließlich wühlt Maja in Mamas Tasche, fischt das Portemonnaie heraus. »Lass das«, sagt die Mutter und windet es aus Majas Hand. Maja schreit auf, wirft sich nieder und schlägt ihren Kopf immer wieder auf den Boden. Das könne sie nicht verstehen, wieso Maja das jetzt mache. »Nun hab Dich nicht so. Hör auf!« Aber Maja hört erst auf, als ich mich ihr mit einem Spieltierchen in der Hand zuwende, davon spreche, dass sie Mama wollte. Weil die jetzt nur mit mir gesprochen habe, da sei sie ganz böse und traurig drüber und nun komme ein kleines Pferdchen zu ihr, das sei auch alleine.

In den weiteren Therapiestunden wiederholen sich solche Szenen, in denen die Mutter sich nicht in Maja einfühlen kann und will. Sie selbst will gehört werden und das »Baby« sein, das umsorgt wird. Es dauert lange, bis sie es ansatzweise tun kann. Zuerst imitierte die Mutter meine Art mit Maja umzugehen, später, als sie immer wieder an sich selbst erlebte, wie gut es ihr tat, dass sich die Therapeutin in sie einfühlte, konnte sie etwas mehr Verständnis für die Tochter aufbringen.

Frühe Abwehren des Babys und Kleinkindes

Babys/Kleinkinder können bereits in ihren ersten Lebensmonaten frühe Abwehren aufbauen, um sich gegenüber elterlichem Missverhalten zu schützen und sich selbst wieder ins Gleichgewicht zu bringen (re-containen).

Muskelpanzer und Atonie

Versuchen Neugeborene oder junge Säuglinge ihre Desintegration selbst wieder zu *re-containen*, bauen sie eine *frühe muskuläre Panzerung* auf oder geraten in eine *Atonie*.

Die frühe Panzerung äußert sich meist sehr dramatisch: Das Gesicht ist verkrampft, gerötet oder blau angelaufen, die Augen sind zugekniffen, oft begleitet von endlosem, heißerem Schreien. Der Körper wird nach hinten überstreckt oder der Kopf eingezogen zwischen die Schultern, oder einzelne Körperpartien verkrampfen sich. Die Hände sind hart geballt zu Fäustchen, die Zehen gekrümmt,

Arme und Beine angespannt und oft in heftiger Bewegung. Die Atmungswelle stockt, weil sie sich vom Brustkorb nicht in den Bauchraum ausbreiten kann. Bei unseren Beobachtungen von Frühgeborenen fiel uns besonders diese Atmungsstörung auf. Es schien uns bei manchen Kindern so, als flattere der Thorax unverbunden mit dem restlichen Körper.

Im Falle der Atonie besteht ein Tonusverlust der Muskulatur. Alles scheint auseinanderzufließen, der Körper wenig zusammenzuhängen. Die Haut ist blass, die Hände schlapp geöffnet, der Blick nach innen gekehrt. Der Säugling gibt kaum eine Reaktion von sich, als habe er sich nach innen gezogen. In beiden Fällen geht es um einen Zusammenbruch des Kontakts. Das Kind scheint völlig auf sich zurückgeworfen zu sein und kein Containment mehr zu erwarten. Obwohl diese Zustände vordergründig wie primitive Notlösungen infolge einer körperlichen Unreife wirken, handelt es sich um die somatische Abwehr unerträglichen Erlebens.

Frühes Abwehren des Kindes in der Mutter/Pflegerin-Kind-Interaktion

Selma Fraiberg und ihre Studiengruppe (2003) beobachteten in Behandlungen von Säuglingen unterschiedliche Verhaltensphänomene von Babys, die mehr als nur ein Reflex waren und die Kommunikation zwischen Mutter und Kind beeindruckend steuerten. Das Alter der Kinder lag zwischen dem dritten Lebensmonat und zweiten Lebensjahr. Sie bezeichnete diese beobachteten Verhaltensweisen als *frühe pathologische Abwehren*. Man könne zwar von den frühen Abwehren eine Verbindung zu frühen psychischen Abwehrmechanismen wie Spaltung, Identifikation, Vermeidung und Verleugnung herstellen, dürfe sie diesen aber nicht gleichsetzen. Sie beschreibt folgende Abwehren:

➢ *Einfrieren:* Das Baby erstarrt, bis zum körperlichen Zusammenbruch.

➢ *Vermeiden:* Das Baby blendet die problematische Person aus seiner Wahrnehmung aus, als gäbe es diese Person nicht.

➢ *Kämpfen:* Das Baby wehrt sich gegen alles, was von der Pflegeperson initiiert wird.

➢ *Transformation des Affekts* (Affektumwandlung): Das Baby reagiert gegenteilig, z.B. statt sich zu empören zeigt es sich überfreundlich, einschmeichelnd.

➢ *Umkehrung des Affekts:* Das Baby richtet seinen Angriff statt auf die verletzende Person auf sich selbst (selbstverletzendes Verhalten).

Die frühen Abwehren schützen das Kind zwar in diesem Moment vor Desintegration oder Überflutung, gehen aber vermutlich gleichzeitig mit einem erheblichen Objekt- und Selbstverlust einher. Das Kind verarmt seelisch. Die Hypothese der Verarmung beruht auf unserer vorherigen Annahme, dass im Inneren des Kindes die Begleitgefühle die Verbindungen für die Ganzheitlichkeit herstellen. Um die Unerträglichkeit überhaupt überstehen zu können, geht das Kind eine Fragmentierung ein und gibt Teile von sich auf oder gibt sich ganz auf: Das gehört nicht zu mir, das bin ich nicht, da ist nichts.

Transgenerationale Weitergabe der Abwehren und Traumata

Eine andere Störungsquelle besteht in der Weitergabe der *Abwehrqualität* der elterlichen Reaktionen auf die affektiven Signale des Babys. Einige dieser Reaktionen wurden im Zusammenhang mit dem gestörten Container-Contained-Zusammenspiel bereits vorgestellt. Sie werden vom Kind aufgenommen und eingebaut (internalisiert) in seine inneren Arbeitsmuster, ohne im Bewusstsein verankert zu sein und zeigen sich wiederkehrend in seinen »Antwortreaktionen«. Diese Muster können unbewusst lebenslang das Interaktionsverhalten steuern. Dieses Verharren in einer gespiegelten Abwehr, weil das mentalisierende (denkende) Containment der Eltern versagt, hindert das Kind weiter, seine Affekte zu »verdauen« und sich selbst wahrzunehmen.

Getrenntheit und Bindung

Neben den heftigen Körperempfindungen, die ein Baby am Lebensanfang aus dem Gleichgewicht bringen und die im elterlichen Container verstanden und gemildert werden müssen, gibt es noch einen wesentlichen Umstand, der ein Baby oder Kleinkind zutiefst aus der Fassung bringen kann: die *Trennung* von seinen Bezugspersonen, die den Kern seines Universums bilden, die ihm Orientierung geben, mit denen es sich in Symbiose vereint hat. Dies ist ein generelles Phänomen, das nicht auf den Wochenkrippenaufenthalt beschränkt ist. Die Neurobiologie (u. a. Hüther, 2001; Braun & Helmke, 2008) weist darauf hin, dass nichts ein Baby so in Angst und Stress versetzt, wie der plötzliche Verlust seiner Mutter. Nach dem, was wir bisher zusammengetragen haben, ist dies völlig nachvollziehbar.

Alles, was wir bisher erfahren haben über das Zusammenspiel zwischen einem Kind und seinen Beziehungspersonen und die Prägung der Hirnstrukturen, beeinflusst die Fähigkeit, sich zu binden, und damit die Qualität der Bindung. Deshalb können wir, um die frühe Objektbeziehung zu beschreiben, die Bindungsstile nutzen. Der Begründer der Bindungstheorie John Bowlby und seine Schüler (Bowlby, 2021 [1987]; Ainsworth, 2021 [1977]) teilten sie in vier Kategorien ein:

1. sicher
2. unsicher und vermeidend
3. unsicher und ambivalent
4. desorganisiert

Daraus leiten sich unterschiedliche Beziehungs- und Bewältigungsmöglichkeiten ab, die in der Regel lebenslang wirksam bleiben und besonders unser Erleben in Verlust- und Trennungssituationen prägen (vgl. Brisch, 1999). Abbildung 2 zeigt eine Zusammenfassung dessen, was das Kind braucht, um sicher gebunden zu sein.

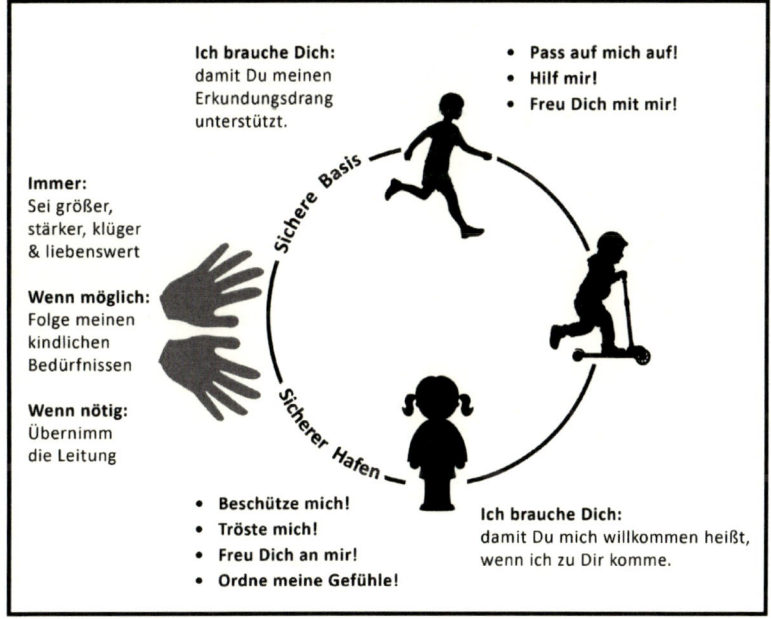

Abb. 2: Feinfühligkeit, Bindung und Exploration (Becker-Stoll, 2018)

Keine Kindheit verläuft ohne Frustration, Kummer, Missverständnisse. Diese sind in einem gewissen Maße sogar notwendig für die kindliche Entwicklung (vgl. Stern, 2020 [1985]): Wie sich herausstellte, regen die kleinen Lücken im Beisammensein, Trennungen, Grenzen, Warten müssen, das kleine Kind zum Denken an, das Abwesende gedanklich in sich hervorzurufen. Das hilft ihm zu lernen, Trennung und Getrenntheit bewusst auszuhalten ohne in Ohnmachtsgefühle, Angst oder Wut zu geraten, sondern diese vielmehr als Teil unserer menschlichen Existenz anzuerkennen. Das ist eine lebenslange Aufgabe, in der man sich immer wieder üben muss. Wenn sie einigermaßen gelingt, können wir auch Differenz, Andersartigkeit und Begrenzung ertragen. Aber wenn zu früh von uns verlangt wird in Getrenntheit zu leben, ohne dass wir ausreichend Erfahrungen mit dem Zusammensein in der Symbiose ansammeln konnten (das heißt ohne ausreichend Orientierung über gut und schlecht, gefährlich und freundlich, ohne Sicherheit und ohne die Erfahrung: »Ich bin gewollt, ich darf sein, werde verstanden und gehalten, ich bewirke etwas«), dann müssen wir uns als Erwachsene vor dem Alleinsein, dem Verlust eines Anderen schützen durch Abkapselung, Bindung an nicht lebendige Objekte, Gefühlsarmut oder Aktivitäten, um nicht überrollt zu werden von der Angst, verlassen und verloren zu sein.

Bedeutung des Zeitverständnisses für die frühe psychische Entwicklung

Für das kindliche Empfinden sind Trennungen, die sie zeitlich nicht überblicken können bzw. deren Ende für sie nicht absehbar ist, faktisch ein Abschied für immer. Weil sich das Zeitverständnis in Etappen entwickelt, erlebt ein Baby eine kurze Abwesenheit seiner Mutter als unendlich, während ein Kleinkind sie bereits über einige Stunden entbehren kann. Es dauert bis zum Ende der Grundschulzeit, bis Kinder die abstrakten Zeitmaße wie Jahr, Monat, Woche, Tag, Stunde oder Minute einigermaßen verinnerlicht haben (vgl. De Coster & Blanchard, 2013).

Weil ich mich nicht erinnern kann, wird alles normal gewesen sein

Viele Menschen, die bereits früh – also im ersten Lebensjahr – von ihren primären Bezugspersonen getrennt wurden, sind der Überzeugung, das habe ihnen nichts ausgemacht, denn sie könnten sich an keinen Kummer erinnern. Frühe

Trennungserfahrungen sind jedoch in unserem *impliziten Gedächtnis* oder *emotionalen Gedächtnis* gespeichert, das zum limbischen System gehört und dem Bewusstsein nicht zugänglich ist. Nur in gegenwärtigen Situationen, die der ursprünglichen (Lern)Erfahrung nahe kommen, können wir in Kontakt mit unseren frühen Gefühlen kommen, die unser Verhalten unter Umständen stark beeinflussen, ohne dass wir direkt Einfluss nehmen können. Dies kann z. B. das Erleben von tiefer Traurigkeit, Verlassenheit oder Groll umfassen. Auch der Schritt in die eigene Elternschaft mit der Zeugung und Geburt eigener Kinder kann das frühe emotionale Erleben wiederbeleben, weil wir uns völlig auf das abhängige Kind einstellen und dadurch auch die eigenen frühen Bedürfnisse und Ängste aktiviert werden. Erst etwa ab dem 18. Lebensmonat können wir auf unser episodisches/szenisches Gedächtnis zurückgreifen, das größtenteils bewusst erinnert wird und biografische Szenen speichert. Und da liegt bereits eine prägende Lebenszeit hinter uns.

Was kann ein Baby in negativen Stress (Distress) bringen?

Bevor wir uns nun den Folgen zu früher Trennung durch die Aufnahme in die Wochenkrippe zuwenden, sollte noch zusammengetragen werden, welche Umstände ein Baby/Kleinkind überfordern und in Distress (negativer Stress verbunden mit Angst) bringen, unabhängig davon, ob es in der Familie oder in Fremdbetreuung aufwächst. Zum einen sind es die gefährlichen Umstände wie Misshandlung, Missbrauch, Vernachlässigung, Mangel an existenziellen Mitteln wie Nahrung, Wasser, Kleidung oder extreme Sinneseindrücke wie z. B. Lärm. Zum anderen handelt es sich immer um Situationen, in denen dem Kleinkind nicht ausreichend Mitgefühl und Verstehen für seine Zustände entgegengebracht werden. In den ersten Lebensmonaten sind das meist rohe Körperzustände, die das Kind überfluten.

Das, was uns in späteren Jahren stört oder lästig ist, wie z. B. ein Hungergefühl, ist für das Baby eine Katastrophe und wird von ihm als lebensbedrohlich wahrgenommen. Je jünger es ist, desto radikaler ist die »Gefahr«, der Distress.

Bleibt ein schreiendes Kind allein, so wird es nach einer Weile erschöpft aufgeben, resignieren, ohne dass sich in ihm geklärt hat, worin seine Not besteht. Bleibt wiederholt eine Reaktion aus, wird das Kind seine Not nur noch hinausschreien ins Leere, dann geht es nicht mehr um Mitteilung und Kontakt, sondern nur noch ums Loswerden. Ein weinendes Kind braucht Mitgefühl, Beruhigung, körperlich spürbaren Trost sowie Erklärung, um seine außer Kontrolle geratenen Gehirn- und Körpersysteme wieder ins Gleichgewicht zu bringen (Becker-Stoll, 2018). Eine Kindheit, in der es an Liebe fehlt, wenig oder keine emotionale Resonanz oder Anregung gegeben wird, in der Misshandlungen, Missbrauch, wiederholte Überforderungen, Schmerzen, Armut oder Verlassenheit stattfinden, war für die betroffenen Babys und Kleinkinder schrecklich, vielleicht sogar so traumatisierend, da das Erleben abgespalten und nicht im Selbst aufgenommen werden konnte. Und diese Kindheiten hinterlassen anatomische Spuren im Nervensystem, die uns in der Verarbeitung unseres späteren, weitaus leichteren Alltag lebenslang behindern, vielleicht sogar krank werden lassen.

Unmittelbare Folgen der Aufnahme in eine Wochenkrippe

Fehlende Orientierung

Wenn ein Baby in den ersten Lebenswochen (oder -monaten) in eine Wochenkrippe aufgenommen wird, zerbricht die Symbiose zwischen Mutter/Vater und Baby vorzeitig. Das Kind verliert Halt und Orientierung und empfindet existenzielle Angst. Ein Baby kann noch nicht verstehen, wieso Personen verschwinden, auf die es gänzlich angewiesen war, und dann irgendwann wieder auftauchen (Martino, 1983). Wenn es nicht in einen inneren Rückzug geht, sucht das Baby mit fremden Personen die Verbindung zu ersetzen, die es verloren hat. Wegen des ständigen Wechsels der Betreuerinnen und des Pflegeregimes können jedoch kaum Intimität, eine Umhüllung aus Verständnis und ein Geborgenheitsgefühl aufkommen. Schlaf-, Ess- und Gedeihstörungen, Schwächung des Immunsystems und Infektanfälligkeit sowie Spielunlust sind typische Anzeichen dieses Eingriffs in seine Lebenswelt. Wie gefährlich die frühe Betreuung in einer Wochenkrippe für ein Baby war und ist, zeigen zahlreiche Studien, die kognitive, emotionale und soziale Rückstände nachweisen, die sich nach der Rückkehr in die Familie nicht automatisch zurückbilden (vgl. Rosenberg, 2022).

Das Problem der Lücke

Zwischen Kind und Eltern entstehen Erfahrungslücken. Die Eltern können nicht wachsen, wenn die gemeinsamen Erfahrungen mit dem Kind fehlen. Auch das Baby bzw. Kleinkind lebt in unterschiedlichen Welten. Viele Betroffene erinnern sich an Fremdheit, sogar Abneigung im Zusammenhang mit der Lücke zwischen ihrem Wochenkrippenalltag und den Personen, die ihnen zwei Tage lang am Wochenende entgegenkommen, aber fremd in ihren Gewohnheiten, Abläufen und Sprache bleiben. Diese Lücke wirft sie in eine diffuse Ungewissheit. Solche Lücken führen zur Orientierungslosigkeit und Verwirrung, also Stress. Wird dieser Stress mithilfe eines fühlend-denkenden Erwachsenen nicht in Gefühle und Gedanken transformiert, kann das kindliche Gehirn nicht die Verbindungen aufbauen, die es braucht, um Stress wirksam durch Gedanken und Vorstellungen bewältigen zu können. Die Stressregulation ist anfangs, bis ein Kind selbst reflektieren kann, die Aufgabe der Eltern. Ist ein Kind damit zu früh allein gelassen, versucht es sich oft in einen Trancezustand zu versetzen durch stereotype Bewegungen, wie z. B. Körperschaukeln oder Tagträumen, und verliert an emotional-sozialer Lernfähigkeit.

Zu frühe Trennung – 50 Jahre später

Ich werde nachfolgend von einer Patientin berichten. Ich nenne sie Vera Blume, die von der sechsten Lebenswoche bis zum Kindergartenalter im vierten Lebensjahr in einer Wochenkrippe lebte. Ihr Schicksal und die Einblicke in ihre innere Welt sagen vermutlich mehr, als eine abstrakte Aufzählung von sogenannten typischen Symptomen oder Störungsbildern bzw. Folgeerscheinungen, die mit einem Aufenthalt in der Wochenrippe in Verbindung gebracht werden können. Die folgende Geschichte wurde von Frau Blume berichtet bzw. während ihrer Psychotherapie reflektiert.

Frau Blume kam Anfang der 1960er Jahre in einer Kleinstadt der ehemaligen DDR auf die Welt. Schwangerschaft und Geburt sollen normal verlaufen sein. Sie war das erste und einzige gemeinsame Kind ihrer Eltern. Beide hatten bereits eine geschiedene Ehe hinter sich, aus der auch Kinder hervorgegangen waren. Die Mutter brachte ihre sechs Jahre ältere Tochter in die zweite Ehe mit. Der Vater hielt keinen Kontakt zu seinen Kindern. Die Beziehung zur Halbschwester war bis zum Beginn der Psychotherapie eher kühl und lose. Zum einen, weil Frau Blume bereits ab dem zweiten Lebensmonat über drei Jahre die Schwester wöchentlich nur für zwei Tage sah, zum anderen, weil die Ältere als Vorbild immer wieder von den Eltern vorgeführt wurde, wenn Vera nicht ihren Erwartungen entsprach, d. h. nicht so schnell und gut denken konnte, ängstlich gegenüber Neuem und Ungewissem war, sich motorisch ungeschickt zeigte, nachts einnässte, sich schüchtern verhielt und später in der Schule schlecht lernte.

Besonders die Mutter machte vom frühesten Alter an keinen Hehl aus der Enttäuschung, die ihr die Tochter bereitete: »Ach, was bist Du wieder so kompliziert.« Frau Blume quälte sich immer wieder – auch während unserer Therapie – mit der Frage, worin die generelle Enttäuschung der Mutter bestand, die sie oft als Ablehnung ihrer Person erlebte. Eigentlich hätte sie nicht sein sollen, hat sie viel später von der Mutter erfahren:»Du warst ein geplatztes Kondom.« So ist es möglich, dass der Fötus bereits vorgeburtlich die Ablehnung seiner Mutter aufnahm. Als Erwachsene erkennt sie in der Therapie: Eigentlich hätte sie ein Junge werden sollen, vielleicht der Ersatz für Mutters Bruder, der sich kurz vor Veras Geburt suizidiert hatte. Sie bemühte sich bereits im Kleinkindalter der Mutter zu gefallen, sie zu umschmeicheln, unauffällig und pflegeleicht zu sein und sie aufzumuntern. Frau Blumes szenische Erinnerung setzt in dem Alter ein, als sie zu laufen begann, das war mit ca. 16 Monaten. Aber es ergaben sich Hinweise auf bereits frühere Erinnerungen, also unverbundene, kontextfreie Eindrücke, wie z. B. Gerüche und Farben, die sie erst im Laufe der Therapiesituationen zuordnen konnte.

Beide Eltern waren gebildet, übten Schreibtischberufe aus ohne Schichtdienst. Die Familie lebte anfangs beengt, dann in einer sogenannten Neubauwohnung mit Fernheizung. Der Vater interessierte sich so gut wie gar nicht für die Mädchen bzw. das Familienleben, »verkroch sich in sein Arbeitszimmer«. Die Mutter klagte oft, ihr sei alles zu viel und bezog an den zwei Tagen des Wochenendes, die Vera zu Hause verbrachte, oft ihre in der Nähe lebende Mutter in die Kinderpflege ein. Der mütterliche Großvater flüchtete nach der Entlassung aus der Kriegsgefangenschaft in die Bundesrepublik und vertröstete jahrelang Frau und Kinder, dort einen gemeinsamen Lebensort schaffen zu wollen. Nicht thematisiert und ungeklärt blieb, wieso er an dieser Trennung festhielt. Frau Blume schildert die Umgebung der Wochenkrippe und ihrer Familie akribisch genau, erinnert Tristesse, Langeweile, die lediglich durch die freundliche Oma etwas aufgehellt wurde, die ihr an kalten Tagen Honigmilch machte, mit ihr sang oder spielte. Dennoch war Vera immer wieder froh, zu Hause zu sein, weil sie dort etwas mehr individuelle Zuwendung bekam als im Heim. Frau Blume spürte oft das Gefühl, sie solle »gar nicht da sein«.

Zerrissen zwischen Hoffnung und Angst verlief der Weg Veras bis zur Krippe. Sie erinnert, wie unerbittlich trotz Jammern und Schreien sie an der großen dunklen Tür in die Arme der Kinderschwester übergeben wurde. Die Mutter betrat das Haus nicht, drehte sich um und ging. Die Frage der Schwester: »Was ist denn?« wirkte auf das kleine Mädchen sinnlos und vertiefte eher noch die Verzweiflung, weil es ihr völlig unverständlich erschien, dass es da noch etwas zu fragen gäbe. Schreiend wurde sie in den Schlafsaal gebracht. Dort standen die Gitterbettchen in geringem Abstand voneinander. Sie erkannte ihr Bettchen:

»Aha das ist meins«, weil darin Veras Stoffhase von der Oma lag. Außen ist er bis auf die harte Nase weich, knistert und riecht so besonders, weil er – wie sie später erfährt – mit Holzwolle gefüllt war. Er diente als Kopfkissen. Das Knistern hört sie wie eine beruhigende Stimme. Ihm kann sie auch etwas vorbrabbeln oder erzählen, reinbeißen, zerren und streicheln. Er half ihr, den Zustand zu überbrücken »im Nichts zu sein« zwischen Mutter und Krippenwelt. Man könnte sagen, der Hase diente als Übergangsobjekt. Für die Abwesenheit der Mutter oder einer mütterlichen Bezugsperson gab es keinen wirklichen Trost. Vera Blume sieht sich in ihrem Gitterbettchen stehen, allein, schreiend, rufend, aus der Ferne hört sie die Stimmen der Kinder. Manchmal legte sie sich hin und spannte die Beinmuskeln an und drückt die Fußsohlen gegen die Gitterstäbe. Der Widerstand tat gut, ließ sie sich selbst spüren, gab ihr Halt. Oder sie schlief ein. Manchmal kam eine Betreuerin, hob sie auf: »Ja. Du hast es schwer.« Diese Szenen schilderte sie Jahrzehnte später so klar und detailliert, als hätten sie sich erst gestern ereignet. Allerdings tauchen darin außer dem Schrei noch keine kindlichen Worte auf. Im Laufe der Woche war Vera ein angepasstes Mädchen. Manchmal erinnerte sie – als sie schon um die zwei Jahre alt ist –, dass sie nachts ins Bett machte. Das wurde aber nicht bestraft, sie musste sich nur selbst umziehen. Was geboten wurde, befolgte sie. Sie schloss sich manchmal anderen Mädchen an, spielte aber meist alleine mit einem Wagen, den sie gerne füllte und leerte oder hin und her rollte. Sie fühlte sich ungeschützt den älteren Kindern ausgeliefert. Obwohl sie ein gerne gesehenes Krippenmädchen war, fühlte sie sich oft bedroht, als bestünde Gefahr und sie ermahnte sich innerlich: »Aufgepasst! Hab Acht! Nichts falsch machen.« Sie stand wie neben sich. Bis auf eine Betreuerin, die sie manchmal auf ihrem Schoß duldete, erhielt sie wenig Zuwendung, verlor aber ihre Sehnsucht danach nie. Freitagnachmittag oder Sonnabendfrüh tauchte die Mutter auf, um sie abzuholen. Der Abschied von der Krippe und diensthabenden Kinderschwester war zwar nicht dramatisch wie montags von der Mutter, aber sie spürte einen seltsamen Widerwillen gegenüber dem Wechsel. Sie wollte nicht schon wieder weg und anderswo hin. Diesmal fragte die Mutter: »Was ist denn los?«, weil ihre Tochter ihr nicht entgegenstrahlte. Es dauerte einige Stunden, dann taute das Kind auf. Oft bei der Großmutter, bei der sie blieb, während die Mutter ihren Wochenendbesorgungen nachging. Dennoch überkam sie jeden Freitagabend oder Samstagvormittag, je nach Abholtermin, eine Abneigung gegen die Wechsel, Angst und dann, sobald sie das unerwünschte Fremdheitsgefühl überwunden hatte, kam immer wieder eine Hoffnung auf: »Diesmal wird es zu Hause besser werden.« Es stellten sich auch kurze glückliche Momente ein, wenn sie vertieft spielen und die Welt um sich herum vergessen konnte. Aber dann, wenn die

Vorbereitungen für die Rückkehr in die Krippe nicht mehr zu übersehen waren, begann der Schmerz und zugleich klammerte sich das Mädchen an die Vorstellung: »Diesmal wird es nicht sein. Sie werden es nicht tun. Sie werden mich nicht beseitigen.« Etwas abwechslungsreicher, aber nur wenig stupider wurde der Alltag, als sie schließlich mit dreieinhalb Jahren die Krippe verlassen konnte. Die große Wende stellte sich jedoch nicht ein. Sie lebte »wie in einer Blase. Nichts geht mich an«, so leer war es um sie. Ein »seltsames Körpergefühl«, das sich erst im Laufe unserer Therapie auflöst, nimmt sie immer häufiger wahr. Sie fühlt sich »nicht ganz, ihr fehlt ein Teil von sich«, besonders betrifft das ihren Hinterkopf. Ihr Bauch ist oft angespannt. Erst viel später erkennt sie, dass sich so ihre Angst, abgewiesen zu werden, ausdrückt. Der Vater trennte sich, kurz bevor Vera in die Schule kam, sodass ihr aus dieser Zeit besonders die kritische Stimme der Mutter im Ohr ist: »Hab Dich nicht so«, wenn sie schüchtern war, das Herz raste und sie stotterte. In der Schule gelang das Lernen nicht. Immer wieder geriet sie ins Träumen, schnell in Verwirrung, sobald sie etwas nicht verstand, und versuchte oft, sich mit innerlichem Zwiegespräch ins Gleichgewicht zu bringen. Sie fühlte sich als Versagerin, als Last für die Mutter. Sie liebte eine Hortnerin, auf deren Schoß sie ihren Kopf manchmal legen durfte. Dort fand sie Halt. Auch die Oma vermittelt ihr diese Erfahrung, trotz ihrer gelegentlichen Alkoholexzesse. Plötzlich, als die Oma für einige Monate den Haushalt führte und sich täglich freundlich um die Enkelin bemühte, erntete die schlechte Schülerin beste Noten, konnte rechnen und denken. Aber der Erfolg zerfiel, als die Oma wieder ging. Die körperlichen Veränderungen der Pubertät verstärkten ihre Überzeugung, unvollkommen, verlassen, »immer nur in einem Traumland« und der Wirklichkeit nicht gewachsen zu sein. Sie unternahm einen Suizidversuch, den sie in ihrem Abschiedsbrief damit begründete, sie wolle nicht länger ihrer Mutter und ihrem neuen Partner zur Last fallen. Von da an wurde sie zwar weniger kritisiert, konnte sich mehr äußern und in Kontakt kommen, aber die *inneren Ängste* und *Körperphänomene* bestanden unverändert weiter. Auch begann sie, sich mit Essen zu füllen, sobald sie sich verlassen fühlte. Sie schaffte die mittlere Reife und eine Ausbildung als Bauzeichnerin. Als die Großmutter starb, wurde deutlich, wie lebensuntüchtig und orientierungslos ihre Mutter war, sodass Frau Blume viele Belange für sie regeln musste. Dieser Schritt in die Realität stieß die Loslösung aus den engen Primärbeziehungen an. Sie verließ die Kleinstadt, fand an anderem Ort eine gute Anstellung und eine Wohnung und erstmals einen Partner. Diese Beziehung und zwei weitere scheiterten in den folgenden Jahren, sobald – wie sie später erkennt – es um Verbindlichkeit und Verantwortung ging. »Ich hatte ein Mangelgefühl, dass mit mir was nicht stimmte und musste weinen, ohne es steuern zu können.« Sie geriet in eine schwere Depression, begab sich in stationäre Behandlung, anschließend in ambulante Psychotherapie. Allmählich erlebte sie sich beziehungsfähiger, ging eine Ehe ein, ein Sohn wurde geboren. Aber einige Auffälligkeiten blieben bestehen: Bluthochdruck, Übergewicht, massive Körpersensationen, irrationale Angst vor Vorgesetzten und sobald Innigkeit aufkommt, muss sie weinen. Auch fragte sie sich immer mehr: »Wer bin ich, worin besteht meine Identität? Eigentlich bestehe ich nur aus Anpassungen.« Und besonders beunruhigte sie, dass sie unwillkürlich und häufig in Tränen ausbricht, sobald sie die Lebensfreude und das Selbstbewusstsein ihres Sohnes wahrnimmt. Undefinierbare Gefühlswellen überrollen sie. Sie fragt sich: »Sehe ich mich in meinem Sohn gespiegelt? Neide ich ihm seine glückliche Kindheit oder überwältigt mich ein Glücksgefühl?« Sie kann ihre Gefühle nicht differenzieren.

In unserer psychotherapeutischen Arbeit gingen wir besonders und erstmals auf ihre frühen Lebenserfahrungen ein, wie die wiederkehrenden gewaltsamen Trennungen, die fehlende Resonanz und Empathie, das mangelnde elterliche Engagement, die unausgesprochene Verneinung ihrer Person, den Anpassungsdruck. Und wir stellten fest, dass in einer unsensiblen Erwachsenenwelt immer wieder verstehende, sensible Personen als Retter auftauchten, deren Angebote sie ergriff und dass sie nie die Sehnsucht nach Verbindung verloren hatte. Ihr wurde deutlich, dass aus dem Mangel auch Ressourcen gewachsen waren wie die Fähigkeit zur Solidarität, der Wille zu verstehen und das Wenige, was sie erhielt, aufzunehmen. Ihr wurde klar, dass ihre Identität sich nicht allein aus der Wochenkrippenumwelt, sondern auch durch ihre aktive Auseinandersetzung damit gebildet hat. In diesem Zusammenhang musste sie sich nicht mehr mit Essen füllen und trösten, wurde schlanker, gesünder, einfallsreicher, gefasster und lernte, sich selbst zu lieben.

Aber wir mussten einen langen Weg bis dahin gehen. So sehr sich Vera Blume die Therapie wünschte und schätzte, wuchsen mit zunehmender Intensität und Intimität unserer Beziehung in ihr Ängste mir gegenüber als Vertreterin der Erwachsenenwelt aus dem Dort-und-Damals der frühen Kindheit. In dieser Übertragungssituation wurde sie zum ausgesetzten, verlassenen Baby, ich zur Mutterperson, die die Macht hatte, zu gehen und zu kommen, wann sie wollte, dem Kind die begehrte Zuwendung zu geben oder vorzuenthalten. Während der Sitzungen wurde sie oft von heftigen Körpersensationen, die sie nicht steuern konnte, befallen wie leerer Kopf, Herzrasen, verkrampfter Bauch, Harndrang, Erstarrung am ganzen Körper. Gegenüber der Therapeutin stiegen Misstrauen, Zorn, Wut und Ängste auf, die Vera Blume damit begründete, sie könne von ihr verstoßen, weggegeben werden an einen anderen Therapeuten, weil sie so eine schwache, dumme Person sei. Obwohl Frau Blume immer bewusster wurde, dass ihr internalisiertes Mutterobjekt für ihre Lebensbewältigung wenig brauchbar war, führten nicht intellektuelle Einsicht oder Erinnerungen zu Veränderung, sondern Erfahrungen mit ihrer Therapeutin. Sie erlebte im zuverlässigen Rahmen der regelmäßigen Sitzungen mein »offenes Ohr« für alles, was sie bewegte – besonders ihre Trennungsängste und Bedrohungsfantasien –, und den unerbittlichen Versuch, alles zu verstehen – besonders ihre Körpersprache –, wie eine seelische Ernährung in einem Entwicklungsraum (vgl. Winnicott, 1993). Und so war es meinerseits auch angelegt. Es brauchte viele kleine Erfahrungen, bis sie von meiner Gutartigkeit und Unzerstörbarkeit überzeugt war. Sie empfand selbst kleine Veränderungen, wie eine zeitliche Verschiebung der Therapiestunde, als Gefahr eines drohenden Verlustes, einer Abwendung, oder sie geriet in Wut, dass nicht sofort, nachdem sie geklingelt hatte, der Türöffner bedient wurde. Es beschämte Vera Blume zutiefst, so infantil zu fühlen, und ich musste ihr helfen, ihr inneres Baby zu verstehen, zu respektieren und vor ihren Vorwürfen zu schützen, auf seine Körpersprache zu hören und sie zu übersetzen. Dass es keine Konfrontationen gab mit ihren unrealistischen Ängsten und Unterstellungen oder Umerziehungsversuche, an die sie sich hätte anpassen sollen, war ihr neu. Ihr inneres Baby konnte noch einmal entlang der Erfahrungen von Halten und Verstehen sein inneres Mutterobjekt korrigieren. Nicht selten kam in mir Hoffnungslosigkeit auf, dass sich nichts ändern würde in Frau Blumes Lebenshaltung. Ich interpretierte dieses Gefühl, auf der Stelle zu treten, als Ausdruck der Resignation des Vera-Babys. Diese Deutung half, mitzufühlen, wie schwer (vielleicht sogar todesnah) es damals war, das Alleinsein auszuhalten und half zugleich die tragfähige Zweisamkeit in der Therapiesituation wahrzunehmen, in der dieses Gefühl aufkommen konnte. So arbeiteten wir uns allmählich an ein Entwicklungsniveau heran, auf dem innere und äußere Konflikte als Teil des Lebens wahrgenommen und verkraftet werden können, und sie sich ebenso als aktive Mitgestalterin ihrer Beziehungen und Konflikte, und nicht nur als passivausgeliefertes Opfer, sehen konnte. Mit dieser neuen Perspektive gelang es ihr, das Weggeben in die Wochenkrippe und die Empathieverweigerung ihrer Mutter auch als Ausdruck unbearbeiteter generationsübergreifender Belastungen zu verstehen und zu erkennen, dass Trennung und Getrenntheit zum Leben gehören und bedauerlich sind, aber nicht zerstörend sein müssen. In dieser kurzen Zusammenfassung habe ich mich auf das innere Baby, die Begegnung mit dem Trennungstrauma und dem inneren Mutterobjekt beschränkt. Weitere Themen wie die sexuelle Entwicklung, die Partnerschaft oder berufliche Bewährung wurden zwar bearbeitet aber hier nicht behandelt.

Folgen der frühen Trennung im Erwachsenenalter

Jenseits ausgeprägter klinischer Störungsbilder wie Angsterkrankungen und Depressionen, psychosomatischer Symptome, posttraumatischer Belastungsstörungen und Persönlichkeitsstörungen, möchte ich, ohne Anspruch auf Vollständigkeit, hier einige Persönlichkeitsmerkmale bzw. Seelenzustände nennen, die mir in den psychotherapeutischen Behandlungen ehemaliger Wochenkrippenkinder auffielen. Es handelt sich um Eigenschaften, die die Bindungs- und Beziehungsfähigkeit einschränken und damit die Lebensqualität beeinträchtigen. Sie fallen oft nicht ins Auge, sind aber für die Betroffenen schwer erträglich. Nicht zu übersehen ist in der nachfolgenden Zusammenstellung, dass die Selbstwahrnehmung ambivalenter Gefühle, also die Sowohl-als-auch-Konstellation und die damit verbundenen Ambivalenzkonflikte fehlen. Dagegen werden An- oder Abwesenheit als zutiefst konfliktbehaftet empfunden. Beziehungskonflikte beziehen sich überwiegend auf Zweiersituationen (Dyade).

1. Selbstsicht, Selbstvorstellung:

➢ tiefe Zweifel am eigenen Wert; ein tiefes Gefühl der Wertlosigkeit: »Ich war es meinen Eltern nicht wert, sich um mich zu kümmern. Anderes war ihnen wertvoller.«

➢ eigene Wertlosigkeit versus Idealisierung des Anderen oder umgekehrt

➢ Die Umwelt wird überwiegend bedrohlich und nicht wohlwollend erlebt; so pendelt das Daseinsgefühl überwiegend zwischen der Opferrolle: »Was tut man mir an« und der Täterrolle: »Was tue ich anderen an, weil ich mich schützen muss.«

➢ Die Reflexionsfähigkeit über sich selbst und für die Realität ist niedrig, sie muss erst allmählich wachsen. Die Frage nach dem »Wieso und Warum« wird nicht gestellt. Stattdessen wird innere Leere oder Resignation beschrieben: »Das war eben so« oder »Das ist eben so.«

➢ Vermutungen und (ungeprüfte) Annahmen überwiegen die Realitätsprüfung.

➢ Die eigenen Wünsche, Talente, Bedürfnisse und eigenes Begehren sind wenig bewusst bzw. die Fähigkeit diese einzuschätzen ist eingeschränkt

➢ Denkbehinderung durch Ohnmachtgefühle: »Ich bin ausgeliefert«, oder durch heftige Wut: »Was wird mir angetan?«

➢ Scham- und Schuldgefühle, unzureichend, schlecht, schwach, hilflos, »kindisch« zu sein

> eingeschränkte Fähigkeit, sich in einer Situation selbst zu beobachten (Dritte Position)

2. Körperselbst:

> körperliche Dissoziation und Überflutung: »Mein Körper macht, was er will«, »Ich bin nicht Herr/Frau im eigenen Haus«. Oder Körperteile führen ein Eigenleben: »Mir fehlt etwas«, wie z. B. »Meine Rückseite. Es steht niemand hinter mir, der mich stützt oder schützt« oder »Mein Kopf ist leer. Ich kann nicht denken, obwohl ich es will« oder »Es fehlt die Haut als Grenze« bzw. »Sie ist löchrig und zu durchlässig«.

> Körpersensationen (wie Herzrasen, Ekel) getriggert durch bestimmte Gerüche, Geräusche oder Bilder.

> Kleine Objekte/Gegenstände wie z. B. Spielzeuge oder Tücher besitzen eine übergroße Bedeutung. Ihre physikalische Qualität (kalt-warm, glatt-rauh, weich-hart) ist in die Erinnerung eingebrannt und verbindet sich mit seelischen Zuständen wie Ruhe-Unruhe, Trost-Verzweiflung.

3. Umgang mit Anforderungs- und Leistungssituationen:

> Tendenz zur Kopflosigkeit, Panik, nicht denken können, die Worte fehlen

> Leistungshemmung, Vermeiden von Konkurrenzsituationen

> Die Übersicht (Ordnung) fehlt oder geht verloren, während man an Details festklebt, sie akribisch beschreibt und bewertet.

> Bereits kleine Hindernisse führen zum Absturz in Hoffnungslosigkeit: »Ich muss mir selbst helfen, kann es aber nicht.«

> Abhängigkeit von Lob und Tadel: »Wie ein kleines Kind.«

4. Beziehungsfähigkeit:

> Überempfindlichkeit gegenüber Trennungssituationen, die als Verlust, Gefahr, Vernichtung bzw. Verwundung, Entwertung erlebt werden.

> Bereits kleine Zeichen von Differenz oder Distanz werden als Abkehr, Abwendung gedeutet, Spielräume nicht ertragen; deshalb Vermeidung solcher Konstellationen, dafür starke Anpassungsleistungen, die als Erwartung der Umwelt umgedeutet werden.

> Neigung zu radikalen Brüchen im Sinne »Entweder-oder«. Das »Sowohl-als-Auch« ist nicht möglich.

> Bedrohungs- und/oder Verfolgungsgefühle überwiegen im Lebensalltag und besonders, wenn sich Differenzen auftun.

- ➤ Zweifel an der Haltbarkeit von Beziehungen versus Anklammerung an den Anderen und Kontrolle
- ➤ Angst vor Elternfiguren wie Vorgesetzten
- ➤ in Konflikten Rückzug statt Auseinandersetzung
- ➤ hohe Fähigkeit zur Einfühlung in Gleichaltrige (die mitleidenden anderen Kinder), Zusammenhalt im Leid

5. Umgang mit Konflikten, Stress:
   - ➤ Es überwiegen Körperreaktionen und Affektlabilität.
   - ➤ Unfähigkeit, sich kritisch abzugrenzen, die Realität im Hier und Jetzt zu prüfen
   - ➤ Tendenz, die Situation zu kontrollieren: In den Behandlungen sind manchmal kleine Änderungen oder Absagen, kleine Wandlungen im Behandlungsraum nötig. Sie bewirken eine psychische Regression und werden deshalb verwechselt mit Verlust, Abwendung, feindlicher Haltung. Es kommen Verwirrung, Orientierungslosigkeit auf. Die Patienten beschreiben körperliche Panik, neigen zu Beschuldigungen des Therapeuten oder zur Selbstbeschuldigung.

Abschließende Gedanken

Frühe Erfahrungen wie das Leben in einer Wochenkrippe, in der das Baby eines unter vielen ist und wenig emotionale Resonanz erhält, desintegrierte Zustände alleine bewältigen und sich fremden Rhythmen anpassen muss, lassen sich nicht löschen, aber mildern. Solche Erfahrungen können ein Kind nicht zerstören – soweit es die Wochenkrippe überlebte (vgl. Rosenberg, 2022) –, aber sie können es erheblich in seinem seelischen Wachstum behindern und sein Leben als Erwachsener erschweren.

Deshalb müssen solche Erfahrungen in einer vertrauensvollen, wertschätzenden Beziehung so breit wie möglich an die Oberfläche geholt, genau untersucht, benannt und bewertet werden. Neben der Aufarbeitung der Einzelschicksale sind wissenschaftliche Studien zu den möglichen Folgen einer Wochenkrippenbetreuung aufzunehmen. Stärker als bisher müssen die Wochenkrippen und deren mögliche Folgen Aufmerksamkeit in der Gesellschaft und in der Aufarbeitung der DDR erhalten. Oder wie es ein ehemaliger Patient ausdrückte: »Das Schicksal der Wochenkrippenkinder soll nicht vergessen werden. Als Baby konnte man sich nicht zur Wehr setzen. Als Erwachsener gibt es kein gesellschaftliches Gehör.«

Die ehemaligen Wochenkrippenkinder müssen als diejenigen Mitglieder der Gesellschaft angesehen werden, auf deren Kosten sich die DDR-Gesellschaft nach dem Krieg stabilisierte. Die Frauen waren als Arbeitskräfte für die Volkswirtschaft, die durch die Reparationsleistungen an die Sowjetunion extrem geschwächt war, unentbehrlich. Und gleichzeitig waren sie als Mütter allein dafür verantwortlich, die Kinder großzuziehen. Das Rollenverständnis für Mann und Frau hatte sich kaum geändert, weshalb die frühe Fremdbetreuung, zu der die Wochenkrippe gehört, eingeführt wurde. Bildung und Berufstätigkeit der Frauen nutzten dem Staat. Die Kinder hatten den Preis zu zahlen.

Literatur

Ainsworth, M. D. (2021 [1977]). Feinfühligkeit versus Unempfindlichkeit gegenüber den Signalen des Babys. Skalen zur Erfassung mütterlichen Verhaltens In K. E. Grossmann & K. Grossmann (Hrsg.), *Bindung und menschliche Entwicklung – John Bowlby, Mary Ainsworth und die Grundlagen der Bindungstheorie* (7. Aufl., S. 98–107). Klett-Cotta.

Appleton, M. (2015). Der Einfluss des Geburtstraumas auf das seelische und körperliche Wohlbefinden des Babys. In S. Hildebrandt, H. Blazy, J. Schacht & W. Bott (Hrsg.), *Schwangerschaft und Geburt prägen das Leben* (S. 41–54). Mattes Verlag.

Bauer, J. (2005). *Warum ich fühle, was Du fühlst.* Hoffman und Campe.

Becker-Stoll, F. (2018). Zeit für Bindung in Familie und Kita. In G. Götting, C. M. Bromann & M. Möller (Hrsg.), *Zeit geben – Bindung stärken* (2. Aufl.). Beltz Juventa.

Bion, W. R. (1992). *Lernen durch Erfahrung* (10. Aufl.). Suhrkamp.

Bowlby, J. (2021 [1987]). Bindung. In K. E. Grossmann & K. Grossmann (Hrsg.), *Bindung und menschliche Entwicklung – John Bowlby, Mary Ainsworth und die Grundlagen der Bindungstheorie* (7. Aufl., S. 70–97). Klett-Cotta.

Braun, K. & Helmke, C. (2008). Neurobiologie des Bindungsverhaltens: Befunde aus der tierexperimentellen Forschung. In L. Ahnert (Hrsg.), *Frühe Bindung* (5. Aufl., S. 281–296). Reinhart Verlag.

Brisch, K.-H. (1999). *Bindungsstörungen – Von der Bindungstheorie zur Therapie.* Klett-Cotta.

De Coster, L. & Blanchard, C. (2013). Die Zeitvorstellung junger Kinder und das Zeitverständnis unserer Gesellschaft. *Kinder in Europa. Den Kindern gehört die Zeit, 25*(12).

Fraiberg, S., Adelson, E. & Shapiro, V. (2003). Ghosts in the nursery: A psychoanalytic approach to the problems of impaired infant-mother relationships. *Parent-infant psychodynamics: Wild things, mirrors and ghosts, 87,* 117.

Hüther, G. (2001). Die neurobiologischen Auswirkungen von Angst und Streß und die Verarbeitung traumatischer Erinnerungen. In A. Streeck-Fischer, U. Sachsse & I. Özkan (Hrsg.), *Körper, Seele, Trauma* (S. 94–114). Vandenhoeck & Ruprecht.

Hüther, G. (2003). Was Kinder brauchen. Neuere Erkenntnisse aus der Hirnforschung. Original-Aufzeichnung eines Vortrages in Idstein, Oktober 2006 und eines Seminars in Zürich, Juli 2006. Auditorium Netzwerk, Verlag für Audio-Visuelle Medien.

Hüther, G. (2007). Miteinander und aneinander wachsen – Emotionale und soziale Grundlagen menschlicher Entwicklung. In U. von der Leyen (Hrsg.), *Füreinander da sein. Miteinander handeln* (S. 19–41). Herder.

Hüther, G. (2012). Prä- und perinatale Einflüsse auf die Hirnentwicklung. In T. Liem, A. Schleupen, P. Altmeyer & R. Zweedijk (Hrsg.), *Osteopathische. Behandlung von Kindern* (2. unv. Aufl. S. 161–164). Haug Verlag.

Kaiser, R. H., Clegg, R., Goer, F., Pechtel, P., Beltzer, M., Vitaliano, G., Olson, D. P., Teicher, M. H. & Pizzagalli, D. A. (2018). Childhood stress, grown-up brain networks: corticolimbic correlates of threat-related early life stress and adult stress response. *Psychological Medicine, 48*, 1157–1166.

Martino, B. (1983). *Lóczy, wo kleine Menschen groß werden*. Dokumentarfilm. Ungarn.

Rosenberg, F. v. (2022). *Die beschädigte Kindheit – Das Krippensystem in der DDR und seine Folgen*. C. H. Beck.

Roth, G. & Strüber, N. (2014). *Wie das Gehirn die Seele macht*. Klett-Cotta.

Stern, D. (2020 [1985]). *Die Lebenserfahrung des Säuglings* (12. Aufl.). Klett-Cotta.

Strüber, N. (2022). *Risiko Kindheit*. Klett-Cotta.

Sunderland, M. (2017 [2010]). *Die neue Elternschule*. Dorling Kindersley.

Winnicott, D. W. (1990). *Reifungsprozesse und fördernde Umwelt*. Fischer.

Winnicott, D. W. (1958d). Anxiety associated with insecurity. In D. W. Winnicott (1958a), *Collected Papers: Through Paedriatics to Psycho-Analysis* (S. 99f.). Tavistock.

Biografische Notiz

Agathe Israel, Dr. med., ist Psychoanalytikerin sowie Fachärztin für Psychiatrie, Kinder- und Jugendpsychiatrie sowie Psychotherapie. Sie arbeitete in der stationären Kinder- und Jugendpsychiatrie und ist Mitbegründerin des Instituts für analytische Kinder- und Jugendlichen-Psychotherapie »Esther Bick« (IAKJP) Berlin. Seit über 20 Jahren behandelt sie Säuglinge und Kleinkinder und ihre Eltern mit der Methode der analytischen Säuglings-Kleinkind-Eltern-Psychotherapie (SKPT), die sie mitentwickelte. Sie untersucht frühe Beziehungen und Lebensbedingungen, wie z.B. die institutionelle Frühbetreuung in der DDR und heutigen Zeit. Zusammen mit der analytischen Kinder- und Jugendlichenpsychotherapeutin Gisela Geist hat sie 2020 einen »Aufruf zur Wende in der Frühbetreuung« verfasst, der nunmehr durch die »Gesellschaft für frühkindliche Bindung« vertreten wird. In ihren Publikationen befasst sie sich mit Säuglingsbeobachtung, Frühgeborenen, Krippenbetreuung, frühen Objekterfahrungen und der psychoanalytischen Psychotherapie.

Heimplatzierung von Kleinkindern in der Schweiz – 60 Jahre danach

Patricia Lannen, Heidi Simoni & Oskar Jenni

Die Studie »Lebensgeschichten« untersuchte Personen, die als Kleinkinder in Heimen platziert worden waren und vor rund 60 Jahren an Studien von Dr. Meierhofer teilgenommen hatten. Sie wurden in den Jahren 2019 bis 2022 erneut untersucht und zu ihren Erinnerungen befragt.

In der Schweiz war die Unterbringung von Kleinkindern in Heimen in der ersten Hälfte des 20. Jahrhunderts nicht unüblich (Ryffel, 2013). Die Hauptgründe für eine Heimplatzierung eines jungen Kindes waren einerseits ein Ledigenstatus oder die Minderjährigkeit der Mutter oder andererseits ein Status als Gastarbeiter:in (Meierhofer & Keller, 1974). Als junge unverheiratete Mutter ein Kind zu bekommen, galt aus Sicht der Behörden und der Gesellschaft als »liederlich« und die Erziehungsaufgabe wurde bei der Geburt des Kindes an den Staat übertragen (Lengwiler & Praz, 2018). Gastarbeiter:innen waren aufenthaltsrechtlichen Einschränkungen ausgesetzt und erhielten eine Aufenthaltsbewilligung für ihre Vollzeittätigkeit. Daher mussten sie nicht selten ihr Kind in einem Heim betreuen lassen (D'Amato, 2012; Joris, 2012). Die Säuglinge wurden meist bereits wenige Tage nach der Geburt in einem Heim untergebracht (Huber, 1995).

Bis in die späten 1960er Jahre wurde der Säugling als »einfaches, reflexgesteuertes Wesen« betrachtet (Meierhofer, 1958) und die Haltung vertreten, dass ein Kind streng erzogen werden muss, damit es zu einem funktionierenden Mitglied der Gesellschaft werden kann (Gebhardt, 2009). Disziplin und Ordnung waren unmissverständliche Forderungen der Hygienebewegung des 19. Jahrhunderts, die zu einer drastischen Senkung der Säuglingssterblichkeit führten. In Heimen und Kinderspitälern wurden die damit verbundenen Hygieneregeln besonders restriktiv umgesetzt (Jenni, 2018). So war die »Isolation« der Kinder die Norm. Sie hatten nur so viel Körperkontakt zu den Bezugspersonen wie zwingend nötig und wurden nach einem vorgegebenen Zeitplan gefüttert (Ryffel, 2013). Die Betreuungspraxis zeichnete sich durch rigide Routinen aus, die wenig Rücksicht auf die individuellen Bedürfnisse der Kinder zuließ. Auch wurde die Auffassung vertreten, dass den Säuglingen kein Schaden zugefügt wird, wenn sie von fremden und wechselnden Betreuungspersonen versorgt werden. So waren die Kinder in den Heimen zwar körperlich und medizinisch gut versorgt, es herrschten jedoch Bedingungen von chronischer psychosozialer Deprivation (Meierhofer & Keller, 1974). Kurz, die Kinder erhielten weder die notwendige zwischenmenschliche Zuwendung noch eine adäquate Stimulation und Förderung.

Die Untersuchungen von Dr. Marie Meierhofer

Dr. med. Marie Meierhofer (1909–1998) war eine Schweizer Kinderärztin und Kinderpsychiaterin. Von 1948 bis 1952 war sie Stadtärztin von Zürich und gründete 1957 das Institut für Psychohygiene im Kindesalter (seit 1978 Marie Meierhofer Institut für das Kind).

In einer populationsbasierten Vollerhebung erfasste sie ab 1958 über einen Zeitraum von 16 Monaten den Entwicklungs- und Gesundheitszustand aller 431 Kinder, die in den zwölf Säuglingsheimen in Zürich untergebracht waren. Die Kinder waren wenige Monate bis drei Jahre alt. Sie waren körperlich gut versorgt (Ernährung, Hygiene, medizinische Betreuung), verbrachten jedoch den Großteil des Tages in ihren Bettchen und hatten durchschnittlich weniger als eine Stunde Interaktionszeit mit einer erwachsenen Person. Der Betreuungsschlüssel lag bei über vier Kindern pro Betreuungsperson.

Abbildung 1 zeigt ein Zimmer in einem Säuglingsheim und veranschaulicht die damaligen Lebensbedingungen.

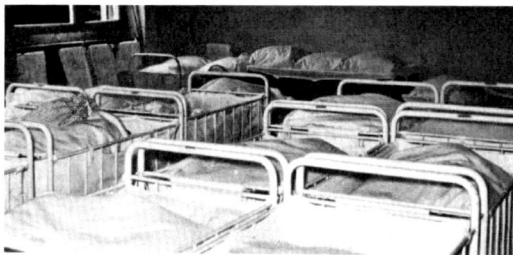

Abb. 1: Zimmer in einem Zürcher Säuglingsheim, Mitte der 1950er Jahre (Quelle: Archiv Marie Meierhofer Institut für das Kind)

Um die weitere Entwicklung und den Gesundheitszustand dieser Kinder zu erfassen, führten Dr. Meierhofer und ihr Team zwischen 1971 und 1973 eine Folgestudie der ursprünglichen Kohorte durch und konnten 143 inzwischen Jugendliche im Alter von 13 bis 15 Jahren erneut untersuchen. Verglichen wurden die Daten der Kinder in den Säuglingsheimen mit jenen von Kindern, die zur selben Zeit in Zürich in Familien aufwuchsen und im Rahmen der Zürcher Longitudinalstudien (ZLS) des Universitäts-Kinderspitals Zürich untersucht wurden. Die ZLS umfasst drei Kohortenstudien mit insgesamt über 1.000 Kindern zu Wachstum, Gesundheit und Entwicklung von der Geburt bis in das junge Erwachsenenalter. Zwischen 1954 und 1961 wurden 445 gesunde Säuglinge in die ZLS aufgenommen und die körperliche, motorische, kognitive und soziale Entwicklung der Kinder sowie deren Umfeld von der Kindheit bis in das junge Erwachsenenalter umfassend untersucht. Das Ziel der ZLS war, die verschiedenen Bereiche der kindlichen Entwicklung im Detail zu beschreiben und individuelle Entwicklungsverläufe besser zu verstehen.

Die Daten von Dr. Meierhofer wurden im Rahmen des Projektes »Lebensgeschichten«, unter dem Nationalen Forschungsprogrammes 76 Fürsorge und Zwang, mit modernen statistischen Methoden neu analysiert. Dabei wurden die ursprünglichen Befunde bestätigt: Kinder, die im Säuglingsheim platziert waren, wiesen in der frühen Kindheit im Vergleich zu denjenigen Kindern, die in Familien aufwuchsen, signifikante Verzögerungen in allen Entwicklungsbereichen auf. Die sprachlichen und sozialen Fähigkeiten der Säuglinge waren dabei am meisten beeinträchtigt (Sand et al., 2022). Diese beiden Entwicklungsbereiche sind stärker als andere von Umwelteinflüssen geprägt (Jenni, 2021).

Entwicklung, Gesundheit und Lebensverläufe der ehemals Heimplatzierten über 60 Jahre

Im Rahmen der Studie »Lebensgeschichten« wurden alle Personen, die an der Studie von Dr. Meierhofer teilgenommen hatten, sowie alle teilnehmenden Personen der ZLS in den Jahren 2019 bis 2022 erneut kontaktiert und im Alter von etwa 60 Jahren untersucht (Lannen et al., 2021; Wehrle et al., 2021). Das Ziel der Studie war es, das Leben der Personen, die ihre frühe Kindheit in Heimen verbracht haben, zu erfassen und ihre Gesundheit und ihr Wohlbefinden im späten Erwachsenenalter zu dokumentieren. Die Personen wurden durch das Schweizer Einwohnerregister gesucht. Von den angeschriebenen Personen entschieden sich rund die Hälfte dafür, an der Studie teilzunehmen. Insgesamt nahmen 130 Personen an der Studie teil.

Methodisches Vorgehen

Um Einblicke in die Lebenswege und Erkenntnisse über die Gesundheit und das Wohlbefinden der zwischen 1958 und 1962 in Säuglingsheimen platzierten Personen zu gewinnen, wurde eine Kombination von Erhebungsmethoden eingesetzt: Mithilfe von Fragebögen wurden demografische Daten sowie standardisierte Informationen zur körperlichen und psychischen Gesundheit, zu den sozialen Fähigkeiten, zum Arbeits- und Familienleben, zum Ausbildungsweg und zum beruflichen Hintergrund, zu kritischen Lebensereignissen und zu Transitionen im Lebensverlauf erhoben. Neben dem Fragebogen wurde im Rahmen von neuropsychologischen Erhebungen die kognitive und motorische Leistungsfähigkeit erfasst. Ergänzend waren die Teilnehmer:innen eingeladen, im Rahmen von biografisch-narrativen Interviews ihre Lebensgeschichten zu erzählen (Rosenthal, 2005).

Ethische Herausforderungen

Für die Untersuchung im Rahmen des Projektes wurden ethische Risiken identifiziert, deren Beachtung sicherstellen sollte, dass den Teilnehmer:innen kein Schaden zukam. Dazu gehörten (1) das Risiko, eine zuvor unbekannte oder nichterinnerte Heimunterbringung offenzulegen, (2) das Risiko, eine verschwiegene Heimunterbringung gegenüber den nächsten Angehörigen aufzudecken, (3) die Belastung, von einer zuvor unbekannten Teilnahme in einer Studie im Kleinkindalter zu erfahren, (4) das Erzählen von potenziell belastenden Ereignissen aus der Vergangenheit und (5) die Belastung durch den Archivzugang und die Lektüre von eigenen Fallakten.

Um diesen möglichen Risiken zu begegnen, wurde ein umfassendes Ethikprotokoll ausgearbeitet, das jeden Schritt der Studie detailliert beschrieb und verschiedene Maßnahmen umfasste. Dazu zählte eine ausführliche Einverständniserklärung, die Freiwilligkeit der Teilnahme, die Möglichkeit, die Teilnahme jederzeit zu widerrufen, sowie der Schutz von personenbezogenen Daten (Lannen et al., 2022). Zu jedem Zeitpunkt der Studie standen verschiedene Wege für einen Studienabbruch offen (Telefon, E-Mail, Post). Die Teilnehmer:innen wurden ausschließlich von erfahrenen Forscher:innen mit entsprechender Schulung kontaktiert. Sie wurden regelmäßig nach Belastungen gefragt und psychologische Unterstützung war für Studienteilnehmer:innen und Forscher:innen gleichermaßen verfügbar. Die Studie wurde von der Ethikkommission der Philosophischen

Fakultät der Universität Zürich geprüft und bewilligt und das Ethikprotokoll mit detaillierten Informationen in einer wissenschaftlichen Zeitschrift publiziert (Lannen et al., 2022).

Zudem wurde eine unabhängige Expertin beauftragt, sich mit der damaligen Forschungspraxis zu beschäftigen (Brauer, 2019). Die Ethikerin Dr. Susanne Brauer stützte ihre Beurteilung auf die historische Forschungsdokumentation sowie auf die damaligen Berichte und Veröffentlichungen. Sie kam zum Schluss, dass Dr. Meierhofer an den wichtigsten ethischen Grundsätzen festhielt, die auch heute noch gelten, besonders am Grundsatz, den Kindern keinesfalls durch die Forschung Schaden zuzufügen.

Im Sinne partizipativer Forschung bestand ein wichtiger Teil der Studienvorbereitung darin, von Betroffenen kritische Rückmeldungen zum wissenschaftlichen Vorgehen einzuholen. Dafür wurden bereits vor Studienbeginn fokussierte Interviews mit vier Betroffenen durchgeführt und sowohl das Vorgehen als auch die Schreiben an die Teilnehmenden besprochen und entsprechend überarbeitet (Lannen et al., 2020). Damit wurde nicht zuletzt dem Wunsch der von fürsorgerischen Zwangsmaßnahmen Betroffenen nachgekommen, in die Forschung einbezogen zu werden (UEK Administrative Versorgungen, 2019).

Erste Resultate

Die Datenanalyse ist zum Zeitpunkt des Verfassens der vorliegenden Publikation noch in vollem Gange. Es werden im Folgenden erste, vorläufige Resultate aus den Interviews berichtet. Zu einem späteren Zeitpunkt werden noch Resultate zu Gesundheit und Wohlbefinden aus den quantitativen Teilen der Studie erwartet.

Es zeigten sich dabei große Unterschiede in Bezug auf die Lebensverläufe der Personen, sowohl in Bezug auf Bildungs- und Berufsverläufe als auch darin, wie es den Teilnehmer:innen nach eigener Einschätzung gegenwärtig geht und wie sie die Ereignisse aus ihrer Kindheit einordnen.

Viele der Personen drückten eine große Wertschätzung dafür aus, ihre Geschichte erzählen zu dürfen. Bei vielen war dies im Rahmen der Studie zum ersten Mal der Fall. Einige hatten das Gefühl, an den Erfahrungen in der frühen Kindheit gewachsen zu sein. Etliche Personen beschrieben aber auch, dass sie bis heute stark unter ihren Erfahrungen in der Kindheit litten. Sie sprachen davon, dass ihre sozialen Beziehungen zu Freund:innen, Partner:innen und Familienmitgliedern aufgrund der Ereignisse durch Misstrauen und emotionale Distanz geprägt seien. Manche berichteten von der Herausforderung, als Mutter oder Vater gegenüber den eigenen Kindern Wärme und Zuneigung empfinden zu können. Manche berichteten, dass ihre Kinder ebenfalls fremdplatziert worden waren. Andere beschrieben einen starken Wunsch, als Eltern sicherzustellen, dass ihre Nachkommen eine gute Kindheit und stabile Beziehung zu den Eltern hatten. Einige beschlossen, aufgrund der Erfahrungen in der Kindheit, keine eigenen Kinder zu bekommen.

Manche Interviewte erzählten, dass ihre Unterbringung im Säuglingsheim eine Art Familiengeheimnis war. Sie berichteten, dass ihre Eltern sich für die Platzierung schämten und nur ungern über die Zeit sprachen, in der ihnen die Obhut entzogen und ihr Kind fremdplatziert worden war. Die Interviewten berichteten von Eltern, die bedauerten, damals keine andere Wahl gehabt zu haben. Einige Personen sprachen auch darüber, wie sehr ihre Eltern (insbesondere die Mütter) immer noch darunter litten und wie sich dies auf die Eltern-Kind-Beziehung auswirkte. Sie sprachen darüber, dass ihre (Halb-/Adoptiv-/Pflege-/Stief-)Geschwister manchmal einen ganz anderen Lebensweg eingeschlagen hätten, wenn diese in der Herkunftsfamilie – weil die Eltern unterdessen geheiratet hatten oder der Aufenthalt in der Schweiz geklärt war – oder bei Verwandten im Ausland aufwachsen konnten.

Einigen Studienteilnehmer:innen war ihre Unterbringung in einem Säuglingsheim bis zur Kontaktaufnahme durch das Studienteam nicht bekannt. Sie bestätigten, dass sie sich an die Ereignisse von damals nicht erinnern können.

Bedeutung der Studienresultate

Zuwendung, Sicherheit und Geborgenheit in der frühen Kindheit

Die ersten Lebensjahre sind entscheidend für die Gesundheit von Kindern und die Entwicklung ihrer motorischen, sprachlichen, kognitiven, sozialen und emotionalen Kompetenzen (Black et al., 2016). In keinem anderen Lebensabschnitt lernen Menschen so viel wie in der frühen Kindheit. Eine wichtige Voraussetzung dafür sind verlässliche, vertraute und verfügbare Bezugspersonen, die dem Kind ein liebevolles Umfeld (Hughes et al., 2017) und eine angemessene Stimulation bieten (Maclean, 2003).

Allerdings stellt es wissenschaftlich eine große Herausforderung dar, die Bedingungen der frühen Kindheit und die Risiko- und Schutzfaktoren für das weitere Leben über den Lebensverlauf hinweg zu untersuchen. Befunde zu den

Voraussetzungen der ersten Lebensjahre auf den Lebensverlauf basieren vor allem auf korrelativen Studien. Bei nur wenigen Studien handelt es sich um längsschnittliche Untersuchungen, noch seltener um solche über die ganze Lebensspanne. Experimentelle und kontrollierte Studienanlagen zu den frühkindlichen Bedingungen können aus ethischen Gründen nicht durchgeführt werden. Beobachtungsstudien unter quasi-experimentellen Bedingungen, die die Kinder und späteren Erwachsenen über mehrere Jahrzehnte hinweg begleiten, sind aufwendig und auch deshalb selten. Die Studie »Lebensgeschichten« bietet deshalb eine einzigartige Gelegenheit, Antworten auf die Fragen nach den bestmöglichen Voraussetzungen in der frühen Kindheit und ihre Auswirkungen auf den Lebensverlauf von Menschen kennenzulernen.

Die vorliegende Studie zeigt sehr eindrücklich, dass die Bedürfnisse eines Kindes nach Zuwendung, Sicherheit und Geborgenheit für die langfristige Entwicklung sowie die körperliche und psychische Gesundheit und damit für ein gesundes und glückliches Leben zentral sind. Da die Kinder zum Zeitpunkt ihrer Erstuntersuchung im Säuglingsheim in den späten 1950er Jahren körperlich gut versorgt waren, erlaubt die Studie, die Bedeutung von psychologischen Bedürfnissen des jungen Kindes von den körperlichen Bedürfnissen nach ausreichender Nahrung und Unversehrtheit zu trennen.

Gleichzeitig belegt die Studie deutlich, wie unterschiedlich sich die Menschen nach vergleichbaren, potenziell traumatisierenden Lebensereignissen in der frühen Kindheit über die Lebensspanne entwickeln können. Die Lebenswege der Studienteilnehmer:innen haben sich in vieler Hinsicht sehr unterschiedlich entwickelt. Die Studie »Lebensgeschichten« konnte somit zeigen, dass Menschen sich auch trotz ungünstiger Bedingungen, denen sie in ihrer frühen Kindheit ausgesetzt sind, gesund entwickeln können. Sie beschreiben sich im späten Erwachsenenalter als glückliche Menschen, weil es ihnen beispielsweise im Verlaufe des Lebens gelungen ist, eigene Vorstellungen von einem erfüllten Leben umzusetzen und zu leben. Die Ergebnisse der Studie widerspiegeln die Befunde zu resilienten Entwicklungen, wie sie auch in anderen Untersuchungen mit Kindern dokumentiert sind, die unter widrigen Umständen aufwuchsen (Masten, 2011; Werner, 2013).

Auswirkungen von Fremdplatzierungen vor 1981

Bis zur Gesetzesreform von 1981 beschrieben verschiedene Studien die Maßnahmen und Praktiken der behördlichen Kinderfürsorge in der Schweiz als invasiv und in einen rechtlichen Kontext eingebunden, der die Menschenrechte verletzte (Hauss et al., 2018). Die Maßnahmen umfassten die Unterbringung von Säuglingen, Kindern und Jugendlichen in Kinder- und Jugendheimen oder auf Bauernhöfen als Verdingkinder sowie Zwangsadoptionen. In den letzten Jahren wurden in der Schweiz verschiedene Anstrengungen zur wissenschaftlichen Aufarbeitung und der Wiedergutmachung dieser sogenannten »Fürsorgerischen Zwangsmassnahmen und Fremdplatzierungen bis 1981« unternommen (UEK Administrative Versorgungen, 2019). Die institutionelle Unterbringung in den ersten Lebensjahren wurde jedoch auch in neueren Arbeiten fast vollständig ausgeklammert (Akermann et al., 2012; Furrer et al., 2014; Hafner, 2011), auch deshalb, weil sich die in Säuglingsheimen untergebrachten Individuen im Gegensatz zu anderen Betroffenengruppen aufgrund ihres jungen Alters bei der Platzierung nicht an die Ereignisse erinnern können.

Die Ergebnisse der Studie tragen zum Verständnis der Auswirkungen von fürsorgerischen Zwangsmaßnahmen und Fremdplatzierungen vor 1981 in der Schweiz wesentlich bei. Sie beleuchten die Folgen von Platzierungen von Kindern im Säuglingsalter unter psychosozialer Deprivation mit Blick auf ihren Lebensverlauf 60 Jahre nach ihrer Platzierung im Heim.

Damaliger Zeitgeist und zeitgeistliche Erziehungsvorstellungen

Die Studie »Lebensgeschichten« beleuchtet ein zentrales Stück Schweizer Heimgeschichte. Einiges wurde zu Kinderheimen schon publiziert. Zur Säuglingsheimpraxis ist jedoch vergleichsweise wenig bekannt (Grubenmann & Vellacott, 2020). Ein Grund dafür ist mitunter, dass sich die Betroffenen selbst nicht an diese Zeit erinnern können. Sie sind sozusagen stumme Zeitzeugen, weil sie über ihre ersten Lebensjahre selbst nicht berichten können (Lannen et al., 2020).

Die gesellschaftlichen Vorstellungen der Versorgung von jungen Kindern in der ersten Hälfte des 20. Jahrhunderts – sie schreien lassen für gesunde Lungen, eine klare Routine, wenig Selbstbestimmung und strikte Hygiene – entsprachen den Idealen von bürgerlichen Kleinfamilien und wurden in den Heimen ebenfalls umgesetzt (Gebhardt, 2009; Ramsauer, 2000). Harsche Disziplinierung und Körperstrafen waren viel verbreiteter als dies heute der Fall ist (Durrant, 2022).

In der Studie zeigte sich, dass viele der ehemals Heimplatzierten keinen Zugang zu Unterlagen oder Erinnerungen an die frühen Jahre hatten. Für viele Teilnehmer:innen war der Zugang zu Fotografien, zu Beschreibungen ihrer frühen Umgebung und ihres Tagesablaufs dank der Einladung zur Studienteilnahme und die damit verbundene Einsicht in archivierte Studienunterlagen möglich. Dadurch konnten sie ihre Lebensgeschichte um einen wichtigen Teil ergänzen, wofür viele dankbar waren. In anderen Studien sind zahlreiche Fälle dokumentiert, in denen Personen berichten, dass sie erst durch eine Einsicht in ihre Akten das Gefühl bekommen hätten, dass ihre Erinnerungen einen Platz in ihrer ganz persönlichen Geschichte finden konnten (Ziegler et al., 2018). Die Arbeiten des amerikanisch-israelischen Soziologen Aron Antonovsky zur Salutogenese beschreiben die große Bedeutung des »Kohärenzgefühls«. Das Kohärenzgefühl ist das Ausmaß, in dem man die Ereignisse des Lebens als verständlich und überschaubar wahrnimmt. Er beschrieb dies als entscheidend für die erfolgreiche Bewältigung und ein gesundes Leben trotz Widrigkeiten (Antonovsky, 1987). So scheint es auch für die heutige Praxis wichtig, platzierte Kinder zu begleiten und ihre Kindheit zu dokumentieren, sodass sie später Zugang zu dieser wichtigen Lebensphase haben.

Heimplatzierungen im globalen Kontext

Die Bedingungen und Praktiken in Schweizer Heimen haben sich in den letzten Jahrzehnten stark verändert und man ist sich der Grundbedürfnisse der Kinder bewusst. Jedoch befinden sich weltweit immer noch Millionen von Kindern in Heimen. Von diesen Kindern leben im globalen Süden viele noch heute unter sehr ähnlichen Umständen in Heimen, wie dies in der Schweiz in den 1950er und 1960er Jahren die Regel war (Desmond et al., 2020). Für diese Kinder sind die aktuellen Studienresultate hochrelevant.

Ausblick

Es ist geplant, die untersuchte Gruppe von ehemals heimplatzierten Menschen weiter zu begleiten und zu beleuchten, wie ihre Lebensgeschichten weitergehen. Die Studie hat außerdem gezeigt, dass sich die Auswirkungen der Platzierung nicht nur auf die platzierten Personen selbst beschränken, sondern auf das ganze Familiensystem wirken. Dafür werden wir in einer Nachfolgestudie auch die Stimmen der Eltern der damals platzierten Personen – als letzte lebende Zeitzeugen – einfangen. Wir werden zudem mit den Geschwistern sprechen und auch die Nachkommen untersuchen, um zu verstehen, wie es der nächsten Generation geht.

Dank

An dieser Stelle möchten wir allen Studienteilnehmer:innen ganz herzlich für ihr Vertrauen und ihre Bereitschaft danken, sich in die Studie einzubringen und ihre Lebensgeschichten zu teilen. Sie leisten damit einen wichtigen Beitrag zur Aufarbeitung der bislang wenig bekannten Säuglingsheimgeschichte der Schweiz und machen auf diese Weise die langfristigen Folgen sichtbar. Neben der Finanzierung durch das NFP 76 »Fürsorge und Zwang« trugen ebenfalls finanzielle Mittel der Stadt Zürich, des Lotteriefonds des Kantons Zürich, der Grüninger Stiftung sowie der Maiores Stiftung zur erfolgreichen Umsetzung der Studie bei. Dafür sind wir dankbar.

Literatur

Akermann, M., Furrer, M. & Jenzer, S. (2012). *Bericht Kinderheime im Kanton Luzern im Zeitraum von 1930–1970*. (Schlussbericht Zuhanden Des Regierungsrats Des Kantons Luzern, Unter Der Leitung von Markus Furrer, Pdf-Ausgabe) [Schlussbericht]. Gesundheits- und Sozialdepartement des Kantons Luzern.

Antonovsky, A. (1987). *Unraveling the mystery of health: How people manage stress and stay well*. Jossey-Bass.

Arnold, C., Huwiler, K., Raulf, B., Tanner, H. & Wicki, T. (2008). *Pflegefamilien- und Heimplatzierungen: Eine empirische Studie über den Hilfeprozess und die Partizipation von Eltern und Kindern*. Somedia Buchverlag.

Biäsch, H. & Fischer, H. (1969). *Testreihen zur Prüfung von Schweizer Kindern vom 4.–15. Altersjahr* (2.). Huber.

Black, M.M., Walker, S.P., Fernald, L.C.H., Andersen, C.T., DiGirolamo, A.M., Lu, C., McCoy, D.C., Fink, G., Shawar, Y.R., Shiffman, J., Devercelli, A.E., Wodon, Q.T., Vargas-Barón, E. & Grantham-McGregor, S. (2016). Advanced Early Childhood Development from Science to Scale 1: Early childhood development coming of age: Science through the life course. *The Lancet*. http://dx.doi.org/10.1016/S0140-6736(16)31389-7

Bowers, M.E. & Yehuda, R. (2016). Intergenerational Transmission of Stress in Humans. *Neuropsychopharmacology, 41*(1), 232–244. https://doi.org/10.1038/npp.2015.247

Brauer, S. (2019). *Ethische Einschätzung bezüglich der Einbindung von Probanden in den beiden Marie Meierhofer-Studien zur Entwicklung von Heimkindern von 1958–1961 und 1971–1973*. Brauer & Strub.

Brunet, O. & Lézine, I. (1955). *Échelle de développement psychomoteur de la première enfance*. Editions scientifiques et psychotechniques.

D'Amato, G. (2012). Die durchleuchtete, unsichtbare Arbeitskraft. Die italienische Einwanderung in die Schweiz in den 50er Jahren. In T. Pfunder (Hrsg.), *Schöner leben, mehr haben. Die 50er Jahre in der Schweiz im Geiste des Konsums* (S. 237–252). Limmat.

Desmond, C., Watt, K., Saha, A., Huang, J. & Lu, C. (2020). Prevalence and number of children living in institutional care: Global, regional, and country estimates. *The Lancet Child & Adolescent Health, 4*(5), 370–377. https://doi.org/10.1016/S2352-4642(20)30022-5

Durrant, J. E. (2022). Corporal Punishment: From Ancient History to Global Progress. In R. Geffner, J. W. White, L. K. Hamberger, A. Rosenbaum, V. Vaughan-Eden & V. I. Vieth (Hrsg.), *Handbook of Interpersonal Violence and Abuse Across the Lifespan: A project of the National Partnership to End Interpersonal Violence Across the Lifespan (NPEIV)* (S. 343–365). Springer International Publishing. https://doi.org/10.1007/978-3-319 -89999-2_13

Furrer, M., Heininger, K., Huonker, Thomas, Jenzer, S. & Praz, A.-F. (Hrsg.). (2014). *Fürsorge und Zwang: Fremdplatzierung von Kindern und Jugendlichen in der Schweiz 1850–1980. (Entre assistance et contrainte: les placements des enfants et des jeunes en Suisse 1850–1980).* Schwabe.

Gebhardt, M. (2009). *Die Angst vor dem kindlichen Tyrannen: Eine Geschichte der Erziehung im 20. Jahrhundert.* Deutsche Verlags-Anstalt (DVA).

Grubenmann, B., & Vellacott, C. (2020). Das Säuglingswohl im Kontext von fachlichem Wissen und »guter« Praxis. In S. Businger & M. Biebricher (Hrsg.), *Von der paternalistischen Fürsorge zu Partizipation und Agency. Der gesellschaftliche Wandel im Spiel der Sozialen Arbeit und der Sozialpädagogik* (S. 101–115). Chronos.

Hafner, U. (2011). *Heimkinder: Eine Geschichte des Aufwachsens in der Anstalt.* Hier + Jetzt.

Hauss, G., Gabriel, T. & Lengwiler, M. (Hrsg.). (2018). *Fremdplatziert. Heimerziehung in der Schweiz, 1940–1990.* Chronos.

Huber, D. (1995). Ein halbes Jahrhundert in Erwartung. Zur Geschichte der in der Schweiz bis heute fehlenden Mutterschaftsversicherungen. *Olympe: Feministische Arbeitshefte Zur Politik, 3,* 92–99.

Hughes, K., Bellis, M. A., Hardcastle, K. A., Sethi, D., Butchart, A., Mikton, C., Jones, L. & Dunne, M. P. (2017). The effect of multiple adverse childhood experiences on health: A systematic review and meta-analysis. *The Lancet Public Health, 2*(8), e356–e366. https://doi. org/10.1016/S2468-2667(17)30118-4

IJzendoorn, M. H. van, Bakermans-Kranenburg, M. J., Duschinsky, R., Fox, N. A., Goldman, P. S., Gunnar, M. R., Johnson, D. E., Nelson, C. A., Reijman, S., Skinner, G. C. M., Zeanah, C. H. & Sonuga-Barke, E. J. S. (2020). Institutionalisation and deinstitutionalisation of children 1: A systematic and integrative review of evidence regarding effects on development. *The Lancet Psychiatry, 7*(8), 703–720. https://doi.org/10.1016/S2215 -0366(19)30399-2

Jenni, O. (2018). Kindermedizin im Wandel. In *Kinder- und Jugendmedizin heute und morgen: Entwicklungen und Herausforderungen* (S. 29–47). NZZ Libro.

Jenni, O. (2021). *Die kindliche Entwicklung verstehen: Praxiswissen über Phasen und Störungen.* Springer. https://doi.org/10.1007/978-3-662-62448-7

Joris, E. (2012). Dezenter Sex appeal – eklatante Diskriminierung. Weiblichkeits- und Männlichkeitsmythen in Zeiten von Textilrevolution und Kaltem Krieg. In T. Pfunder (Hrsg.), *Schöner leben, mehr haben. Die 50er Jahre in der Schweiz im Geiste des Konsums* (S. 105–119). Limmat.

Lannen, P., Bombach, C. & Jenni, O. G. (2020). Using participatory methods to develop and implement research on historic compulsory social measures and placements in Switzerland. *International Journal for Child, Youth and Family Studies, 11*(4.1), 96–120. https://doi.org/10.18357/ijcyfs114202019940

Lannen, P., Bombach, C., Sticca, F., Simoni, H. & Jenni, O.G. (2022). The LifeStories Project. Empowering voices and avoiding harm – Ethics protocol of a long-term follow-up study of individuals placed in infant care institutions in Switzerland. *Frontiers in Psychology*.

Lannen, P., Sticca, F., Bombach, C., Sand, H., Ruiz Gallego, I., Simoni, H. & Jenni, O.G. (2021). Developmental trajectories of individuals placed in infant care institutions – A 60-year follow-up. *Frontiers in Human Neuroscience Research Topic: Longitudinal Aging Research: Cognition, Behavior and Neuroscience, 14*(611691), 1–22. https://doi.org/10.3389/fnhum.2020.611691

Lengwiler, M. & Praz, A.-F. (2018). Kinder- und Jugendfürsorge in der Schweiz. Entstehung, Implementierung und Entwicklung (1900–1980). In G. Hauss, T. Gabriel & M. Lengwiler (Hrsg.), *Fremdplatziert. Heimerziehung in der Schweiz, 1940–1990* (S. 29–52). Chronos.

Maclean, K. (2003). The impact of institutionalization on child development. *Development & Psychopathology, 15*, 853–884. https://doi.org/DOI: 10.1017.S0954579403000415

Masten, A.S. (2011). Resilience in children threatened by extreme adversity: Frameworks for research, practice, and translational synergy. *Development and Psychopathology, 23*(02), 493–506. https://doi.org/10.1017/S0954579411000198

Meierhofer, M. (1958). Pädagogische Probleme der Säuglings- und Kleinkinderpflege. *Pro Juventute, 10*, 1–3.

Meierhofer, M. & Hüttenmoser, M. (1975). *Die spätere Entwicklung von Kindern, welche ihre erste Lebenszeit in Säuglings- und Kinderheimen verbracht hatten. Untersuchungsbericht zuhanden des Schweizerischen Nationalfonds für wissenschaftliche Forschung*. Archiv Marie Meierhofer Institut.

Meierhofer, M. & Keller, W. (1974). *Frustration im frühen Kindesalter* (3. Aufl.). Hans Huber.

Ramsauer, N. (2000). *»Verwahrlost« Kindswegnahmen und die Entstehung der Jugendfürsorge im schweizerischen Sozialstaat 1900–1945*. Chronos.

Rosenthal, G. (2005). Die Biographie im Kontext der Familien- und Gesellschaftsgeschichte. In B. Völter, B. Dausien, H. Lutz & G. Rosenthal (Hrsg.), *Biographieforschung im Diskurs* (S. 46–64). Springer Fachmedien.

Ryffel, G. (2013). *Resilienz und Defizit. Entwicklung nach einem frustrierenden Start im Säuglingsheim*. Marie Meierhofer Institut für das Kind.

Sand, H., Sticca, F., Simoni, H., Jenni, O.G., Wehrle, F.M. & Lannen, P. (2022). Growing up under conditions of deprivation: Effects of early institutionalization on cognitive development. *In Preparation*.

Schoch, J. (Hrsg.). (1989). *Aufwachsen ohne Eltern. Verdingkinder, Heimkinder, Pflegekinder, Windenkinder. Zur außerfamiliären Erziehung in der deutschsprachigen Schweiz*. Chronos.

Terman, L.M. & Merrill, M.A. (1937). *Measuring intelligence*. Houghton Mifflin.

UEK Administrative Versorgungen (2019). UEK Administrative Versorgungen – Unabhängige Expertenkommission zur wissenschaftlichen Aufarbeitung der administrativen Versorgungen. http://www.uek-administrative-versorgungen.ch/de/Startseite.1.html

Unabhängige Expertenkommission Administrative Versorgungen. (2019). *Organisierte Willkür. Administrative Versorgungen in der Schweiz 1930–1981. Schlussbericht: Vol. VOL. 10 A.* Chronos.

Wehrle, F. M., Caflisch, J. A., Eichelberger, D., Kakebeeke, T. H., Latal, B. & Jenni, O. G. (2021). Health and development across the lifespan – The Zurich Longitudinal Studies. *Frontiers in Human Neuroscience. Research Topic: Longitudinal Aging Research: Cognition, Behavior and Neuroscience, 14.*

Werner, E. E. (2013). What can we learn about resilience from large-scale longitudinal studies? In S. Goldstein & R. B. Brooks (Hrsg.), *Handbook of Resilience in Children* (S. 87–102). Springer. https://doi.org/10.1007/978-1-4614-3661-4_6

Yehuda, R., Halligan, S. L. & Grossman, R. (2001). Childhood trauma and risk for PTSD: Relationship to intergenerational effects of trauma, parental PTSD, and cortisol excretion. *Development and Psychopathology, 13*(3), 733–753.

Ziegler, B., Hauss, G. & Lengwiler, M. (Hrsg.). (2018). *Zwischen Erinnerung und Aufarbeitung. Fürsorgerische Zwangsmassnahmen an Minderjährigen in der Schweiz im 20. Jahrhundert.* Chronos.

Biografische Notizen

Patricia Lannen, Dr., ist Institutsleiterin und Bereichsleiterin Forschung des Marie Meierhofer Institut für das Kind (MMI), assoziiertes Institut der Universität Zürich und Fachinstitut für die frühe Kindheit. Sie ist promovierte Entwicklungspsychologin und beschäftigt sich seit 25 Jahren mit Kindern in besonderen Lebenslagen, unter anderem mit schwer erkrankten, gewaltbetroffenen, fremdplatzierten und/oder sozial benachteiligten Kindern. Sie untersucht die Auswirkungen solcher Ereignisse auf die Entwicklung, die Gesundheit, das Wohlbefinden und den Lebensverlauf sowie auf das Familiensystem. Zudem beschäftigt sie sich mit der Prävention von negativen Auswirkungen solcher Ereignisse und der Förderung einer gesunden Entwicklung trotz widriger Umstände. Sie absolvierte ihre Dissertation an der Universität Bern und dem Krebszentrum der Harvard Medical School in Boston, USA. Sie ist Gründungsmitglied und Vize-Präsidentin der Schweizerischen Gesellschaft für Forschung in der frühen Kindheit und Focal Person für die Violence Prevention Alliance der Weltgesundheitsorganisation (WHO).

Heidi Simoni, Dr. phil., ist Fachpsychologin für Psychotherapie (FSP). Von 2000 bis Juni 2023 war sie am Marie Meierhofer Institut für das Kind (MMI), assoziiertes Institut der Universität Zürich und Fachinstitut für die frühe Kindheit beschäftigt, zuerst als Forschungsleiterin und ab 2007 als Institutsleiterin; seit August 2023 ist sie in eigener Praxis tätig. Ihre fachlichen Schwerpunkte sind die frühe Entwicklung von Kindern in verschiedenen Lebenswelten und insbesondere unter erschwerten Bedingungen sowie die Umsetzung der Kinderrechte.

Oskar Jenni ist Facharzt für Kinder und Jugendmedizin und Leiter der Abteilung Entwicklungspädiatrie am Universitäts-Kinderspital Zürich. Als Professor an der Universität Zürich forscht er schwerpunktmäßig über die motorische, sprachliche, kognitive und soziale Entwicklung von Kindern und Jugendlichen. Dabei leitet er die Zürcher Longitudinalstudien, die zu den weltweit bedeutendsten Lebensspannenstudien zählen. Er hat mehr als 250 wissenschaftliche Publikationen veröffentlich und ist Autor des Fachbuches *Die kindliche Entwicklung verstehen*, das 2021 im Springer Verlag erschienen ist.

Das Forschungsprojekt »Bindung und seelische Gesundheit ehemaliger Wochenkrippenkinder«

Eva Flemming, Stefanie Knorr, Laura Lübke & Carsten Spitzer

Einleitung

Bisherige Übersichtsarbeiten (Liebsch, 2023; Stary, 2018) und Fallbeschreibungen (unter anderem Israel & Kerz-Rühling, 2008) haben eindrücklich die möglichen Folgen einer wochenweisen Krippenbetreuung dargestellt. Ideografisch werden bei den nun erwachsenen Wochenkrippenkindern insbesondere Bindungsschwierigkeiten in Form von fehlendem Vertrauen in das Selbst und in Andere beschrieben. Ausgehend von diesen Darstellungen entstand das Vorhaben, im Rahmen einer empirischen Studie eine standardisierte und damit vergleichbare Befragung durchzuführen, zu der eine größere Gruppe ehemaliger Wochenkrippenkinder eingeladen werden sollte.

Nach der Bewilligung der finanziellen Förderung durch die Bundesstiftung zur Aufarbeitung der SED-Diktatur wurde im Januar 2022 mit dem Forschungsprojekt an der Klinik für Psychosomatische Medizin und Psychotherapie an der Universitätsmedizin Rostock begonnen. Das Ziel der noch laufenden Studie ist es, den aktuellen psychischen Gesundheitszustand und die Bindungsmuster von 250 ehemaligen Wochenkrippenkindern zu untersuchen. Ihre Zeit in der Wochenkrippe ist den meisten Betroffenen aufgrund der infantilen Amnesie allenfalls rudimentär erinner- und erzählbar; die damals gemachten Erfahrungen sind in den meisten Fällen unbewusst und vorsprachlich, aber im impliziten Gedächtnis und Beziehungswissen gespeichert. Jedoch können über die Beurteilung des Erlebens in den aktuellen Beziehungen und die Erfassung von psychischen Problemen im Lebensverlauf Rückschlüsse auf diese impliziten Erfahrungen und inneren Modelle von Bindung gezogen werden. Diese können mit den Bindungsmustern und der psychischen Gesundheit von Menschen ohne Wochenkrippenerfahrung verglichen werden. Dabei soll auch ermittelt werden, welche Bedingungen dazu führen, dass sich ehemalige Wochenkrippenkinder im Erwachsenenalter mehr oder weniger belastet fühlen (Risiko- und Resilienzfaktoren). Ob die Wochenkrippenzeit die tatsächliche Ursache für später auftretende Schwierigkeiten darstellt, muss jedoch aufgrund des zwangsläufig retrospektiven Studiendesigns offen bleiben.

Die Ergebnisse sollen dazu beitragen, dass gezielte therapeutische Angebote und Behandlungskonzepte (weiter-)entwickelt werden können für Menschen mit Wochenkrippen- oder Heimerfahrung im Säuglings- und Kleinkindalter. Wie im Folgenden ausgeführt wird, muss bei der Unterbringung in einer Wochenkrippe in vielen Fällen von einer psychischen bzw. emotionalen Deprivation der Säuglinge und Kleinkinder ausgegangen werden, wohingegen die körperliche Versorgung (Ernährung, Hygiene) meistens ausreichend gegeben war. Die DDR-Wochenkrippen bieten daher ein »Modell«, in dem die Auswirkungen einer ausschließlich emotionalen Deprivation relativ spezifisch untersucht werden können. Dies ist nicht nur für die entwicklungspsychologische Grundlagenforschung relevant, sondern auch für Berufsgruppen der Jugendhilfe, die gegenwärtig mit Kindern in Heimeinrichtungen arbeiten.

Überblick zur Bedeutung der frühkindlichen Bindung und empirische Befunde zu den Folgen institutionalisierter Betreuung im frühen Kindesalter

Die Bindungsforschung hat die Bedeutung der kontinuierlichen Betreuung und Zuwendung durch feste Bezugspersonen im Laufe des ersten Lebensjahres des Menschen für seine psychische und physische Entwicklung und spätere Gesundheit umfassend belegt (Grossmann & Grossmann, 2017). Die Bindungstheorie betont, dass das Bindungsverhalten als angeborenes Motivationssystem für das Kleinkind überlebenswichtig ist. Bindungsverhalten wird bei subjektiv erlebtem Stress und Bedrohung aktiviert und führt dazu, dass das Kind die Nähe der Bezugsperson aufsucht. Auf Grundlage wiederholter spezifischer Erfahrungen mit den frühen Bezugspersonen entwickelt sich ein inneres Arbeitsmodell davon, inwieweit andere Menschen in Stresssituationen als verfügbar erlebt und als sichere Basis genutzt werden können (Bretherton & Munholland, 2008). Diese inneren Modelle von Bindung bleiben über die Lebensspanne relativ stabil (Fraley, 2002; Opie et al., 2020), wobei eine unsichere Bindung mit einem erhöhten Risiko für psychische und körperliche Erkrankungen (Ehrlich & Cassidy, 2019; Grossmann & Grossmann, 2017) einhergeht. Gleichzeitig ist die frühe Bindungsbeziehung auch der Rahmen für die Entwicklung grundlegender psychischer

Fähigkeiten der Stressregulation: Der Säugling ist zunächst darauf angewiesen, dass eine Bezugsperson seine emotionalen Signale angemessen aufnimmt und reguliert. Über diese wiederholten Interaktionen lernt das Kind in den ersten Lebensjahren zunehmend selbst, die eigenen Gefühle richtig wahrzunehmen und zu regulieren (Fonagy et al., 2018; Stern, 2016). Diesem Prozess entspricht auf einer physiologischen Ebene die Kalibrierung der Hypothalamus-Hypophysen-Nebennierenrinden-Achse (HHNA) als wesentliches physiologisches Stresssystem, wobei insbesondere die ersten zwei Lebensjahre langfristig prägend sind (Reilly & Gunnar, 2019). Eine anhaltende Dysregulation der HHNA infolge von Kindheitstraumatisierungen ist mit Beeinträchtigungen der psychischen Gesundheit im späteren Lebensalter assoziiert (Murphy et al., 2022).

Langanhaltende Trennungen beziehungsweise das Fehlen einer festen Bezugsperson in den ersten Lebensjahren stellen einen Risikofaktor für spätere psychische Erkrankungen dar. Dieser zunächst anhand von Fallstudien gemachte Befund (Bowlby, 1953) wurde in den umfangreichen Studien zur Entwicklung von Heimkindern (Colvert et al., 2008; Rutter, 2006) und in epidemiologischen Langzeituntersuchungen (Überblick bei Egle et al., 2016) bestätigt. Die Auswirkungen der frühen Deprivation auf die hormonelle Stressreaktion halten bei ehemaligen Heimkindern bis in das Erwachsenenalter an (Kumsta et al., 2017) und gehen mit späteren Schwierigkeiten in der Emotionsregulation und einem darüber vermittelten hohen Risiko für psychische Störungen einher (Cameron et al., 2017; Golm et al., 2020; Tottenham et al., 2010). Bedeutsam sind in diesem Zusammenhang auch die Befunde der Bindungsforschung zu den Folgen der kollektiven Erziehung in den israelischen Kibbutzim (Aviezer et al., 2002), wobei insbesondere der nächtliche Aufenthalt in der Kinderkrippe ungünstige Folgen hatte: Kinder, die nachts in der Gruppe fremdbetreut wurden, zeigten vergleichsweise häufiger unsichere Bindungsmuster und emotionale Schwierigkeiten, auch wenn sie tagsüber mehrere Stunden mit den Eltern verbrachten (Sagi et al., 1994). Die negativen Effekte der nächtlichen Fremdbetreuung zeigten sich bis in die nächste Generation (Koren-Karie & Aviezer, 2017).

Institutionalisierte Säuglings- und Kleinkindbetreuung in den Wochenkrippen der DDR

Die Wochenkrippen waren als Bestandteil des regulären Krippenwesens in der DDR für die Betreuung der Säuglinge und Kleinstkinder ab der sechsten Lebenswoche bis zum vollendeten dritten Lebensjahr zuständig, die Kinderwochenheime für Kinder ab dem vierten Lebensjahr bis zur Einschulung. In diesen Einrichtungen verblieben die Kinder durchgängig mit Übernachtung von Montag früh bis Freitagabend bzw. Samstagmittag. Kontakt zu den (leiblichen) Eltern bestand nur an den Wochenenden. Hochrechnungen gehen davon aus, dass insgesamt zwischen 1949 und 1989 mehrere Hunderttausend Menschen als Säuglinge in einer Wochenkrippe betreut worden sind (Liebsch, 2023). Die Vergabe von Wochenkrippenplätzen erfolgte vorrangig an Kinder von alleinerziehenden Müttern, Studierenden oder im Schichtsystem arbeitenden Eltern.

Die Gruppen von durchschnittlich etwa 16 Kindern wurden von zwei Betreuerinnen (Erzieherinnen oder Säuglingskrankenschwestern) im Schichtsystem betreut (Schmidt-Kolmer & Kolmer, 1970). Laut Zeitzeugenberichten war nachts teilweise nur eine Nachtwache für eine deutlich größere Zahl an Kindern zuständig und in einigen Fällen wurden Kleinkinder an die Betten fixiert, um aufgrund der fehlenden Aufsicht die physische Sicherheit der Kinder zu gewährleisten. Eine Eingewöhnungsphase fand bis Mitte der 1980er Jahre nicht statt, da die Anwesenheit der Eltern in der Krippeneinrichtung im Allgemeinen aus hygienischen Gründen nicht gestattet war (Weber, 1996). Insgesamt lässt sich festhalten, dass der Fokus zunächst fast ausschließlich auf einer guten hygienischen und medizinischen Versorgung lag. Nachdem zeitgenössische Untersuchungen Defizite der Wochenkrippenkinder gegenüber den tagesbetreuten Kindern, insbesondere in der Sprachentwicklung, festgestellt hatten (Schmidt-Kolmer & Grosch, 1977; Schmidt-Kolmer & Niebsch, 1963), kam später auch die planmäßige Förderung von sensomotorischen und kognitiven Fähigkeiten dazu. Der Erzieherin kam dabei eine »Führungsrolle« zu, deren Tätigkeit sich auf die Beschäftigung und systematische Unterweisung der Kinder ausrichtete (Ahnert, 2019). Die Notwendigkeit emotionaler Zuwendung wurde in den Erziehungsplänen zwar durchaus erwähnt; so waren die Betreuerinnen angehalten, einen »engen und innigen Kontakt« während der pflegerischen Tätigkeiten herzustellen und die Säuglinge »gelegentlich hochzunehmen«. Gleichzeitig bestanden jedoch so enge zeitliche Vorgaben, dass ein tatsächlicher, enger und einfühlsamer individueller Kontakt zum Kind praktisch kaum umsetzbar schien. In Zeitzeugenberichten schilderten ehemalige Erzieherinnen einen enormen Zeitdruck, unter dem sie die Kinder versorgen mussten (Beronneau, 2018; Liebsch, 2023). So stand für jeden Säugling eine Stunde Zeit pro Tag für alle pflegerischen Tätigkeiten wie Füttern, Wickeln und Baden zusammen zur Verfügung. Darüber hinaus wurde durch den Personalmangel und die hohe Fluktuation des Fachpersonals der Aufbau von sicheren Bindungen der Kinder an die Erzieherinnen erschwert. Angesichts der niedrigen Bezahlung sowie der hohen körperlichen und psychischen Belastung, auf die besonders die jüngeren Erzieherinnen nicht ausreichend vorbereitet waren (Israel & Kerz-Rühling, 2008; Zwiener, 1994), schieden ab etwa 1985 jährlich 2.000 und mehr Krippenerzieherinnen aus dem Beruf aus (Weber, 1996).

Eine frühe Fremdbetreuung und Trennung von den Eltern wirken sich insbesondere dann negativ aus, wenn dem Kind keine verlässliche und feinfühlige Bezugsperson ersatzweise zur Verfügung steht. Die aktuelle Studienlage zur Krippenbetreuung von Kindern unter drei Jahren weist einheitlich darauf hin, dass insbesondere die Stabilität der Betreuungskonstellation, ein Betreuungsbeginn mit frühestens sechs Monaten und eine sensitive und warmherzige Interaktion durch die Erzieherinnen mit einer positiven Entwicklung der Kinder assoziiert sind (Holl et al., 2020). Diese Voraussetzungen waren angesichts der strukturellen Bedingungen in den Wochenkrippen in vielen Fällen sehr wahrscheinlich nicht erfüllt. Die Bedürfnisse der Kinder nach kontinuierlichem Kontakt und emotionaler Zuwendung durch einen vertrauten Erwachsenen konnten so nur unzureichend befriedigt werden.

Neben den skizzierten strukturellen Bedingungen wirkte sich vermutlich auch das »offizielle« Erziehungsideal nachteilig auf die Entwicklung der Wochenkrippenkinder aus, das durch ein funktionalistisches Bild der kindlichen Entwicklung geprägt war. Der Fokus im Krippenbereich lag insbesondere auf der Förderung von Sauberkeit, Ordnung und Selbstständigkeit (Brückner et al., 2010). Die Ausbildung von Subjektivität, eines inneren Erlebnisraums und lebendiger Emotionalität waren von allenfalls nachrangigem Interesse (Israel & Kerz-Rühling, 2008). Wie auch in anderen Lebensbereichen der DDR war es zwar möglich, dass die tatsächliche Umsetzung von den offiziellen Vorgaben abwich und es Erzieherinnen gab, die mögliche Freiräume nutzten, um die Emotionalität und Individualität der Kinder zu fördern. Die Bemühungen um einen feinfühligen und bedürfnisorientierten Kontakt wurden jedoch durch die gegebenen strukturellen Rahmenbedingungen, die auf das Ziel der planmäßigen Erfüllung von pflegerischen und Erziehungsaufgaben ausgerichtet waren, deutlich erschwert (Brückner et al., 2010).

Die Durchführung der Studie

Über die Website *wochenkinder.de*, Medienberichte und Aufrufe in sozialen Netzwerken wurden ab April 2022 Personen zu einer Studienteilnahme eingeladen, die im Alter zwischen null und drei Jahren in einer Wochenkrippe in der DDR betreut worden waren. Voraussetzung für die Studienteilnahme war, dass eine Betreuung in einer Wochenkrippe den Teilnehmenden eindeutig bekannt war und eine Dauer von mindestens drei Monaten umfasste. Nach einem telefonischen Vorgespräch wurde den Teilnehmenden ein Fragebogenpaket zugeschickt. Dieses umfasste eine Reihe an Selbstbeurteilungsinstrumenten zur Erfassung von psychischen Problembereichen und Einschätzung des Bindungserlebens. Zu diesen standardisierten Instrumenten liegen jeweils Normwerte bzw. Vergleichsdaten aus anderen Studien vor. Die Studienteilnehmenden wurden zudem gebeten, nach schriftlicher Anleitung eine Haarprobe von sich abzunehmen und zurückzusenden, um stress-assoziierte Biomarker (unter anderem Haarkortisol) bestimmen zu lassen. Mit 50 Personen wurde außerdem ein persönlicher Interviewtermin vereinbart, bei dem das Bindungsinterview für Erwachsene (Adult Attachment Interview [AAI]; George et al., 1984) und ein Kurz-Interview zur Diagnostik psychischer Störungen im Lebensverlauf (Mini-DIPS, Margraf et al., 2017) durchgeführt wurden. Das AAI erfasst unbewusste Aspekte von Bindung, welche der Selbstbeurteilung nicht zugänglich sind. Das Mini-DIPS ermöglicht eine überblicksartige Diagnosestellung entsprechend den Kriterien von DSM-5 und ICD-10. Beide Verfahren ermöglichen somit eine vertiefende Charakterisierung der betreffenden Teilstichprobe und können die erhobenen Fragebogendaten ergänzen.

Vorläufige Ergebnisse aus einer Teilstichprobe von 80 ehemaligen Wochenkrippenkindern

Es wurden vorläufig die Fragebogendaten der ersten 80 Studienteilnehmenden ausgewertet, wobei die wesentlichen Ergebnisse hier dargestellt werden. Etwa zwei Drittel (61.5%) dieser Personen kam vor dem Alter von drei Monaten in die Krippe (in der Regel im Alter von sechs oder acht Wochen). Die durchschnittliche Dauer der Betreuung in der Wochenkrippe betrug in dieser Gruppe 26 Monate (soweit dies den Teilnehmenden bekannt war). Die Durchschnittswerte der Teilstichprobe in den standardisierten Fragebögen wurden mit den Daten aus einer annähernd repräsentativen Stichprobe aus der Allgemeinbevölkerung verglichen, die kürzlich im Rahmen einer weiteren Studie unserer Klinik erhoben worden waren (Flemming et al., 2023). Um mögliche Effekte durch unterschiedliche Ost-West-Sozialisation auszuschließen, wurden in die Vergleichsgruppe nur Personen einbezogen, die vor 1990 in der DDR geboren worden waren. Der überwiegende Teil dieser Personen hatte hinsichtlich der Betreuungsform in den ersten drei Lebensjahren *Tageskrippe* oder *Familie* angegeben. Personen, die eine

Wochenkrippenbetreuung angegeben hatten, wurden aus der Vergleichsgruppe ausgeschlossen.

In der Wochenkrippengruppe befanden sich deutlich mehr Frauen und Personen mit einem höheren Bildungsgrad als in der Vergleichsgruppe, was mutmaßlich der Selbstselektion in dieser Stichprobe geschuldet ist. Es zeigte sich jedoch, dass das Merkmal der Wochenkrippenbetreuung eine vergleichsweise höhere aktuelle psychische Belastung (Angst und Depressivität gemessen mittels der Ultrakurzform des Patient Health Questionnaire; Kroenke et al., 2009), mehr körperliche Beschwerden (Somatic Symptom Scale; Gierk et al., 2014) und eine größere Anzahl psychischer Problembereiche aktuell und über die Lebensspanne (Composite International Diagnostic Screener; Wittchen et al., 1999) vorhersagte und dieser Zusammenhang nicht durch die Faktoren Geschlecht und Bildung erklärt werden konnte. Ebenso sagte die Zugehörigkeit zur Wochenkrippengruppe ein höheres Ausmaß an Bindungsangst und Bindungsvermeidung (deutsche Version des Fragebogens Experiences in Close Relationships; Ehrenthal et al., 2008) und desorganisierten Bindungsmerkmalen in Partnerschaften (Adult Disorganized Attachment Scale; Flemming et al., 2023; Paetzold et al., 2015) vorher, welches ebenfalls nicht auf die Unterschiede zwischen den beiden Stichproben hinsichtlich Geschlecht und Bildung zurückgeführt werden konnte.

Diskussion der vorläufigen Ergebnisse

Die vorläufigen Ergebnisse sind grundsätzlich vereinbar mit den bisherigen Befunden zu früher Heimerziehung und dem Auftreten emotionaler Schwierigkeiten im Erwachsenenalter (Golm et al., 2020; Kumsta et al., 2017). Sowohl die weitgehend institutionalisierte Betreuung mit (in der Regel) mangelnden Ressourcen für individuelle und emotionale Zuwendung als auch die wiederholten Trennungserfahrungen können bei ehemaligen Wochenkrippenkindern mit einer höheren Wahrscheinlichkeit zu unsicheren inneren Arbeitsmodellen von Bindung geführt haben, die sich in den selbstbeurteilten Schwierigkeiten der Betreffenden in den aktuellen Beziehungen niederschlagen. Die Qualität der frühkindlichen Bindung beeinflusst die weiteren sozio-emotionalen Entwicklungsschritte in Kindheit und Jugend (Doyle & Cicchetti, 2017), wobei eine unsichere oder desorganisierte frühkindliche Bindung dazu führen kann, dass bestimmte interpersonale Kompetenzen (Vertrauen in Andere, um Hilfe bitten, sich aus schwierigen Beziehungen lösen können) nicht ausreichend erworben werden können und korrigierende Beziehungserfahrungen im späteren Lebensalter weniger wahrscheinlich werden. Auch wenn diese Zusammenhänge aufgrund fehlender Längsschnittdaten für unsere Stichprobe nicht überprüfbar sind, können sie einen Rahmen bieten, um das unsichere Bindungserleben der ehemaligen Wochenkrippenkinder in den aktuellen Beziehungen zu erklären.

Der Besuch einer Wochenkrippe stellt zwar einen mutmaßlich einflussreichen, jedoch nicht deterministischen Faktor für die sozio-emotionale Entwicklung dar. Aus den Vorgesprächen zur Studienteilnahme ergeben sich Hinweise darauf, dass der Aufbau einer sicheren Bindung zu mindestens einem Elternteil, einer Krippenerzieherin oder einer anderen Bezugsperson für einen Teil der Wochenkrippenkinder einen protektiven Faktor hinsichtlich der späteren psychischen Gesundheit darstellte. Hingegen berichtete ein weiterer Anteil der Teilnehmenden von emotionalem und körperlichem Missbrauch und/oder Vernachlässigung in der Familie nach der Wochenkrippenzeit. Die wochenweise Betreuung ist somit vermutlich kein isolierter Faktor, sondern steht in einem Wechselspiel mit den Beziehungserfahrungen in der Familie. Nicht zuletzt ergaben sich in den Vorgesprächen auch Hinweise darauf, dass ein großer Anteil der Eltern der Studienteilnehmenden Erfahrungen von existenzieller Bedrohung, Verlust und Flucht (oftmals als Kriegskinder) gemacht hatte. In diesen Fällen könnte die Entscheidung für eine Wochenkrippenbetreuung der eigenen Kinder im Sinne einer (unbewussten) transgenerationalen Weitergabe traumatischer Beziehungserfahrungen verstanden werden. Die genannten Aspekte sollen, soweit es auf Grundlage der erhobenen Daten und des retrospektiven Studiendesigns möglich ist, in der abschließenden Auswertung der Studie aufgegriffen werden.

Bei der Beurteilung der dargestellten Ergebnisse ist unbedingt zu berücksichtigen, dass die Auswahl der Studienteilnehmenden mittels Selbstselektion erfolgte. Daher könnten sich in erster Linie Personen für die Studie gemeldet haben, die sich stärker belastet fühlten. Es gab jedoch auch Proband*innen, die angaben, durch ihre als positiv erlebten Lebensgeschichten einer negativen Darstellung der Wochenkrippen entgegen wirken zu wollen. Die subjektive Bewertung der Wochenkrippenerfahrung stellt mutmaßlich einen bedeutsamen Faktor hinsichtlich der psychopathologischen Belastung dar.

Zusammenfassend geben unsere vorläufigen Ergebnisse erste Hinweise auf eine höhere psychische Belastung ehemaliger Wochenkrippenkinder. Die abschließende Datenauswertung soll diese Befunde überprüfen und erweitern. Dabei soll auch untersucht werden, ob sich Unterschiede zu Vergleichsgruppen auf körperlicher Ebene in Form der stress-assoziierten Biomarker in den Haarproben finden lassen. Differenzierte Kenntnisse zur seelischen Gesundheit von ehemaligen Wochenkrippenkindern können den Betreffenden dahingehend zu Gute kommen, dass diese spezifische frühe Bindungserfahrung stärker als bisher in der medizinischen Versorgung berücksichtigt wird und psychotherapeutisch bearbeitet werden kann.

Anmerkung: Das Forschungsprojekt wurde gefördert mit Mitteln der Bundesstiftung zur Aufarbeitung der SED-Diktatur.

Literatur

Ahnert, L. (2019). *Frühe Bindung: Entstehung und Entwicklung* (4. Aufl.). Ernst Reinhardt Verlag.

Aviezer, O., Sagi, A. & van Ijzendoorn, M. (2002). Balancing the family and the collective in raising children: why communal sleeping in kibbutzim was predestined to end. *Family process, 41*(3), 435–454.

Beronneau, A. (2018). Wochenkrippen in der DDR. In S. K. D. Sulz, A. Walter & F. Sedlacek (Hrsg.), *Schadet die Kinderkrippe meinem Kind? Worauf Eltern und ErzieherInnen achten und was sie tun können* (S. 15–22). CIP-Medien.

Bowlby, J. (1953). Some pathological processes set in train by early mother-child separation. *Journal of Mental Science, 99*(415), 265–272.

Bretherton, I. & Munholland, K. A. (2008). The internal working model construct in light of contemporary neuroimaging research. In J. Cassidy & P. R. Shaver (Hrsg.), *Handbook of attachment* (2. Aufl., S. 63–90). Guilford Press.

Brückner, J., Schmidt, S., Brähler, E. & Decker, O. (2010). Bedingungen außerfamiliärer Kleinkindbetreuung in der DDR. Psychoanalyse. *Texte zur Sozialforschung, 14*(2), 219–236.

Cameron, J. L., Eagleson, K. L., Fox, N. A., Hensch, T. K. & Levitt, P. (2017). Social origins of developmental risk for mental and physical illness. *The Journal of neuroscience, 37*(45), 10783–10791.

Colvert, E., Rutter, M., Beckett, C., Castle, J., Groothues, C., Hawkins, A., Kreppner, J., O'Connor, T. G., Stevens, S. & Sonuga-Barke, E. J. S. (2008). Emotional difficulties in early adolescence following severe early deprivation: findings from the English and Romanian adoptees study. *Development and psychopathology, 20*(2), 547–567.

Doyle, C. & Cicchetti, D. (2017). From the cradle to the grave: The effect of adverse caregiving environments on attachment and relationships throughout the lifespan. *Clinical psychology, 24*(2), 203–217.

Egle, U. T., Franz, M., Joraschky, P., Lampe, A., Seiffge-Krenke, I. & Cierpka, M. (2016). Gesundheitliche Langzeitfolgen psychosozialer Belastungen in der Kindheit – ein Update. *Bundesgesundheitsblatt, Gesundheitsforschung, Gesundheitsschutz, 59*(10), 1247–1254.

Ehrenthal, J. C., Dinger, U., Lamla, A., Funken, B. & Schauenburg, H. (2008). Evaluation der deutschsprachigen Version des Bindungsfragebogens »Experiences in Close Relationships–Revised« (ECR-RD). *Psychotherapie Psychosomatik Medizinische Psychologie, 59*, 215–223.

Ehrlich, K. & Cassidy, J. (2019). Attachment and physical health: introduction to the special issue. *Attachment & human development, 21*(1), 1–4.

Flemming, E., Lübke, L., Müller, S., Rümler, L. P. S. & Spitzer, C. (2023). Validation of a German version of the self-rating Adult Disorganized Attachment scale (ADA-D). Psychotherapie, Psychosomatik, medizinische Psychologie (Online-Publikation). https://doi.org/10.1055/a-2140-8260

Fonagy, P., Gergely, G., Jurist, E. L. & Target, M. (2018). *Affektregulierung, Mentalisierung und die Entwicklung des Selbst* (6. Aufl.). Klett-Cotta.

Fraley, C. R. (2002). Attachment stability from infancy to adulthood: Meta-analysis and dynamic modeling of developmental mechanisms. *Personality and Social Psychology Review, 6*(2), 123–151.

George, C., Kaplan, N. & Main, M. (1984). *Adult Attachment Interview Protokoll*. University of California at Berkeley.

Gierk, B., Kohlmann, S., Kroenke, K., Spangenberg, L., Zenger, M., Brähler, E. & Löwe, B. (2014). The somatic symptom scale-8 (SSS-8): A brief measure of somatic symptom burden. *JAMA internal medicine, 174*(3), 399–407.

Golm, D., Maughan, B., Barker, E. D., Hill, J., Kennedy, M., Knights, N., Kreppner, J., Kumsta, R., Schlotz, W., Rutter, M. & Sonuga-Barke, E. J. S. (2020). Why does early childhood deprivation increase the risk for depression and anxiety in adulthood? A developmental cascade model. *Journal of child psychology and psychiatry, and allied disciplines, 61*(9), 1043–1053.

Grossmann, K. & Grossmann, K. E. (2017). *Bindungen: Das Gefüge psychischer Sicherheit* (7. Aufl.). Klett-Cotta.

Holl, J., Vidalón Blachowiak, T., Wiehmann, J. & Taubner, S. (2020). Die Folgen institutioneller Krippenbetreuung auf die kindliche Entwicklung – ein systematisches Review. *Forum der Psychoanalyse, 36*(4), 403–423.

Israel, A. & Kerz-Rühling, I. (2008). *Krippen-Kinder in der DDR: Frühe Kindheitserfahrungen und ihre Folgen für die Persönlichkeitsentwicklung und Gesundheit*. Brandes & Apsel.

Koren-Karie, N. & Aviezer, O [Ora] (2017). Mother-child emotion dialogues: the disrupting effect of maternal history of communal sleeping. *Attachment & human development, 19*(6), 580–597.

Kroenke, K., Spitzer, R. L., Williams, J. B. & Löwe, B. (2009). An ultra-brief screening scale for anxiety and depression: The PHQ-4. *Psychosomatics, 50*(6), 613–621.

Kumsta, R., Schlotz, W., Golm, D., Moser, D., Kennedy, M., Knights, N., Kreppner, J., Maughan, B., Rutter, M. & Sonuga-Barke, E. (2017). HPA axis dysregulation in adult adoptees twenty years after severe institutional deprivation in childhood. *Psychoneuroendocrinology, 86*, 196–202.

Liebsch, H. (2023). *Wochenkinder in der DDR: Gesellschaftliche Hintergründe und individuelle Erfahrungsberichte*. Psychosozial-Verlag.

Margraf, J., Cwik, J. C., Pflug, V. & Schneider, S. (2017). Strukturierte klinische Interviews zur Erfassung psychischer Störungen über die Lebensspanne. *Zeitschrift für Klinische Psychologie und Psychotherapie, 46*(3), 176–186.

Murphy, F., Nasa, A., Cullinane, D., Raajakesary, K., Gazzaz, A., Sooknarine, V., Haines, M., Roman, E., Kelly, L., O'Neill, A., Cannon, M. & Roddy, D. W. (2022). Childhood trauma, the

HPA axis and psychiatric illnesses: A targeted literature synthesis. *Frontiers in psychiatry, 13*, 748372.

Opie, J.E., McIntosh, J.E., Esler, T.B., Duschinsky, R., George, C., Schore, A., Kothe, E.J., Tan, E.S., Greenwood, C.J. & Olsson, C.A. (2020). Early childhood attachment stability and change: a meta-analysis. *Attachment & human development*, 1–34.

Paetzold, R.L., Rholes, W.S. & Kohn, J.L. (2015). Disorganized attachment in adulthood: Theory, measurement, and implications for romantic relationships. *Review of General Psychology, 19*(2), 146–156.

Reilly, E.B. & Gunnar, M.R. (2019). Neglect, HPA axis reactivity, and development. *International journal of developmental neuroscience, 78*, 100–108.

Rutter, M. (2006). The psychological effects of early institutional rearing. In P.J. Marshall & N.A. Fox (Hrsg.), *The Development of Social Engagement – Neurobiological Perspectives* (S. 355–391). Oxford University Press.

Sagi, A., van IJzendoorn, M.H., Aviezer, O., Donnell, F. & Mayseless, O. (1994). Sleeping out of home in a Kibbutz communal arrangement: it makes a difference for infant-mother attachment. *Child Development, 65*(4), 992–1004.

Schmidt-Kolmer, E. & Grosch, C. (Hrsg.). (1977). *Hygiene in Kinderkollektiven: Zum Einfluß von Familie und Krippe auf die Entwicklung von Kindern in der frühen Kindheit.* Verlag Volk und Gesundheit.

Schmidt-Kolmer, E. & Kolmer, E.S. (Hrsg.). (1970). *Pädagogische Aufgaben und Arbeitsweise der Krippen* (3. Aufl.). Verlag Volk und Gesundheit.

Schmidt-Kolmer, E. & Niebsch, G. (1963). *Der Einfluß der Lebensbedingungen auf die Entwicklung des Kindes im Vorschulalter.* Akademie-Verlag.

Stary, U. (2018, 19. Jan.). Wochenkrippen und Kinderwochenheime in der DDR. https://www.bpb.de/262920

Stern, D.N. (2016). *Die Lebenserfahrung des Säuglings* (11. Aufl.). Klett-Cotta.

Tottenham, N., Hare, T.A., Quinn, B.T., McCarry, T.W., Nurse, M., Gilhooly, T., Millner, A., Galvan, A., Davidson, M.C., Eigsti, I.-M., Thomas, K.M., Freed, P.J., Booma, E.S., Gunnar, M.R., Altemus, M., Aronson, J. & Casey, B.J. (2010). Prolonged institutional rearing is associated with atypically large amygdala volume and difficulties in emotion regulation. *Developmental science, 13*(1), 46–61.

Weber, C. (1996). Erziehungsbedingungen im frühen Kindesalter in Kinderkrippen vor und nach der Wende. In G. Trommsdorff (Hrsg.), *Beiträge zu den Berichten der Kommission für die Erforschung des sozialen und politischen Wandels in den neuen Bundesländern e. V. (KSPW): 4\1. Sozialisation und Entwicklung von Kindern vor und nach der Vereinigung* (S. 173–242). VS Verlag für Sozialwissenschaften.

Wittchen, H.-U., Höfler, M., Gander, F., Pfister, H., Storz, S., Üstün, B., Müller, N. & Kessler, R.C. (1999). Screening for mental disorders: performance of the Composite International Diagnostic – Screener (CID–S). *International Journal of Methods in Psychiatric Research, 8*(2), 59–70.

Zwiener, K. (1994). *Kinderkrippen in der DDR: Einflüsse von Familie und Krippe auf Entwicklung und Gesundheit bei Krippenkindern; eine Untersuchung aus 200 Kinderkrippen der DDR (1988). Materialien zum 5. Familienbericht:* DJI, Deutsches Jugendinstitut. Juventa-Verlag.

Anhang:
Tabellarische Übersicht der Verteilung der soziodemografischen Merkmale und die Kennwerte der untersuchten Skalen in den beiden Stichproben

	Wochenkrippe (*N* = 80)	Vergleichsgruppe (*N* = 192)
	M ± SD (Min – Max)/%	
Alter (Jahre)	53.8 ± 6.7 (38–71)	52.2 ± 12.0 (33–74)
Geschlecht (weiblich)	81.3%	45.3%
Familienstand		
Ledig ohne Partnerschaft	18.8%	15.6%
Verheiratet/in Partnerschaft	53.8%	71.4%
Geschieden/Getrennt/Verwitwet	27.5%	13.0%
Höchster Schulabschluss		
Hauptschulabschluss/8. Klasse	–	4.7%
Realschulabschluss/10. Klasse POS	38.7%	47.4%
Fachabitur/Abitur/EOS	61.3%	47.9%
Skalen		
PHQ-4	5.36 ± 3.17	1.95 ± 2.78
SSS-8	11.34 ± 6.82	6.97 ± 5.91
Anzahl positiver Screenings für Diagnosen im CID-S: Lebenszeit	7.15 ± 2.47	2.05 ± 1.92
Anzahl positiver Screenings für Diagnosen im CID-S: 12 Monate	3.93 ± 3.05	1.01 ± 1.72
ECR-RD BANG	4.01 ± 1.51	2.58 ± 1.18
ECR-RD BVER	3.81 ± 1.25	2.57 ± 1.19
ADA	3.37 ± 1.47	2.07 ± 1.19

Anmerkungen: M = Mittelwert; SD = Standardabweichung; PHQ-4 = Patient Health Questionnaire Ultrakurzform; SSS-8 = Somatic Symptom Scale-8; CID-S = Composite International Diagnostic Screener; ECR-RD = Experiences in Close Relationships – revidierte deutschsprachige Version; BANG = Bindungsangst; BVER = Bindungsvermeidung, ADA = Adult Disorganized Attachment

Biografische Notizen

Eva Flemming, Dipl.-Psych., hat in Wien und Berlin Psychologie studiert. Sie ist als wissenschaftliche Mitarbeiterin an der Klinik für Psychosomatische Medizin und Psychotherapie der Universitätsmedizin Rostock tätig und arbeitet dort vor allem zum Schwerpunkt Bindungsforschung. Sie befindet sich daneben in fortgeschrittener Ausbildung zur Psychologischen Psychotherapeutin.

Stefanie Knorr, Dipl.-Psych. und Systemische Therapeutin mit Zusatzqualifikationen in Psychotraumatologie, ist aktuell als wissenschaftliche Mitarbeiterin an der Klinik für Psychosomatische Medizin und Psychotherapie der Universitätsmedizin Rostock im Forschungsprojekt »Bindung und seelische Gesundheit von ehemaligen Wochenkrippenkindern« tätig. Seit 2004 arbeitet sie als Psychologin in der Berliner »Beratungsstelle Gegenwind für politisch Traumatisierte der SED-Diktatur« und veröffentlichte Artikel und Buchbeiträge zu den psychischen und sozialen Folgen politischer und institutioneller Repression sowie zu sexuellem Missbrauch in der DDR.

Laura Lübke, M. Sc., ist Demografin und wissenschaftliche Mitarbeiterin an der Klinik für Psychosomatische Medizin und Psychotherapie der Universitätsmedizin Rostock. Ihre Forschungsschwerpunkte liegen im Bereich der Statistik und Psychometrie.

Carsten Spitzer, Prof. Dr. med., ist Direktor der Klinik für Psychosomatische Medizin und Psychotherapie an der Universitätsmedizin Rostock. Seine Forschungsschwerpunkte sind Psychotraumatologie und Dissoziation, die Folgen von Kindheitstraumatisierungen, für die körperliche Gesundheit sowie die Wirksamkeit von Psychotherapie. Er ist Herausgeber mehrerer Zeitschriften und Bücher sowie Autor zahlreicher wissenschaftlicher Fachartikel. Im länderübergreifenden Verbundprojekt »Gesundheitliche Langzeitfolgen von SED-Unrecht« untersucht er mit seinen Mitarbeiter:innen die Auswirkungen von Zersetzungsmaßnahmen und Staatsdoping. Weiterhin ist er durch das Wissenschaftsministerium benannter Experte und seit 2022 berufener Vertreter des Landes Mecklenburg-Vorpommern in der Aufarbeitungskommission für sexuellen Missbrauch der Katholischen Kirche in der Metropole Hamburg.

Schreiben über Erfahrungen in Wochenkrippe und Wochenheim

Maya Böhm & Birgit Wagner

Viele Menschen schreiben, um Lebenserfahrungen zu verarbeiten. Unzählige Bücher, Berichte und persönliche Dokumente aus verschiedenen Epochen zeugen davon. Auch über die Erfahrungen als »Wochenkind« in der DDR liegen geschriebene Berichte vor (s. Liebsch, 2023 für einige Beispiele). Vor diesem Hintergrund ist es naheliegend, dass es auch therapeutische Ansätze gibt, die das Schreiben zur Verarbeitung des Erlebten nutzen.

Schreibtherapeutische Ansätze

Der Psychologe James Pennebaker begann in den 1980er Jahren, die Wirksamkeit des Schreibens über belastende Lebenserfahrungen wissenschaftlich zu untersuchen (Pennebaker, 1997). Hier bezog er sich vor allem auf eine Interventionsform, die als »expressives Schreiben« bezeichnet wird. Die Teilnehmer:innen der ersten Studien von Pennebaker wurden gebeten, vier Texte über das sie am stärksten belastende Ereignis in ihrem Leben zu schreiben, jeweils über einen Zeitraum von 15 Minuten (Pennebaker & Beall, 1986). Die Emotionen und Gedanken, die damit einhergingen, sollten dabei so detailliert wie möglich beschrieben werden. Um die Effekte des expressiven Schreibens zu untersuchen, wurde eine Vergleichsgruppe gebeten, über ein alltägliches Thema zu schreiben. Die Untersuchung der Teilnehmenden nach der Intervention ergab, dass diejenigen, die über ihre belastendsten Erfahrungen geschrieben hatten, im Vergleich zu denen, die über alltägliche Themen geschrieben hatten, in Bezug auf verschiedene gesundheitliche Aspekte eine stärkere Verbesserung erfuhren. Inzwischen wurden die positiven Effekte expressiven Schreibens für eine Reihe von Personengruppen, wie beispielsweise Rückkehrende aus Militäreinsätzen, Studierende und Menschen mit einer Krebserkrankung belegt (Gerger et al., 2021). Auf die von Pennebaker entwickelte Form der Schreibintervention folgten verschiedene Weiterentwicklungen und Anpassungen. Im sogenannten »Amsterdam Writing Project« wurde eine internetbasierte strukturierte Schreib-Intervention für Menschen entwickelt, die an einer Posttraumatischen Belastungsstörung (PTBS) litten (Schoutrop et al., 2002). Wichtige Elemente dieser Weiterentwicklung waren die Begleitung der Schreibaufgaben im Sinne von Rückmeldungen durch eine im Verfahren geschulte Person an die Teilnehmenden und den Einbezug therapeutischer Komponenten in die Schreibaufgaben. Die Teilnehmenden erhielten nun über einen längeren Zeitraum hinweg aufeinander aufbauende Schreibanleitungen, die verschiedene Aspekte ihrer Erfahrung fokussierten, und erhielten, ebenfalls schriftlich, therapeutische Antworten auf ihre Texte. In Anlehnung an die im »Amsterdam Writing Project« entstandene strukturierte Schreibtherapie wurde eine Reihe von internetbasierten Angeboten für verschiedene Personengruppen entwickelt. Im deutschen Sprachraum gab es bisher unter anderem internetbasierte Schreib-Interventionen für trauernde Geschwister (Wagner, Hofmann & Maaß, 2022), für Personen, die im Zweiten Weltkrieg belastende Lebenserfahrungen gemacht haben (Knaevelsrud et al., 2014) oder für Patient:innen bzw. Angehörige nach Krebserkrankungen (s. z. B. Seitz et al., 2014).

Doch welche Wirkfaktoren liegen den schreibbasierten Interventionen zugrunde? Es wird angenommen, dass das Schreiben über belastende Lebenserfahrungen mit kognitiven Strukturierungsvorgängen einhergeht, die auch Gedächtnisprozesse verändern. Die schreibende Person konfrontiert sich mit ihrer traumatischen Erfahrung und findet formulierend eine Struktur. Die für die Aufrechterhaltung von Traumafolgesymptomen relevante Vermeidung von trauma-assoziierten Erinnerungen, Emotionen usw. wird durch die schriftliche Konfrontation (Exposition) unterbrochen (für einen Überblick s. z. B. Knaevelsrud & Böttche, 2013). Die belastenden Inhalte können somit in das autobiografische Gedächtnis integriert werden. Zudem spielt der Aspekt der Selbstoffenbarung möglicherweise eine wichtige Rolle, insbesondere im Falle von therapeut:innengestützten Schreibinterventionen. Mit der Zunahme von E-Mental-Health-Interventionen konnte in den letzten Jahren die Wirksamkeit von internetbasierten Schreibinterventionen zur Reduktion von Belastungssymptomen nach traumatischen Erfahrungen mehrfach nachgewiesen werden (Kuester et al., 2016; Lewis et al., 2019; Steubl et al., 2021).

Das Online-Schreibprogramm nach DDR-Heimerfahrungen

Vor dem Hintergrund der vorliegenden Ergebnisse und Erfahrungen mit onlinebasierten Schreibinterventionen wurde an der Medical School Berlin im Rahmen des Forschungsverbundes *TESTIMONY – Erfahrungen in DDR-Kinderheimen. Bewältigung und Aufarbeitung* ein Online-Schreibprojekt für Menschen mit DDR-Heimerfahrungen entwickelt. Das Projekt wurde von 2019 bis 2022 vom Bundesministerium für Bildung und Forschung (BMBF) gefördert. In Anlehnung an existierende schreibtherapeutische Interventionen wurde auch diese nach den Prinzipien der kognitiven Verhaltenstherapie (z. B. Exposition) und der »Imagery Rescripting and Reprocessing Therapy« (IRRT) entwickelt. Ziele der Intervention waren eine vertiefte Verarbeitung belastender Lebenserfahrungen und eine Reduktion der gegenwärtigen psychischen Belastung. Neben einem Rückblick auf frühere Lebensphasen und der Konfrontation mit der oder einer als am belastendsten wahrgenommenen Lebenserfahrung wurden auch emotionsfokussierte Aufgaben (IRRT) mit in das Behandlungsmanual aufgenommen. Während die Konfrontation posttraumatische Angstreaktionen und Vermeidungssymptome reduziert, werden andere PTBS-bezogene Emotionen und Kognitionen (z. B. verzerrtes Selbstbild, Schuldgefühle) davon häufig nicht verändert (Smucker et al., 1995). In der IRRT werden traumatische Erinnerungen aktiviert und mithilfe heutiger Erfahrungen und Sichtweisen der Teilnehmenden auf der Emotionsebene modifiziert. Das bedeutet, dass sich die Person mit ihren heutigen Fähigkeiten und Ressourcen aus sicherer Position heraus in die damalige Situation hineinversetzt und unterstützend eingreift (Schmucker & Köster, 2019). Es gibt Hinweise darauf, dass insbesondere nach Missbrauchserfahrungen in der Kindheit das »imaginative Überschreiben« eine sehr wirksame therapeutische Technik zu sein scheint, insbesondere um als belastend empfundene Emotionen, wie Schuld- oder Schamgefühle, zu reduzieren (Raabe et al., 2022; Smucker et al., 1995).

Das Schreibprogramm wurde über Printmedien und im Internet (Webseiten, soziale Medien) beworben. Personen, die in ihrer Kindheit ganz oder teilweise in DDR-Kinderheimeinrichtungen gelebt hatten, konnten sich für eine Teilnahme am Schreibprogramm auf einer eigens entwickelten Webseite registrieren. Sie erhielten dann weitere Informationen zum Schreibprogramm, eine Einverständniserklärung sowie einen Link zu einem Online-Fragebogen mit der Bitte, ihn auszufüllen. Im Fragebogen wurden soziodemografische Daten, Informationen zur Unterbringung in DDR-Heimeinrichtungen sowie zur aktuellen psychischen Belastung erhoben (zum Ablauf s. Wagner, Grafiadeli et al., 2022; Wagner & Böhm, 2023; Wagner, Böhm et al., 2024). Darauffolgend wurde ein Gesprächstermin mit den Teilnehmenden vereinbart. Dieses persönliche Gespräch diente dazu, festzustellen, ob das Schreibprogramm zu diesem Zeitpunkt für die Person geeignet war, den Rahmen und Ablauf des Schreibprogramms zu erläutern und offene Fragen zu klären. Da Online-Interventionen von den Teilnehmenden allein bearbeitet werden, und es keine regelmäßigen persönlichen Kontakte zu den Therapeut:innen gibt, ist es sehr wichtig, verschiedene Aspekte psychischer Gesundheit zum Zeitpunkt der Teilnahme zu erfassen und zu besprechen. Aus diesem Grund wurden Ausschlusskriterien definiert (z. B. Vorliegen einer schweren Depression, Suizidalität, akute Suchterkrankung u. a., s. Wagner, Grafiadeli et al., 2022) und den Teilnehmenden bei Bedarf eine andere Form der Unterstützung empfohlen.

Nach der Entscheidung für eine Teilnahme wurden die Teilnehmenden für das geschützte Online-Portal freigeschaltet und eine:r der im Projekt beschäftigten Therapeut:innen zugewiesen. Diese versandten die Schreibaufgaben sowie die Antwortschreiben über das Portal, das ähnlich einem E-Mail-Programm aufgebaut war. Die Teilnehmenden wurden eingeladen, zweimal in der Woche einen Schreibtermin von etwa 45 Minuten Dauer einzuplanen. Diese Zeit sollten sie sich als eine Zeit planen, in der sie ungestört schreiben konnten.

Im Verlauf des Projektes meldeten sich auch Personen zur Teilnahme an, die in Wochenkrippen, Wochenheimen oder Wochenkindergärten der DDR untergebracht waren. Dies bedeutete eine institutionelle Unterbringung von Montag bis Freitag oder Samstag, bisweilen auch durchgängig, die zum Teil im frühen Säuglingsalter begann. Für eine detailliertere Beschreibung der Lebensbedingungen der »Wochenkinder« sei hier auf Liebsch (2023) verwiesen. Da diese Unterbringung lebensgeschichtlich so früh geschah, und sich in weiteren Aspekten von der in Kinderheimen und Jugendwerkhöfen unterschied, wurden für diese Teilnehmenden entsprechende Schreibanleitungen entwickelt und angeboten (s. Abb. 1).

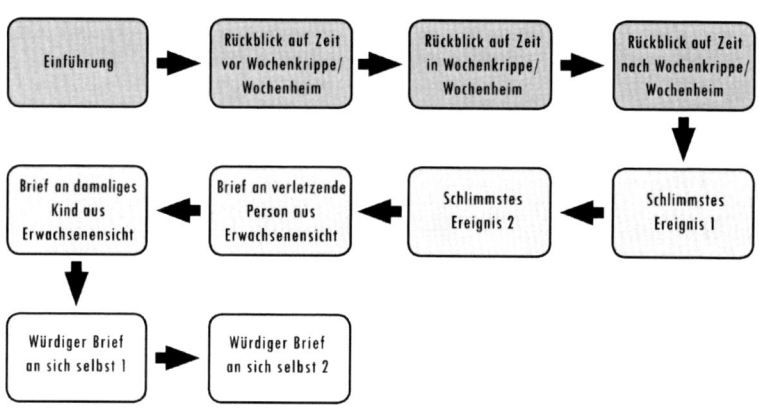

Abb. 1: Ablauf der Schreibintervention mit Abbildung der Schreibaufgaben

Die Module und Schreibaufgaben werden im Folgenden kurz dargestellt. Die »Einführung« diente der schriftlichen Darstellung des Programmablaufs und der Vereinbarung von Schreibterminen.

Im »Rückblick auf die Zeit vor der Wochenkrippe/dem Wochenheim« wurden die Teilnehmenden eingeladen, über ihre Eltern oder die Personen, bei denen sie vor der Unterbringung lebten, zu schreiben. Hier wie im folgenden Text wurden die Teilnehmenden explizit angeregt, sich auch auf Informationen zu beziehen, die sie von anderen oder aus Dokumenten erhalten hatten, und auf ihre Gedanken, Vorstellungen und Gefühle einzugehen. Das Ziel war, die emotionale Verarbeitung und Erinnerungen zu aktivieren. Im »Rückblick auf die Zeit in der Wochenkrippe/im Wochenheim« ging es um die Zeit in der Einrichtung, wieder unter Einbezug der verfügbaren Informationen, heutiger Gedanken, Gefühle und auch offener Fragen der Teilnehmenden zu dieser Zeit. In der nachfolgenden Schreibaufgabe lag der Fokus darauf, wie es für die Teilnehmenden nach der Zeit in der Wochenkrippe/im Wochenheim weiterging. Neben der Beschreibung der familiären Situation wurden auch Anregungen zur Beschäftigung mit dem Beziehungserleben und dem innerfamiliären Umgang mit der Wochenkrippen-/Wochenheim-Unterbringung gegeben.

Die nächsten zwei Schreibaufgaben enthielten Anregungen zur Selbstkonfrontation mit dem als am belastendsten erlebten Ereignis. Die Teilnehmenden konnten selbst wählen, mit welcher Erfahrung sie sich vertieft auseinandersetzen wollten. Nach einem psychoedukativen Teil und der Anregung zur Auswahl der Situation wurden die Teilnehmenden eingeladen, sich einige Minuten auf diesen damaligen Moment zu konzentrieren und dann mit dem Schreiben zu beginnen (s. Wagner & Böhm, 2023). Durch das Schreiben und die damit einhergehende imaginative Konfrontation werden Gefühle, Emotionen und Bilder, die mit dem belastenden Lebensereignis verbunden sind, ausgelöst. Durch die Konfrontation und das wiederholte Aufschreiben werden die mit der Erinnerung verbundenen Emotionen weniger stark oder nicht mehr ausgelöst (»Habituation«).

In den Schreibanleitungen für den »Brief an die verletzende Person« sowie den »Brief an das damalige Kind/Ich aus heutiger Sicht« wurden Techniken aus der IRRT (s. o.) zum imaginativen Umschreiben der damaligen belastenden Situation eingesetzt. Im Brief an die verletzende(n) Person(en) wurden die Teilnehmenden eingeladen, sich die damalige Situation vorzustellen und in einem nächsten Schritt, als »heutiges Ich« in sie einzugreifen. Dabei sollte die verletzende Person konfrontiert und entmachtet, das damalige Selbst hingegen unterstützt und gestärkt werden. Sofern die in den vorhergehenden Texten (Selbstkonfrontation) beschriebene Situation keine verletzende Person umfasste, wurde diese Schreibaufgabe nicht versendet.

Im Brief an das damalige Ich wurden die Teilnehmenden gebeten, einen tröstenden Brief an sich selbst in der damaligen schwierigen Lebenssituation zu schreiben. In den Texten der Teilnehmenden stand hier häufig eine Anerkennung des Geschehenen und eine liebevolle Unterstützung des damaligen Ich im Vordergrund.

Die abschließenden Schreibanleitungen, der »würdige Brief«, fokussierten auf eine Integration des Erlebten, eine Würdigung des Selbst sowie Strategien und Visionen für das eigene Leben und Wohlbefinden. Die Teilnehmenden wurden eingeladen, sich auf Vergangenheit, Gegenwart und Zukunft zu beziehen. Der »würdige Brief 1« war dabei ein Entwurf, der »würdige Brief 2« die finale Version des Textes. In diesen abschließenden Text konnten Bilder eingefügt werden, wenn dies gewünscht war, und der Text konnte auf schönem Papier ausgedruckt oder auf andere Weise als besonderes Dokument gewürdigt werden.

Wirksamkeit und Akzeptanz

Es nahmen insgesamt 25 Personen am Online-Schreibprogramm teil, die (auch) in Wochenkrippen, -kindergärten oder -heimen untergebracht waren. Auf der Basis ihrer Angaben im Online-Fragebogen vor und nach der Teilnahme können erste Aussagen zur Akzeptanz und Wirksamkeit des Schreibprogramms in dieser Zielgruppe abgeleitet werden. Diese Ergebnisse sollten unter Berücksichtigung der geringen Gruppengröße und anderer Faktoren interpretiert und eingeordnet werden.

Von 25 Teilnehmenden waren 23 weiblichen Geschlechts, das Durchschnittsalter betrug 52 Jahre zum Zeitpunkt der Anmeldung. Mehr als die Hälfte gab einen Universitätsabschluss als höchsten Bildungsgrad an, was auf eine vergleichsweise hoch ausgebildete Stichprobe hinweist. Die Mehrzahl der Teilnehmenden (92%) hatte bereits psychotherapeutische und/oder psychiatrische Unterstützung in Anspruch genommen. Als Gründe für diese Inanspruchnahme wurden vor allem depressive Symptome (56%) und Angstzustände (52%) angegeben, doch auch fast die Hälfte berichtete eine PTBS als Grund (40%, Mehrfachnennungen möglich).

Rückblickend berichteten die Teilnehmenden, dass sie bei ihrer Aufnahme in die Betreuung in Wochenkrippe/Wochenheim zwischen vier Wochen und fünf Jahre alt gewesen seien. Der Großteil (19 von 25 Personen) wurde vor dem ersten Geburtstag in Betreuung gegeben, neun davon im Alter von sechs Wochen. Die Dauer der Unterbringung lag zwischen einigen Wochen und fünf Jahren. Nach ihrer Einschätzung der Zeit in der Wochenkrippe/Wochenheim gefragt, bewerteten 60% diese als schlecht oder sehr schlecht.

Für die im Online-Fragebogen angegebenen Symptome in den Bereichen der PTBS, klinisch bedeutsamen Angst und Depressivität zeigten sich im Vergleich der jeweiligen Werte vor und nach der Teilnahme am Schreibprogramm signifikante Veränderungen. Die Teilnehmenden berichteten im Mittel eine signifikant geringere Symptombelastung, nachdem sie am Schreibprogramm teilgenommen hatten.

Die Teilnehmenden wurden nach Abschluss des Programms auch zu verschiedenen Aspekten des Schreibprogramms befragt. Die Zufriedenheit mit dem Schreibprogramm bildete sich als sehr hoch ab (30% »weitgehend zufrieden«, 70% »sehr zufrieden«), und das Online-Setting wurde überwiegend als passend erlebt. Aus einzelnen Rückmeldungen ließ sich ableiten, dass ein Angebot, das sich gezielt auf die Erfahrungen in DDR-Einrichtungen im Kindesalter bezog, als sehr hilfreich erlebt wurde.

Diskussion

Die Erfahrungen mit dem hier vorgestellten Online-Schreibprogramm zeigen, dass auch Menschen, die sehr früh in Langzeitbetreuung untergebracht wurden, zum einen teilweise sehr belastet sind und zum anderen von onlinebasierten schreibtherapeutischen Interventionen profitieren können. Die Schreibaufgaben regten die Teilnehmer:innen dazu an, sich mit ihrem familiären Hintergrund, den Erfahrungen in der Wochenkrippe, dem Wochenheim oder dem Wochenkindergarten auseinanderzusetzen und fokussierten dann auf eine Erfahrung, die als besonders belastend von ihnen erlebt wurde. In den anschließenden Schreibanleitungen wurden die Teilnehmer:innen dazu eingeladen, die Erfahrungen imaginativ umzuschreiben. Das bedeutet, dass sie in ihren Texten in die damalige belastende Situation als Erwachsene von heute eingriffen und ihr damaliges Ich unterstützten. Die meisten Teilnehmenden wählten hier, vermutlich auch aufgrund der eingeschränkten Erinnerung an die Erfahrungen in Wochenkrippe und -heim, belastende Lebenserfahrungen aus einer späteren Lebensphase. Durch die ersten und letzten Schreibanleitungen wurde der Rahmen auf die Erfahrungen der Unterbringung gewährleistet.

Die Ergebnisse weisen darauf hin, dass die Teilnehmenden die Schreibanleitungen und das Programm an sich als hilfreich empfanden. Neben der subjektiven Nützlichkeit deuten die Vergleiche der Symptombelastung darauf hin, dass das Schreibprogramm für die Teilnehmenden zu einer verringerten Belastung durch Symptome der PTBS, Angst und Depression führte. Das Schreiben von Texten hat sich mittlerweile als wichtige psychotherapeutische Interventionsmethode bewährt. Es gibt Hinweise darauf, dass die positiven Effekte von Schreib-Interventionen auf die psychische Gesundheit auch langfristig anhalten (Lange et al., 2003; Wagner & Maercker, 2007). Das Schreiben von Texten in dieser Form bringt zudem einige Besonderheiten mit sich (s. auch Knaevelsrud & Böttche, 2013). Es bietet die Möglichkeit, Texte auch nach dem Abschluss der Teilnahme immer wieder zur Hand zu nehmen, sie mit weiteren Mitteln wie Fotos, Farben und schönem Papier zu gestalten, sie an einem besonderen Ort aufzubewahren, oder auch, sie wegzuwerfen. Die Dokumente können individuell wie gesellschaftlich als Zeugnisse des Geschehenen angesehen werden. Als solche können sie auch mit anderen Menschen geteilt werden, im privaten oder öffentlichen Raum. Es gibt therapeutische Ansätze, die dieses Teilen der Texte als weiteren Schritt einer therapeutischen und öffentlichen Würdigung und Aufarbeitung nutzen (Agger et al., 2012). Uns wurde auch von Teilnehmenden berichtet, dass sie die im Rahmen des Schreibprogramms entstandenen Texte anderen zum Lesen gegeben oder vorgelesen hätten.

Einschränkend sei darauf hingewiesen, dass die Gruppe der Teilnehmenden mit Wochenkrippen- bzw. -heimerfahrung relativ klein war. Es ist anzunehmen, dass es sich nicht um eine für die Gesamtgruppe der in Wochenkrippen und -heimen der DDR untergebrachten Personen repräsentative Stichprobe handelte – darauf lässt beispielsweise die hohe Rate weiblicher Teilnehmerinnen schließen. Doch auch hinsichtlich des Bildungsstandes und der Vorerfahrungen mit Psychotherapie und Psychiatrie liegt der Schluss nahe, dass das Schreibprogramm für eine bestimmte Gruppe von Menschen ein besonders attraktives Angebot war, andere hingegen möglicherweise nicht erreicht hat. Vielleicht könnte durch eine Erweiterung und Verstetigung des Angebots ein größerer Personenkreis erreicht und unterstützt werden. Möglicherweise kann ein Online-Schreibprogramm auch als Ergänzung zu einer anderen Form der psychotherapeutischen Behandlung genutzt werden. Insgesamt wäre es wünschenswert, Personen, die sich Unterstützung bei der Auseinandersetzung mit ihren Erfahrungen in Wochenkrippen, Wochenheimen und ähnlichen Einrichtungen wünschen, angemessene Angebote zur Verfügung zu stellen.

Literatur

Agger, I., Igreja, V., Kiehle, R. & Polatin, P. (2012). Testimony ceremonies in Asia: Integrating spirituality in testimonial therapy for torture survivors in India, Sri Lanka, Cambodia, and the Philippines. *Transcultural Psychiatry, 49,* 568–589. https://doi.org/10.1177/1363461512447138

Gerger, H., Werner, C. P., Gaab, J. & Cuijpers, P. (2021). Comparative efficacy and acceptability of expressive writing treatments compared with psychotherapy, other writing treatments, and waiting list control for adult trauma survivors: A systematic review and network meta-analysis. *Psychol Med, 52*(15), 1–13.

Knaevelsrud, C. & Böttche, M. (2013). Schreibtherapie nach traumatischen Belastungen: Therapieansätze und Wirkmechanismen. *Psychotherapie Psychosomatik Medizinische Psychologie, 63*, 391–397.

Knaevelsrud, C., Böttche, M., Pietrzak, R. H., Freyberger, H. J., Renneberg, B., & Kuwert, P. (2014). Integrative testimonial therapy: an Internet-based, therapist-assisted therapy for German elderly survivors of the World War II with posttraumatic stress symptoms. *The Journal of nervous and mental disease, 202*(9), 651–658. https://doi.org/10.1097/NMD.0000000000000178

Kuester, A., Niemeyer, H. & Knaevelsrud, C. (2016). Internet-based interventions for posttraumatic stress: A meta-analysis of randomized controlled trials. *Clinical Psychology Review, 43*, 1–16. https://doi.org/10.1016/j.cpr.2015.11.004

Lange, A., Rietdijk, D., Hudcovicova, M., van de Ven, J.-P., Schrieken, B. & Emmelkamp, P. M. G. (2003). Interapy: A controlled randomized trial of the standardized treatment of posttraumatic stress through the internet. *Journal of Consulting and Clinical Psychology, 71*(5), 901–909. https://doi.org/10.1037/0022-006X.71.5.901

Lewis, C., Roberts, N., Simon, N., Bethell, A. & Bisson, J. I. (2019). Internet-delivered cognitive behavioural therapy for post-traumatic stress disorder: systematic review and meta-analysis. *Acta Psychiatr Scand, 140*(6), 508–521.

Liebsch, H. (2023). *Wochenkinder in der DDR. Gesellschaftliche Hintergründe und individuelle Lebensverläufe.* Gießen: Psychosozial-Verlag.

Pennebaker, J. W. (1997). Writing about emotional experiences as a therapeutic process. *Psychol Sci, 8*(3), 162–166. https://doi.org/10.1111/j.1467-9280.1997.tb00403.x

Pennebaker, J. W., & Beall, S. K. (1986). Confronting a traumatic event: Toward an understanding of inhibition and disease. *Journal of Abnormal Psychology, 95*(3), 274–281. https://doi.org/10.1037/0021-843X.95.3.274

Raabe, S., Ehring, T., Marquenie, L., Arntz, A. & Kindt, M. (2022). Imagery rescripting as standalone treatment for posttraumatic stress disorder related to childhood abuse. A randomized controlled trial. *Journal of Behavior Therapy and Experimental Psychiatry, 77*, 101769. https://doi.org/10.1016/j.jbtep.2022.101769

Reinhold, M., Bürkner, P. C. & Holling, H. (2018). Effects of expressive writing on depressive symptoms – A meta-analysis. *Clin Psychol Sci Pract, 25*(1), e12224.

Schmucker, M & Köster, R. (2019). *Praxishandbuch IRRT: Imagery Rescripting & Reprocessing Therapy bei Traumafolgestörungen, Angst, Depression und Trauer.* Stuttgart: Klett-Cotta.

Schoutrop, M., Lange, A., Hanewald, G., Davidovich, U. & Salomon, H. (2002). Structured writing and processing major stressful events: A controlled trial. *Psychother Psychosom, 713*, 151–157.

Seitz, D. C., Knaevelsrud, C., Duran, G., Waadt, S., & Goldbeck, L. (2014). Internet-based psychotherapy in young adult survivors of pediatric cancer: feasibility and participants' satisfaction. *Cyberpsychology, behavior and social networking, 17*(9), 624–629. https://doi.org/10.1089/cyber.2014.0066

Smucker, M. R., Dancu, C., Foa, E. B. & Niederee, J. L. (1995). Imagery rescripting: A new treatment for survivors of childhood sexual abuse suffering from posttraumatic stress. *Journal of Cognitive Psychotherapy, 9*(1), 3–17.

Steubl, L., Sachser, C., Baumeister, H. & Domhardt, M. (2021). Mechanisms of change in Internet-and mobile-based interventions for PTSD: a systematic review and meta-analysis. *European Journal of Psychotraumatology, 12*, 1879551.

Wagner, B. & Böhm, M. (2023). Therapeutisches Schreiben als Weg der Bewältigung. In H. Glaesmer, B. Wagner, S. Gahleitner & H. Fangerau (Hrsg.), *Ehemalige Heimkinder der DDR. Traumatische Erfahrungen und deren Bewältigung über die Lebensspanne* (S. 181–204). Stuttgart: Klett-Cotta.

Wagner, B., Böhm, M., & Grafiadeli, R. (2024). Efficacy of an internet-based written imagery rescripting intervention for survivors of institutional childhood abuse–A randomized controlled trial. *Child Abuse & Neglect, 147*, 106557.

Wagner, B., Grafiadeli, R., Martin, T. & Böhm, M. (2022) Internet-based imagery rescripting intervention for adult survivors of institutional childhood abuse in the former German Democratic Republic – a pilot study. *European Journal of Psychotraumatology, 13*, 2. https://doi.org/10.1080/20008066.2022.2117222

Wagner, B., Hofmann, L. & Maaß, U. (2022). A therapist-supported internet-based intervention for bereaved siblings: a randomized controlled trial. *Palliative Medicine, 36*, 1532–1543. https://doi.org/10.1177/02692163221122344

Wagner, B. & Maercker, A. (2007). A 1.5-year follow-up of an Internet-based intervention for complicated grief. *Journal of Traumatic Stress, 20*(4), 625–629. https://doi.org/10.1002/jts.20230

Biografische Notizen

Maya Böhm, Dr., ist Psychologin und seit 2023 Co-Leiterin der wissenschaftlichen Abteilung am »Zentrum ÜBERLEBEN«. Bis 2022 hatte sie an der Universität Leipzig die Koordination des Forschungsverbundes »TESTIMONY – Erfahrungen in DDR-Kinderheimen. Bewältigung und Aufarbeitung« (BMBF) inne und war im Online-Programm zu DDR-Heimerfahrungen an der Medical School Berlin beschäftigt. Ihre Forschungsschwerpunkte umfassen die Auswirkungen politischer Gewalt, Dealing with the Past und internetbasierte Interventionsangebote für Menschen mit Traumafolgestörungen.

Birgit Wagner, Prof. Dr. habil, ist psychologische Psychotherapeutin und Professorin für Klinische Psychologie und Verhaltenstherapie an der Medical School Berlin. Sie verfügt über langjährige wissenschaftliche und praktische Erfahrung im Bereich der Traumafolgestörungen. Ein Forschungsschwerpunkt liegt in der Erforschung von psychischen Belastungen nach DDR-Heimerfahrung und Zwangsadoption in der DDR.

Ein Bericht zum Gesprächskreis im Rahmen des Rostocker Symposiums zum Thema: Erfahrungen mit psychosozialen Hilfsangeboten für Wochenkinder

Susanne Vogel

Großen Zuspruch während des Symposiums fand der Gesprächskreis »Erfahrungen mit psychosozialen Hilfsangeboten«. Zwei Fragen standen dort im Mittelpunkt: Wie und wo können ehemalige Wochenkinder psychosoziale Hilfsangebote finden und für sich nutzen? Welche Erfahrungen haben die Teilnehmenden mit verschiedenen Hilfesystemen gemacht? In Form eines offenen Gesprächskreises fanden dazu Austausch und Diskussion statt.

Zunächst wurde besprochen, was der Begriff der psychosozialen Hilfsangebote umfasst. Vielleicht zuerst in den Sinn kommend meint er die klassischen Angebote des Gesundheitssystems (stationär wie ambulant) in multiprofessioneller Ausgestaltung (Psychiatrie, Psychotherapie, Physiotherapie, Ergotherapie, Heilpraktische Behandlung etc., aber auch die fachärztliche oder hausärztliche Versorgung). Es wurden Fragen gestellt wie: »Habt ihr schon mal mit eurer Hausärztin über eure Erfahrungen in der Wochenkrippe gesprochen, weil ihr wisst, dass manche Symptome damit in Verbindung stehen?« oder es wurde ein positiver Erfahrungsbericht geteilt über einen besonders sensibel mit dem Thema umgehenden Ergotherapeuten während eines stationären psychiatrischen Aufenthalts.

Psychosoziale Hilfsangebote umfassen jedoch weit mehr. Auch Rentenversicherungsträger können relevante Adressaten sein für ehemalige Wochenkinder, wenn sie z.B. eine Leistung zur Rehabilitation für sich in Anspruch nehmen wollen oder ein Rentenbegehren vorliegt. Ebenso enthält jeder andere Bereich, den die Sozialen Gesetzbücher umfassen, mehr oder weniger intensive Formen psychosozialer Hilfsangebote, die ehemalige Wochenkinder wie jede/r andere in verschiedenen Lebenslagen in Anspruch nehmen können.

Aus meinen persönlichen beruflichen Erfahrungen in der Familienberatungsstelle, einer Leistung der Kinder- und Jugendhilfe, konnte ich berichten, dass auch hier das Thema Wochenkrippe gelegentlich auftaucht. Wenn z.B. in der

Biografiearbeit von einer Mutter oder einem Großvater berichtet wird, die/der in einer solchen Krippe war und dessen Erfahrungen sich im Familienalltag niederschlagen, oder wenn die heutige Einstellung einer Familie zu außerfamiliärer frühkindlicher Betreuung von konkreten Erfahrungen mit dem Thema Wochenkrippe geprägt wird.

Auch außerhalb der Sozialgesetzbücher gibt es weitere Formen psychosozialer Hilfsangebote, die in dem Gesprächsaustausch kurz angeschnitten wurden. Dazu gehören Selbsthilfegruppen. Hier berichteten vor allem die Potsdamer von ihren Erfahrungen. In Gotha gibt es eine selbst organisierte Form von moderierten Gesprächskreisen in der Limus Zukunftsschmiede e. V. In diesen finden sich regelmäßig Betroffene zusammen und tauschen sich aus. Auch ehemalige Erzieherinnen mit unterschiedlichem Blick auf die Vergangenheit der Wochenkrippen waren gelegentlich anwesend, was zu einer besonderen Dynamik der Gespräche führte und zu einer facettenreichen Auseinandersetzung mit dem Thema.

Während des Gesprächskreises im Rahmen des Symposiums wurde über die Mitarbeit in dem biografischen Schreibprojekt (Testimonystudie) oder das Aufsuchen religiöser oder spiritueller Angebote berichtet. Einige Teilnehmende des Austausches hatten nie psychosoziale Hilfen aufgrund ihrer Wochenkrippenbiografie in Anspruch genommen, weil sie sie entweder nicht benötigten oder sich aus verschiedenen Gründen dagegen entschieden haben.

In der Gesamtschau der Gespräche mit den Teilnehmenden des Symposiums wurde deutlich, dass es

a) (nahezu) keine spezifischen Hilfsangebote speziell für ehemalige Wochenkinder gibt und

b) dass das weit gefächerte Netz der aktuellen psychosozialen Hilfsangebote hinsichtlich des Themas Wochenkrippe nur so gut ist, wie der Mensch, der diese Hilfe anbietet. Eine Hausärztin kann sich mit dem Thema Wochenkrippe gut auskennen, empathisch zuhören und psychosomatische Zusammenhänge zu einem aktuellen Beschwerdebild herstellen oder eben auch nicht. Genauso kann ein Sozialarbeiter während einer orthopädischen Reha Kenntnis vom Thema und von einer Selbsthilfegruppe in der Region haben, auf die er Betroffene hinweist oder eben auch nicht.

Am häufigsten fragten die Teilnehmenden nach der geeigneten Hilfe bei seelischen Folgen der Krippenaufenthalte, nach Erfahrungen mit verschiedenen Formen der Psychotherapie, aber auch nach alternativen Möglichkeiten. Hier fand ein reger und interessanter Austausch statt. Aufgrund der sehr frühkindlichen Erlebnisse gab es Zweifel, inwiefern eine klassische von den Krankenkassen unterstützte Form der Psychotherapie (Psychoanalyse, Tiefenpsychologie, Verhaltenstherapie, Systemische Psychotherapie) überhaupt hilfreich sein könne, zumal die Erlebnisse kaum oder gar nicht bewusst und verbalisierbar sind. Könnte nicht stattdessen eine Körperpsychotherapie nützlicher sein? Die Hoffnung der Teilnehmenden lag darin, dass die Körperpsychotherapie am ehesten die unbewussten, nonverbalen Erfahrungen aktualisieren und damit bearbeitbar machen könne. Ich verwies an dieser Stelle darauf, dass es ein immanentes Merkmal jeder erfolgreichen Psychotherapie ist, nicht bewusste, auch frühkindliche Erfahrungen zu aktualisieren, ob nun in Form von Expositionen wie bei der Verhaltenstherapie oder einer Reinszenierung in der therapeutischen Beziehung wie in den dynamischen Therapierichtungen, oder bei einer Körpererfahrung, die frühere Körperzustände aktualisiert. Wesentlicher als die Therapieschule ist eine gelungene therapeutische Beziehung und im besten Fall Kenntnisse über die Besonderheiten der DDR-Sozialisation und im speziellen der Wochenkrippen seitens der professionell Helfenden.

Die Teilnehmenden des Symposiums empfanden das Thema Wochenkrippe häufig als »stiefkindlich« behandeltes Nischenthema. Die Erfahrungen der Teilnehmenden waren meist die, dass sich Helfende im psychosozialen System (wie auch die Gesamtgesellschaft) mit dem Thema Wochenkrippen der DDR oftmals wenig bis gar nicht auskennen. Viele kennen das Phänomen nicht einmal, haben nie von diesen Krippen gehört. Es bedarf dann vieler Erklärungen seitens ehemaliger Wochenkinder. Das Thema der Wochenkrippen ist kein Gesamtdeutsches, es ist ein Minderheitenthema, weil es ein Ostthema ist. Die Hoffnung einer gesamtdeutschen Aufarbeitung (wer sie denn hatte) war also von vornherein zum Scheitern verurteilt. Hinzu kommt, dass das Thema Säuglinge und Kleinstkinder betrifft mit vagen oder gar keinen konkreten Erinnerungen. Sie sind (so wie auch Menschen mit Behinderung oder hohem Alter) die schwächste und leiseste Gruppe eines gesellschaftlichen Systems. Es verwundert also nicht, dass die Aufarbeitung der DDR-Wochenkrippen bis heute nicht stattgefunden hat und nur in gesellschaftlichen Nebenströmungen gerade beginnt stattzufinden. Diese »stiefkindliche« Behandlung des Themas stellt für viele Betroffene eine schmerzhafte Wiederholung des biografisch Erlebten dar. Sie werden nicht gesehen, sind für die Gesellschaft wie unsichtbar, in ihren Bedürfnissen nicht erkannt oder verleugnet, im psychosozialen Hilfsangebot nur funktional »irgendwie versorgt«. Anerkannt als politische Opfer der SED-Diktatur werden ehemalige Wochenkinder nicht. Obwohl sie klar Opfer eines gesellschaftlichen und politischen Systems geworden sind, werden die Folgen eher privatisiert. Die Aufarbeitung, Diskussion, die kritischen Fragen, wenn es sie denn überhaupt gibt, findet innerhalb der

Familien statt, aber kaum gegenüber (inzwischen nicht mehr existenten) verantwortlichen Institutionen, Behörden und ehemaligen Entscheidungstragenden. Das Rostocker Symposium leistete zur beginnenden Aufarbeitung einen großen Beitrag. Das Thema Wochenkrippen der DDR wurde umfassend beleuchtet und einer breiten Öffentlichkeit zugänglich gemacht. In den letzten Jahren fand das Thema gelegentlich auch in den großen Medien zunehmend Beachtung. Eine Entwicklung, die die ehemaligen Wochenkinder auf dem Symposium überwiegend sehr begrüßten. Es stellt für viele Betroffene zwar ein spätes, aber ein sehr bedeutsames Gesehenwerden dar.

Biografische Notiz

Susanne Vogel, Dipl.-Psych. und Psychologische Psychotherapeutin (TP), ist beruflich tätig in der Familienberatungsstelle der AWO in Bergen auf Rügen. Durch ihre Arbeit im Maßregelvollzug Göttingen und in der Forensischen Ambulanz in Erfurt bekam das Thema frühe Bindungserfahrungen für sie eine große Bedeutung. Bis vor Kurzem lebte sie in Thüringen und initiierte in Gotha nach bewegenden Begegnungen mit ehemaligen Wochenkrippenkindern einen Gesprächskreis für Betroffene und einen weiteren zur Aufarbeitung der DDR-Geschichte Gothas.

Bundesweite Selbsthilfe für ehemalige Wochenkinder

Christian Jakubaszek

Als »Wochenkinder« bezeichnen sich Personen mit Wochenkrippen- und/oder Wochenheimerfahrungen selbst.

Die ersten Selbsthilfetreffen von Wochenkindern fanden im Jahre 2019 im Bundesland Brandenburg statt. Sie wurden von der deutschen Kindheitspädagogin, Autorin und Wochenkrippen-Forscherin Ute Stary (ehem. Bendt) geplant und durchgeführt. Nachdem sich Ute Stary aus der aktiven wissenschaftlichen Auseinandersetzung mit dem Thema zurückgezogen hatte, wurde die Idee der Selbsthilfe während der Corona-Jahre 2020/21 wieder aufgegriffen und online durchgeführt. Dabei trafen sich per Web- und Videokonferenz Betroffene aus allen Bundesländern und konnten sich so auch während dieser schwierigen Zeit in einem geschützten Raum austauschen. Im Oktober 2022 fand das erste Präsenztreffen in Berlin statt. Inzwischen haben die Präsenztreffen einen monatlichen Turnus. Kurz darauf wurden auch in anderen Bundesländern, Ballungsgebieten und großen Städten Selbsthilfegruppen initiiert und durchgeführt. Ein Austausch zwischen den verschiedenen Selbsthilfeorganisator:innen findet vierteljährlich statt.

Wozu eine Selbsthilfe für Wochenkinder, wenn sich die Betroffenen kaum oder nur sehr vage an das Geschehene selbst erinnern? Ein Großteil der Erinnerungen sind meist überliefert von den Eltern oder Angehörigen, sei es durch Briefe, Fotos oder erzählte Geschichten. Eine aktive Erinnerung besitzen die meisten Menschen erst ab dem dritten oder vierten Lebensjahr. Und dennoch: Auch wenn es nur Bruchstücke, schemenhafte Elemente, wiederkehrende Träume oder tief verwurzelte Grundstimmungen sind, so prägte und eint viele Menschen mit dieser Lebenserfahrung ein gemeinsames Grundgefühl der Einsamkeit und Traurigkeit, ein Gefühl nirgendwo dazuzugehören, eine Suche nach sich selbst. Einige berichten auch von einem Gefühl, die Welt wie durch eine Glocke oder Scheibe zu beobachten und nicht Teil von ihr zu

Abb. 1: Selbsthilfe »Berliner Wochenkinder« (Foto: Christian Jakubaszek)

sein. Gefühle, die prägend gewesen sind und bis ins hohe Alter anhalten können.

Einige Wochenkinder haben bereits psychotherapeutische Erfahrungen gemacht. Doch selbst in diesem professionellen Setting einer psychotherapeutischen Sitzung gibt es oft weder Verständnis für das Leid noch eine Kommunikation auf Augenhöhe. Auch eine Öffnung der Person und ein Gespräch über die tief verborgenen Gefühle im Familien- oder Freundeskreis hat oftmals nicht das gewünschte Ergebnis. Es fehlt an Verständnis. Die eigenen Gefühle werden bei der Aufarbeitung z. B. durch die Eltern infrage gestellt oder negiert mit Aussagen wie: »Dir ging es doch gut dort« oder »So gut und fachgerecht, wie sich dort um Dich gekümmert wurde, konnten wir das selbst gar nicht leisten«. Viele Teilnehmer:innen der angebotenen Selbsthilfen berichten, dass diese Treffen erstmals für sie auf Augenhöhe stattfinden, man sich nicht erklären und rechtfertigen muss und man sich in den anderen Teilnehmer:innen das erste Mal verstanden und gespiegelt sieht. Aber trotz Verständnis und Kommunikation: Die Selbsthilfe ersetzt keinesfalls eine professionelle Psychotherapie. Sie kann nur unterstützend helfen und Linderung verschaffen.

Eine Frage ist, ob sich Betroffene dem Thema der eigenen persönlichen Aufarbeitung dieser Erfahrung stellen müssen. Dies kann mit »nein« beantwortet werden. Die Auseinandersetzung mit diesem, oft als leidvoll beschriebenen Thema, kann als sehr stark retraumatisierend und schmerzvoll erlebt werden. Niemand muss sich diesem stellen, insbesondere, wenn man sich nicht in seinem alltäglichen Leben eingeschränkt sieht oder das Erlebte nicht erträgt. Jedoch schafft die Selbsthilfe das Angebot und einen Rahmen, in dem man sich äußern, öffnen und mitteilen kann. Die Linderung tritt nach und nach ein, wenn man nicht auf Bewertungen und Unverständnis von außen, sondern auf Verständnis von Menschen mit einer ähnlichen Geschichte stößt und sich in den Lebensgeschichten von ebenfalls Betroffenen wiederfindet.

Schwerpunkte/Themen

Die jeweiligen Inhalte der Treffen ergeben sich aus den aktuellen Fragen und Anliegen der Teilnehmer:innen. Ihre Themen werden gesammelt, geclustert und dann in der Gruppe über die Reihenfolge mehrheitlich abgestimmt. Zu den inhaltlichen Schwerpunkten der Treffen gehören folgende Punkte:

➤ Das eigene fehlende Urvertrauen, ist das nachträglich erlernbar?
➤ Vertrauen in andere
➤ fehlende innere Bilder
➤ Grundtraurigkeit
➤ Umgang mit dem Thema in der Familie, von wem und wie haben sie von der Unterbringung in einer Wocheneinrichtung erfahren?
➤ Der Umgang und die Beziehung zu den Eltern, Mutterbindung, die Rolle der Väter, Pflege der Eltern, Wut, Verständnis und Vergebung, wie spricht man mit ihnen darüber, Kontaktabbrüche
➤ Bindungen und Bindungsprobleme, Bindungsunfähigkeit, Bindungsstörungen, Bindungsangst und Kontakt
➤ Beziehungsgestaltung, Partnerschaft
➤ verlassen werden, allein sein, Einsamkeit, Erleben von Trennungen, die eigene frühkindliche Entwicklung
➤ das eigene Verhalten, Interaktion in Gruppen
➤ Abgrenzung, »nein« sagen
➤ der Wunsch, gesehen zu werden
➤ Perfektionismus
➤ Workaholic
➤ Autarkie
➤ Probleme, Hilfe annehmen zu können
➤ Aufarbeitung, welche Therapien helfen, Gesundheitsfürsorge
➤ Transgenerationale Weitergabe von Traumata
➤ Trauma relativieren
➤ eigene Akzeptanz
➤ Vergangenheit, Zukunft und die Balance zwischen beiden
➤ persönliche Bedürfniswahrnehmung
➤ Umgang mit Erschöpfung, Überforderung
➤ den eigenen Platz in der Welt finden
➤ Umgang mit Schlafproblemen

Impulsvorträge

Neben dem reinen Austausch von Betroffenen mit- und untereinander gibt es auch Impulsvorträge zu spezifischen Themen. Ziel ist es, Impulse von Fachleuten und Expert:innen, wie z. B. Psychotherapeut:innen zu setzen und so tiefer in einzelne Themen vorzudringen. Zu den Referentinnen gehören:

➤ Julia Tomuschat: »Inneres Kind/Sonnenkindprinzip« (https://julia-tomu schat.de)
➤ Anette Hofmann: »Mit Trauma leben – Von der Ohnmacht in die Handlungsfähigkeit« (https://www.thefirststep.de)
➤ Jessica Ward: »Frühkindliches Trauma in der Psychotherapie: Worauf soll ich bei der Wahl einer Therapieform und einer therapeutischen Begleitung achten?« (https://www.achtsame-begleitung.org)

Erfahrungen von Teilnehmer:innen

Irina L.: »Dieses Thema Wochenkind wurde von meinen Eltern und meiner Familie ewig geheim gehalten. Ich blieb als Kind mit meinen Fragen und Gefühlen allein. Irgendwann verstand ich mich selbst nicht mehr, nichts passte echt und ehrlich zusammen. Ich hatte große Selbstzweifel und bekam Panikattacken.

Mich, nach jahrzehntelanger Tablettenabhängigkeit, an psychische Gewalt und an eine fast tödlich endende Vergewaltigung durch einen Erzieher erinnern zu können und auch zu dürfen, macht mich heute stark. Im Gespräch mit anderen Wochenkindern erkenne ich, wo ich jetzt stehe. Aber so viel vertane Lebenszeit zu fühlen, tut auch sehr weh.

In den letzten Jahren habe ich gelernt, meinen Kindern eine mitfühlende Mutter zu sein und somit unser Ahnentrauma zu stoppen. Ich möchte der neuen Generation ein positives, lebensbejahendes vor allem selbst reflektiertes Vorbild sein.«

Hanna M.: »Ich habe bisher an mehreren Treffen der Selbsthilfegruppe teilgenommen und fühle mich wirklich zugehörig. Was für mich eine neue, besonders gute und hilfreiche Erfahrung ist.

Selbsthilfe kommt für mich dadurch zum Tragen, weil ich mich erkannt fühle in den Erzählungen der anderen Teilnehmer:innen. Die Möglichkeit, endlich erzählen zu können, worüber ich vorher lieber geschwiegen habe.

Endlich keine Verharmlosung meines Wochenkinddaseins mit allen Beschädigungen, die daraus resultieren, mehr zu hören. Offenheit, Zuhören, wahrgenommen werden. Das ist, was ich in der Gruppe finde und damit Hilfe erfahre.«

Ines P.: »Für mich war es eine wunderbare Erfahrung Menschen zu treffen, die wie ich in so einer Einrichtung waren. Menschen, die ich so nie ansprechen würde und doch verbindet uns etwas und am Ende habe ich mich gefühlt, als kannte ich sie schon immer. Die Erfahrungen der anderen und der Austausch haben mir geholfen zu verstehen, dass ich nicht verrückt bin und diese Zeit, mir doch mehr geschadet als genutzt hat. Es tut so gut mit Menschen zu sprechen, die wissen, worüber ich rede, auch wenn die Erinnerungen leider nicht da sind, weil ich erst sechs Wochen alt war.«

Teilnahme?

Einige Teilnehmer:innen der Selbsthilfe berichten, dass es schwer ist, den ersten Schritt zu gehen und sich einzugestehen, dass man in eine Selbsthilfegruppe geht oder diese ausprobiert. Ute Stary nannte die Treffen »Gesprächskreise« und das trifft es vielleicht sogar eher. Denn anders als zahlreiche Selbsthilfegruppen, die sich zu spezifischen medizinischen Diagnosen austauschen, eint die Wochenkinder die gemeinsame Erfahrung der frühen Fremdunterbringung. Die individuellen Folgen und späteren Lebensläufe sind unterschiedlich. Dennoch erleben sie innerhalb der Gruppentreffen auch viele Gemeinsamkeiten. Das verblüfft, verbindet und stärkt.

Anlaufstellen Selbsthilfe

Stadt/Region	Kontakt
Berlin	berlin@wochenkinder.de
Dresden	dresden@wochenkinder.de
Leipzig	leipzig@wochenkinder.de
Mecklenburg-Vorpommern	meckpomm@wochenkinder.de
Potsdam	potsdam@wochenkinder.de
Ruhrgebiet	ruhrgebiet@wochenkinder.de

Adresse für Selbsthilfe mit Terminen und Anmeldemodalitäten:

http://wochenkinder.de/selbsthilfe/

Vergessene Kinder (DDR-Wochenkrippe-Austauschgruppe): https://www.facebook.com/groups/124680971582432

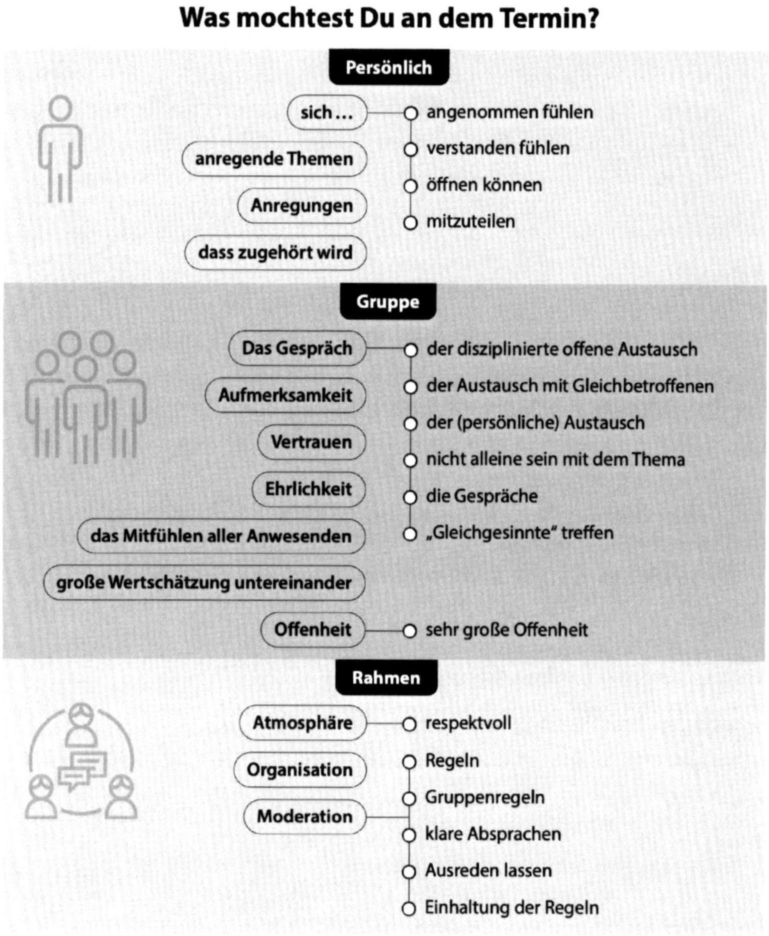

Was mochtest Du an dem Termin?

Persönlich

| sich ... | — ○ angenommen fühlen |

- sich ... — ○ angenommen fühlen
- anregende Themen ○ verstanden fühlen
- ○ öffnen können
- Anregungen ○ mitzuteilen
- dass zugehört wird

Gruppe

- Das Gespräch — ○ der disziplinierte offene Austausch
- Aufmerksamkeit ○ der Austausch mit Gleichbetroffenen
- ○ der (persönliche) Austausch
- Vertrauen ○ nicht alleine sein mit dem Thema
- Ehrlichkeit ○ die Gespräche
- das Mitfühlen aller Anwesenden ○ „Gleichgesinnte" treffen
- große Wertschätzung untereinander
- Offenheit — ○ sehr große Offenheit

Rahmen

- Atmosphäre — ○ respektvoll
- Organisation ○ Regeln
- ○ Gruppenregeln
- Moderation ○ klare Absprachen
- ○ Ausreden lassen
- ○ Einhaltung der Regeln

Abb. 2: Auswertung von Feedbackbögen nach einem Jahr SHG »Berliner Wochenkinder« (Quelle: Christian Jakubaszek)

Biografische Notiz

Christian Jakubaszek hat in Berlin Informatik studiert. Er ist 50 Jahre alt, Familienvater und berufstätig. Mit 30 Jahren hatte er eine einschneidende Lebenskrise, die er damals nicht einordnen konnte. Nach langer Recherche traf er auf Ute Stary, die 2017 eine erste Studie zu den Wochenkindern veröffentlichte. Dies erklärte für ihn vieles und sein Lebenspuzzle setzte sich zusammen. Um dieses Aha-Erlebnis weiterzugeben, initiierte er die Berliner Selbsthilfe. Er erstellte eine interaktive öffentliche Karte im Internet, um die Standorte dieser Einrichtungen zu erfassen. 2023 gehörte er zu den Mitbegründern des Vereins »Wochenkinder e. V.«, dessen Vorsitzender er ist.

Heike Liebsch
Wochenkinder in der DDR
Gesellschaftliche Hintergründe und individuelle Lebensverläufe

2023 · 290 Seiten · Broschur
ISBN 978-3-8379-3259-1

Wochenkrippen und Wochenheime stellten in der DDR eine spezielle Form der Fremdbetreuung von Kindern dar. In diesen Einrichtungen wurden Kinder in der Anfangsphase bereits ab der sechsten Lebenswoche, später ab einem Alter von einem Jahr bis zum Schuleintritt untergebracht. Hier blieben sie während der Woche rund um die Uhr. Nur an den Wochenenden kamen die Kinder nach Hause zu ihren Familien. Damit sollten vor allem die Mütter umfassend entlastet werden, um ein ungestörtes Studieren oder Arbeiten zu ermöglichen. Gemäß offizieller DDR-Politik standen dabei zwei große Ziele im Fokus: die gleichberechtigten Entwicklungsmöglichkeiten für Frauen und eine kollektive Erziehung der Kinder. Doch es waren vorrangig ökonomische Faktoren, die hinter dieser institutionalisierten Kinderbetreuung standen: Die Frauen wurden als Arbeitskräfte gebraucht.

Heike Liebsch arbeitet das System der Wochenunterbringung in der DDR umfassend auf. Sie skizziert die gesellschaftlichen Rahmenbedingen und die historische Entwicklung der Wochenbetreuung ebenso wie die individuellen Auswirkungen auf die Menschen und Familiensysteme. Dabei geht Sie unter anderem den Fragen nach: Welche Folgen hatte die heimähnliche Unterbringung für die Wochenkinder? Was ist aus ihnen geworden? Dabei zeigt sich, dass Betroffene oftmals bis ins hohe Alter an psychischen und gesundheitlichen Spätfolgen leiden.

Walltorstr. 10 · 35390 Gießen · Tel. 0641-969978-18 · Fax 0641-969978-19
bestellung@psychosozial-verlag.de · www.psychosozial-verlag.de